中国社区经济
——发展报告——

中 国 博 士 智 库 社 区 经 济 蓝 皮 书

RESEARCH REPORT
ON COMMUNITY ECONOMIC DEVELOPMENT OF CHINA

严陆根 主编

中国发展出版社
CHINA DEVELOPMENT PRESS

图书在版编目（CIP）数据

中国社区经济发展报告/严陆根主编．—北京：中国发展出版社，2014.11

ISBN 978-7-5177-0053-1

Ⅰ. 中… Ⅱ. 严… Ⅲ. 社区经济—经济发展—研究报告—中国 Ⅳ. F299.23

中国版本图书馆 CIP 数据核字（2013）第 280084 号

书　　名：中国社区经济发展报告
著作责任者：严陆根
出 版 发 行：中国发展出版社
（北京市西城区百万庄大街 16 号 8 层　100037）
标 准 书 号：ISBN 978-7-5177-0053-1
经　销　者：各地新华书店
印　刷　者：北京印刷学院实习工厂
开　　本：880mm×1230mm　1/16
印　　张：15.25
字　　数：291 千字
版　　次：2014 年 11 月第 1 版
印　　次：2014 年 11 月第 1 次印刷
定　　价：68.00 元

联 系 电 话：（010）88919581　68990692
购 书 热 线：（010）68990682　68990686
网 络 订 购：http：//zgfzcbs.tmall.com
网 购 电 话：（010）88333349　68990639
本 社 网 址：http：//www.develpress.com.cn
电 子 邮 件：370118561@qq.com

中国博士智库社区经济蓝皮书
《中国社区经济发展报告》编委会

目录 >>> CONTENTS

第一章
中国社区经济发展回顾与展望

作为国民经济发展的重要组成部分，我国社区建设起步相对较晚，但随着改革开放以来城市化进程的不断加快，社区经济已经成为城市、集镇与农村持续发展的重要组成部分和推动力量。我国社区管理体制由开始的单位体制转变为街居制，现今社区制又取代了街居制成为我国社会管理的主要组织方式。然而，仅从社会管理这一角度去理解这一过程，无疑窄化了复杂的背景。结合中国现阶段的发展现实，对社区经济发展历史阶段的简要回顾，明确我国社区建设所取得的成绩以及不足之处，对我国社区经济发展的未来进行展望，可以让我们更好地了解自身实情，也才能结合自身特点更加有效地提升我国社区经济发展的层次和质量。

一、历程回顾：我国社区经济曲折发展三部曲

与大多数发达国家相比，我国的社区经济起步相对较晚，在持续探索和尝试中呈现出曲折发展的特征，大体上经历了艰难起步、转型过渡、稳步发展三个阶段。伴随着社区经济从单位制转向街居制，再转向社区制，社区经济已经体现出快速上升的潜力，社区经济理论的研究也从无到有，不断走向丰富和完善。

（一）艰难起步阶段：城市单位制的确立（1949～1978年）

新中国成立初期，百废待兴，为尽快恢复国力，凝聚民心，我国城市社区采用了单位制管理模式，并逐步形成了“国家—民众”的二层社会结构。在单位制下，单位成为居民生活福利的唯一来源，国家的经济资源、政治资源和社会资源通过单位进行调配使用。诸如住房、副食品补贴、退休金、救济金、医疗保障和学校、医院、食堂、浴室等各种福利设施都来自于单位，而提干、入党、出国进修甚至结婚等都需要单位出具证明。在这一背景下，现代意义上的社区经济形态并未形成，但民众对单位的高度依赖已经开始酝酿社区模式的雏形，单位能够满足民众的生活所需，离开单位就意味着失去了一切。在大跃进时期，这一社会管理形式的地位得到进一步巩固，政府竭力将其推广至全国，其典型案例就是后来在各地掀起的人民公社运动。政府的目

的十分明确，就是要设法将所有的社会成员都纳入这一新型社会组织，让经济活动中的生产、交换、分配等环节和人民生活福利更为紧密地融为一体。由于国内外环境并不十分稳定，加之建国经验不足，改革开放前的经济发展几经波折，也使得我国社区经济经历了一个较长的蹒跚起步阶段，民众对于社区的概念并没有多少了解。

（二）转型过渡阶段：由单位制转向街居制（1978～1986年）

在新中国成立后三十年的计划经济体制时期，我国一直实行以单位制管理为主、以基层地区管理为辅的社会管理方式。1978年党的十一届三中全会以后，街道办事处和居民委员会的基层管理体制才得以恢复，并迅速发展，社区工作的范畴和范围也不断拓展和延伸。全国人大常委会于1980年重新表决通过并对外公布了《居民委员会组织条例》和《城市街道办事处条例》，街道办事处承担着发展经济、城市管理、文教卫生、社会治安、社区服务以及群众生活等数十项纷繁复杂的任务，单位制也随着街道办事处、居民委员会的机构重建与职能的恢复而逐渐瓦解。从80年代后期开始，我国社会进入转型阶段。为充分适应这一要求，全国各地区各城市开展了一些社区服务工作，得到了广大社区居民的大力支持和一致响应。新的街居制承接了原来单位制的行政职能、社会服务职能以及经济职能，其管理和服务的对象不仅仅包括户籍居民，也包括居住在本辖区的流动居民；工作内容不仅承接了单位剥离出来的职能，还增加了很多如市场管理、园林绿化、交通道路、民政福利、市容市貌等新的管理领域，预示着我国城市内部的社区经济形态逐步形成。

（三）稳步发展阶段：从街居制走向社区制（1986年至今）

随着街道办事处和居民委员会等基层组织的陆续成立，社区工作的组织基础逐步形成，各地围绕社区服务中心的经济活动也慢慢开展起来，菜市场、杂货市场等概念逐渐为社区居民所了解。而社区作为一个广泛使用的概念在我国始于1986年的《北京市发展社区福利网络三年规划》，是民政部为配合国家经济体制改革和社会保障制度建设而制定的。1987年是我国社区经济转型的标志年，当年9月，民政部在湖北省会武汉市召开全国城市社区服务工作座谈会，首次对社区服务的内涵作了定义，并提出了社区服务的发展方向。

20世纪90年代初，政府有关部门借鉴国外“社区发展”的先进经验，结合中国政治、经济等现实情况，提出了“社区建设”的新方向。经过初步调研，民政部起草并发布了《关于听取对社区建设思路的意见的通知》，面向社会征求关于社区建设和发展的意见和建议。1991年至1992年间，在前期杭州、天津等地试点的基础上，相关部门召开了三次全国性的社区工作研讨会，组织探讨了关于开展社区建设的若干实际问题，交流了社区建设的初步经验。2000年11月，民政部首先选择在北京、天津、上海、沈阳、青岛、武汉等26个城市设立了全国社区建设实验区，并总结经验向其他地区推广；国务院办公厅也在同一时间转发了民政部发布的《关于在全国推进城市社区建设的意见》，并很快在各大中城市掀起了社区建设的热潮，社区工作在全国轰轰烈烈地开展起来。

社区建设的快速推进也促使城市经济运行机制和模式发生了一定程度的改变。2001年3月，九届人大四次会议把“社区建设”写进了《中华人民共和国国民经济和社会发展第十个五年计划纲要》。这一切都表明，在党中央的高度重视与大力支持下，我国的社区建设工作已全面展开，社区经济也随之进入稳步发展阶段。十多年来，我国社区经济规模快速壮大，城市、集镇、农村三个层级各具特色的社区经济活动日渐丰富，为社区居民生活改善和国民经济发展发挥了积极作用。

北京市鲁谷街道“社区制”治理模式

2002年，经北京市政府批准，石景山区鲁谷街道办事处正式成立，次年7月，鲁谷社区正式挂牌。到2006年初，鲁谷社区已经良性运转三年，辖区20个居民委员会，常住人口超过2.3万户（近6万人），流动人口2万余人。从这一年开始，鲁谷社区的改革实践经验在石景山区全区进行推广。“跟踪研究鲁谷社区管理模式和推进街道管理体制改革的经验，探索理顺区、街、社区之间的关系，逐步实现政府职能到位、市场职能归位”也被写入北京市当年政府重点工作计划中。

作为石景山区城市街道管理体制改革的试点街道，为解决行政管理中层次过多、职能交叉、机构臃肿、权责脱节等问题，在区委区政府的领导和支持下，2003年3月，鲁谷街道突破原有的管理体制，组建全新的鲁谷社区管理机构，使得行政效能和公共参与热情大幅提高，充分发挥了居民自治组织的作用。鲁谷社区是整个北京市首家实施“大社区”制、在街道一级建立社区制的实践者，新的鲁谷社区组织体系和运行机制可以概括为“一个核心，两个工作体系，三驾马车”，是简政放权、理顺条块关系，提高行政效能，激活基层民主，最终实现多中心合作治理的“社区制”城市基层管理体制。

作者：中央编译局比较政治与经济研究中心陈雪莲。

资料来源：《华东经济管理》2009年第9期。

二、发展成就：总体实力快速提升，内在机制逐步形成

改革开放以来，受国家社会政策扶持、引导以及资助，我国社区在下岗失业再就业、社区服务质量、社区服务体系以及社区居民生活质量等方面都做出了积极的努力，并取得了瞩目的成就。这些成就不仅促进了社区经济的发展，更为推动整个社会的和谐发展起到了重要作用。总体来看，我国社区发展的成就集中体现在自主发展机制的逐步形成、新经济增长点的出现、服务体系的不断完善、社保机制的基本建立、社区工作者队伍的不断壮大、社区创建活动的不断创新等几个方面。

（一）我国社区管理体制逐渐成熟，组织机构不断完善

我国社区建设在最近几年有了飞速的发展，特别是在社区组织管理方面有了一定的突破，为社区经济的顺利转型和稳步发展奠定了良好的组织基础。主要体现在以下四个方面：一是社区基础设施建设力度有所增大，服务体系呈多样化；二是社区经济的发展由行政管理转向市场管理；三是社区经济逐渐摆脱了计划经济的影子，转向社区自主发展；四是社区组织模式的丰富性带动社区经济行为的多样性。

1. 我国社区建设资金来源趋增，基础设施不断完善

就中国经济社会发展历史来看，社区是20世纪70年代以后才逐渐发展起来的。由于时间短，经验相对不足，各地在具体工作中对社区概念的理解并不十分一致，社区建设实践所采用的方式方法也存在比较大的差异。随着社区基础设施的逐步完善，这些差异化的实践方式显示出各自的特点和生命力，形成了多样化的运转思路和服务模式，为社区居民生活质量的提升发挥了积极作用。众所周知，社区建设是政府行使社会职能提供公共服务的重要职责，从社区发展的实践来看，社区公共基础设施的投入，会带来经济规模递增的效益和产出。为进一步加快社区服务基础设施建设，千方百计扩大就业，落实中央关于积极发展社区服务业的要求，2003年国家安排国债资金5亿元，用于全国社区服务设施试点项目建设，开启了中国社区基础设施大规模建设的序幕。近年来，政府用于社区基础建设的资金投入进一步增加，民间投资和利用外资力度也有所加强，有力地提升了我国社区经济自主发展的能力。就社区基础建设的内容来看，近年来主要投入建设社区信息系统和平台，实现系统化办公，也使群众办事更方便快捷；此外还建成了社区服务中心、社区服务站等提供综合服务；政府通过组织、协调、整合社区资源，扩展和加强社区基础设施建设，如政府投资建设健身广场、利用产业化办法提供便民菜站、充分发挥驻区单位共建合作机制等。这些基础

设施的不断充实和完善，规范了社区公共服务管理，健全了社区服务体系和功能，推进了社会福利和社会事务的管理服务社会化，提高了社区居民的生活质量和社会服务水平。

2. 我国社区经济正逐渐摆脱行政管理约束向市场经济转型

20 世纪 50 年代中期，我国城市社区经济以街道经济形式开始形成和发展。作为我国城市行政区域划分的最小单位，街道是在“小政府、大社会”的框架下进行的“两级政府、三级管理”中最基础的一级。社区经济的发展和繁荣离不开街道经济的辅佐和帮助。街道经济起步于 20 世纪 50 年代中期，当时的初衷是为了社会救济。1978 年改革开放后，街道则主要致力于解决大批城市知青的就业问题。可喜的是，从 80 年代中期以来，城市就业人数的增长和就业率的普遍提高，有力地促进了街道经济的发展。而 90 年代中期试行分税制改革后，我国经济由计划经济向市场经济过渡，在“行政区”到“社区”这样的模式主导下，一方面街道办事处的地域范围也是各个社区综合的辖区范围，街道扮演着城市基层的行政区和城市大社区的双重角色；另一方面街道办事处作为社区各项事业发展的主体，甚至是唯一的主体，街道经济所产生的税收便自然而然成为街道包括社会管理和科教文卫等各项工作运转最重要的经济来源。此时大量的下岗失业人员被纳入到社区层面进行统一管理，这样一来，社区服务领域的就业渠道就亟须开拓；随着城市经济的快速增长，一些拆除简屋危棚的市政建设威胁到传统经济组织的生存和发展；街道又承担着上级政府和有关部门、机构下达的各项任务指标，而街道所拥有的资源和权限范围实难应付工作需要；而随着社区管理体制和社区管理功能的逐渐清晰，街道办事处的职能也被定位于地域范围内的社会事务管理，其经济职能也随之淡化。在这种时代发展的背景下，街道经济已然逐步挣脱了“区街”的外套，转向现在所说的“社区经济”过渡。而社区经济的运营模式、经营方式以及服务的主体俨然区别于传统的街道经济，但是社区经济又承接了街道经济部分的社会功能，并且至今为止，社区经济的组成和发展仍然有街道经济的影子。

由前所述，我国社区经济的前身虽然是街道经济，但运行机制正在试图摆脱沉重的行政机制，试图改革成多元化的社会化机制。社区经济的筹资渠道广、方式灵活，包括社区居民的自主集资、个人投资、社会企业赞助等，自然也包括街道经济的支持和帮助。计划经济时代，对社会人的管理是一种以“条”为主的纵向管理，而街道充当着横向管理的“块”的补充作用。随着城市改革的不断深化，传统的“单位制”正逐步消失，城市居民群众的政治、经济、社会及其文化生活更多地联系在社区，生产在社区，快乐在社区。社区逐步代替街道承担着由上一级政府和其他部门，甚至是企业转移出来的社会职能，比如社区居民的养老金、退休金、保险、医疗保障以及福利等已逐步从单位剥离到社会化管理，更通俗地可以说是社区管理。城市化的发展使得人们的生活中心向社区转移，社区服务体系也不断扩展，包括居家养老、社区教育、文化娱乐、托幼、家政、社会福利以及物业管理等各个方面，应有尽有。城市居民越来越依赖于社区，“有事找社区”的观念也越来越强。社区已经成为现代城市生活的中心和支撑点。中国城市社会管理正实现由“条”向“块”的转换，创造了一个个城市经济发展的崭新空间。

如今，我国城市社区经济大多涉及生活服务业和商业等第三产业，不仅涉及包括零售业、餐饮业、建筑装修业、医疗保险业和其他物质生活相关的服务业，还包括文化产业、体育产业、教育产业等与智力、知识、精神、健康支持、文化生活相关的服务业。我国城市社区经济起步晚，所以我国城市社区经济仍停留在较不完善的水平，发展比较快的是容易被社区居民接受并且技术含量不高的便民服务产业，有社区环境的保洁和绿化；居民的居家生活，包括小吃店、五金劳保用品店、家用电器维修店、理发店、洗衣店等；家政生活服务，包括家庭保姆中介服务、看护病人、代送煤气、代买菜等；社区中介服务，包括婚姻、法律、心理咨询以及代订代买火车票、飞机票等。社区服务业是我国政府也是国外政府倡导的大力发展的产业，不仅仅是因为它投资少见效快，更重要的是因为社区服务业对妥善安置下岗失业人员、转移农村劳动力起着重要的作用。社区经济独特的服务功能和服务体系，使社区经济有了亮点和广阔的发展空间。90 年代以后，我国城市社区的经济以平稳上升之势获得较快发展。社区经济作为城市经济体系中的“子系统”和“配属经济”，有着“拾遗补阙，运转灵活”的特点，社区经济真正沿袭着为居民服务、为社会服务的使命和责任，充当着社会的“稳定剂”。正是它的“拾遗补阙”作用，整个社会的发展和城市经济的发展才得以持续。我国城市社区经济诞生于计划经济体制，却成长于市场经济竞争的背景中。这种独特的成长史使得我国社区经济与市场经济有着天然的适合性和融合性。

3. 社区经济逐渐摆脱单位制、街居制模式，朝社区自主发展方向转变

我国社区经历了由单位制向街居制的转变，社区制又取代了街居制成为城市社会管理的组织基础，为提升城市管理效能发挥了积极作用。然而，从当前社区经济发展的现实情况来看，我国社会仍有单位社区的家委会和纯社会化社区的居委会之分，这也是单位体制遗留的问题。随着国有企业深化改革、转换经营机制和政府机构改革、转变职能，一些国有企业已经剥离了其社会职能而融入社会社区，其原来承担的为单位成员提供服务转交给社区居委会。在此背景下，我国城市社区逐步实现了真正意义上的属地管理，逐渐完成城市社会管理体制的再造，社区经济自主发展的基础日益形

成，在国民经济中的地位不断提升。当前，我国社区建设和社区活动正由大中城市向小城镇和乡村推进，社区工作的快速展开离不开社会力量的加入和社区居民的积极参与。在自主力量的带动下，社区不仅快速成为一种灵活高效的经济形态，更重要的是它已经稳固了自身在居民心中的位置，成为社区居民认可的“大家庭”。

4. 社区组织模式的丰富性带动社区经济行为的多样性

我国的社区发展模式并不是唯一的，中央政府允许各城市在结合城市自身特色的基础上，开发和创新其城市社区管理模式，使社区经济能够更加充分地发展。从各地的实践过程来看，我国社区发展模式大致可以分为以上海市为代表的“半行政半自治型”模式、以哈尔滨为代表的“行政主导型”模式和以沈阳为代表的“社区自治型”模式三种类型，其主要区别在于政府与社区结合的紧密程度有所不同。值得一提的是，这三种模式是在不同的经济发展程度和体制改革背景下产生的，具有各自的特点和存在的合理性；同时也正是由于它们各自与政府结合的紧密程度存在差异，使得不同社区的组织管理工作各具特色。就经济行为和经济效果来考察，我国各地区不同的社区组织模式都是立足于各自的资源基础而做出的尝试，同时也满足了社区居民不同的物质文化需求。

（二）社区经济成为新的增长点，在缓解就业压力方面功不可没

改革开放以后，由于经济社会的转型、产业结构的调整以及企业制度的改革，为了维护国家改革、创新发展，实现大局稳定、国家长治久安的重大战略任务和政治任务，政府相关部门大力发展社区经济，解决下岗失业人员以及残障人员的就业安置的问题。在现阶段，通过社区内部就业的办法实现城市居民再就业的任务依旧艰巨。根据国家统计局一项在2000年时的社会调查可以看出，我国大中城市的社区居民对社区的各项服务的需求都十分巨大。通过对北京、上海、广州、成都、西安、沈阳和青岛作为目标进行调查，得到了这样的结果。在这七所城市中，70%的家庭对各类社区服务都有需求，在这其中有接近240万户居民在家电维修的服务上无法得到满足，127万户居民在房屋维修的服务上无法得到满足。如果需求上述服务的社区居民得到满足，将会为社会创造2000万个左右的就业机会，而在2000年左右，社会上有超过了1100万个空缺的就业机会。① 从以上数据可以看出，社区就业容量的确巨大，我国社区通过大力发展第三产业、拓展社区服务领域、开发社区公益性岗位和落实优惠政策等为相当部分的城市新增劳动力、残疾人以及“两劳”释放人员提供了就业机会；同时社区还吸收了大量的下岗失业人员。近年来，“充分就业社区”的创建工作也在

① 杨宜勇：“城市社区就业发展前景巨大”，载于《理论与改革》2002年第1期。

各街道、社区火热开展起来，形成了一股争优创先风。可以预见，随着我国社区经济的进一步发展壮大，城镇居民在社区就业的机会将越来越多，社区就业仍将是未来很长时期实现再就业的主渠道。

社区经济是城市经济的构成部分，是地区经济的补充，可以带动和引导城市和地区经济的发展。社区经济主要立足于服务业，而服务业是容纳大量人口就业的承载点，是社会安定的重要保证。由于社区居民的生活需求具有长期性，并且随着经济的增长而增长，所以说社区经济具有稳定性、递升性。此外，社区经济的社会反响和社会效益广泛而又有影响力，社区文化服务可以促进和拉动城市社区居民自身素质的提高和文化生活的改善。

从多年的发展实践来看，社区经济对整个国民经济增长的带动作用主要表现在以下几个方面。首先，社区经济带动和促使第三产业作为新经济增长点的形成。与社区经济关联程度最密切的便是第三产业，第三产业的兴旺发达是当代社会经济的一个必要特征。其次，社区经济成为社会再就业工程的重要解困途径。《2011 年度人力资源和社会保障事业发展统计公报》显示，全国就业人员中，第三产业就业人员占 35. 7%，人数首次超过第一产业，成为吸纳就业的第一主体。对再就业人员而言，社区服务业有着最少投资需求却最具吸纳空间的特点。第三，社区经济为非国有经济的发展提供了经营的平台。一方面，由于非国有经济的人均资本占有量低，在同样的资本量下，非国有经济能创造出比国有经济更多的就业岗位，从而非国有经济能成为城镇以及城市居民就业和再就业的主渠道；另一方面，社区所创造的服务业岗位具有对劳动力的素质要求低、劳动强度小的特点，所以说社区服务业是下岗失业人员再就业的重要途径。最后，社区经济是推进住宅商品化、市场化和启动住房消费市场的重要环节。近几年来，政府制定和出台了一系列政策来扩大内需和促进社会经济的繁荣。在总需求中，住房需求总是能体现在人们最直接、最迫切的需求。要加快城镇商品住房的改革，加快启动住房消费市场，首先应建设好居民住宅区的配套设施，改善居民的居住环境，加强小区物业管理，在小区内发展好独特的社区文化氛围；更重要的是建立完善的房地产管理体系，多方面满足社区居民文化、教育、服务、安全、卫生等需求。

（三）社区服务设施不断完善，有效满足了社区居民生活需求

从 1986 年至今，我国社区服务已快速融入普通百姓日常生活之中，成为一项连接千家万户、为广大居民认知和依赖的事业。据截至 2010 年底的数据统计，全国城市便民、利民网点大约 53. 9 万个，各种城镇社区服务设施达到 15. 3 万个，另外还有 12720 个社区服务中心和 44237 个社区服务站（表 1 – 1）。这些便民网点和相关服务

设施的出现，缩短了出行距离和时间，丰富了活动内容，有效解决了社区居民吃穿住行用中的日常需求，成为社区居民生活不可分割的一部分。

表 1－1　　2010 年社区服务点建设情况　　单位：万个

城市便民、利民网点	城镇社区服务设施	社区服务中心	社区服务站
53.9	15.3	1.272	4.4237

资料来源：中华人民共和国民政部，http：//zqs. mca. gov. cn。

与社区基础服务建设快速发展相适应，一些服务社区居民健康、保障社区居民安全、丰富社区居民文化生活的设施也快速兴建，并呈现出多样化的发展趋势。据相关部门统计，截至 2008 年底，我国各地城镇社区卫生服务站约为 12.2 万个，慈善超市超过 7000 个，社区文化中心（室）大约 3.4 万个，社区综合治理工作站突破 10 万个，社区劳动保障机构将近 7 万个，社区服务志愿者组织超过 40 万个；另有社区警务室 6.1 万个，法律援助工作站 5.5 万个，社区人民调解委员会 7 万个，消费者投诉站、消费维权联络站近 5 万个（表 1－2）。社区居民的民生问题通过这些机构和平台得到了更有效的解决，从而进一步提高了社区居民的生活质量。

表 1－2　　2008 年社区建设情况数据　　单位：万个

社区服务设施	数量	社区服务设施	数量
社区卫生服务站	12.2	社区警务室	6.1
社区文化中心（室）	3.4	社区人民调解委员会	7.0
慈善超市	0.7	消费者投诉站、消费维权联络站	4.9
社区劳动保障机构	6.7	法律援助工作站	5.5
社区综合治理工作站	10.0	社区服务志愿者组织	43.0

资料来源：中华人民共和国民政部，http：//zqs. mca. gov. cn。

（四）社区保障机制基本建立，和谐社区建设稳步推进

根据过去的历史和实践经验，试图通过某一项具体工作而开展群众性的活动并不会有太多困难，但要真正引导和促使这种群众活动长期有效地进行下去，却不是一件容易的事情，尤其是要成为一种风气和氛围更是难上加难。可以说，建立制度化和规范化的保障机制，对于保证社区经济可持续发展极为重要，同时也是推进和谐社区建设的重要力量。就目前的情况来看，我国大多数地区都在省市两级建立起了由党政领导挂帅、民政部门牵头、多部门联动参与的社区建设领导小组，不少县级地区也相继成立了专门服务社区建设的工作机构，人员编制、工作经费等问题相应得到了解决。尤其是自 2005 年以来，许多地方纷纷将社区建设纳入当地经济和社会总体发展规划之中，并在本地区财政预算中明确体现出来，同时努力探索政府投入与社会投入相结合的多元化投入机制，使得社区建设的资金来源渠道得到拓展。2010 年相关数据显

示，随着相应的养老、医疗、失业、工伤、生育等保险以及住房公积金政策的出台和落实，我国许多地方社区工作者的福利待遇在不断提高。此外，社区服务设施建设也快速推进。据前民政部部长李学举介绍，“十一五”期间，各级政府预算投入资金就达到21.8亿元，在全国范围内规划建设了3000个示范性综合性社区服务设施，实现了多数地方城区、街道层面有不少于一处的面向社区的综合性服务设施的目标，同时也使得城市社区层面基本达到了每百户不少于20平方米的办公和服务空间。

我国社区建设除了在领导机制、投入机制和激励机制方面建立制度化、规范化的保障机制以外，在规范机制方面，1987年11月24日全国人大通过了《村民委员会组织法（试行）》，两年后，1989年12月26日主席令颁布《城市居民委员会组织法》；2000年、2006年中共中央、国务院先后下发了《民政部关于在全国推进城市社区建设的意见》和《关于加强和改进社区服务的意见》；民政部、国家发展改革委联合出台了“十一五”社区服务体系发展规划；由民政部牵头制定并先后于1993年、2000年、2007年下发了《全国社区服务示范城区标准》《全国社区建设示范城基本标准》《全国和谐社区建设示范单位指导标准（试行）》《民政部关于印发〈全国农村社区建设实验县（市、区）工作实施方案〉的通知》等法律文件规范社区建设。与此同时，全国各地根据自己的实际情况，制定并出台了许多符合当地实际且具有浓厚地方特色的规范性政策与标准，用于指导本地社区的建设。另外，在监督机制上，建立了复合型监督机制，将群众监督、领导监督和舆论监督有机地结合在一起，其中大部分社区还建立了专门的监督机构，例如评议会、监事会等。

（五）社区工作者数量增加和素质提升带动社区服务体系不断完善

“截至2008年，全国社区居委会工作人员数量为42.2万，通过换届选举，社区服务的工作岗位上补充上来一大批个人素质高、工作能力强、并且愿意为群众服务的居民。很多具备专业知识的人才通过地方性的社会公开招聘进入社区干部队伍。这些专业人才主要在心理、法律咨询和援助、社区建设矫正、社区全面禁毒等领域发挥着各自的重要作用。社区志愿者组织蓬勃发展，2008年全国已有43万多个社区志愿者组织通过注册，注册人数达2600多万人，已有超过3000多万人次参加过社区的志愿服务活动（表1-3），成为推动建设和发展和谐社区的不可或缺的力量。”

表1-3　　全国社区志愿者数据

全国社区志愿者组织	社区志愿者注册人数	社区服务活动累计数
43万个	2600万人	3000万人次

在社区工作者数量不断增加和素质日渐提升的带动下，我国社区建设已形成内容

丰富、形式多样的服务体系。我国社区服务体系建设的内容十分广泛和丰富，可按照服务性质、服务内容、服务方式等标准进行不同分类。从服务性质上看，我国社区服务分为三个部分：福利性服务、公共事业性服务、商业性服务（图1－1）。其中，社区福利性服务的对象主要是社区中老弱病残等特殊群体，其目的是满足这一部分人的基本生活需求，为他们提供无偿服务；社区公共事业性服务主要提供非营利性的低偿服务，主要目的是帮助本社区居民解决生活中遇到的难题，如家庭调解、邻里纠纷等；商业性服务主要提供营业性的有偿服务，目的是方便居民，有助于促成社区服务效能构成一种自运转的机制和系统的服务网络。从服务对象上划分，社区服务主要内容为老年服务、残疾人服务、优抚对象服务、青少年教育服务、便民服务、社区文化娱乐服务、社区卫生服务等。可以预见的是，随着社会经济发展水平的不断提高和对我国社区经济发展的不断深入探索，我国社区服务的内容和体系将更加丰富和完善，数量会不断增多，专业化程度也将继续提高，朝着“社会福利社会办”的方向发展。

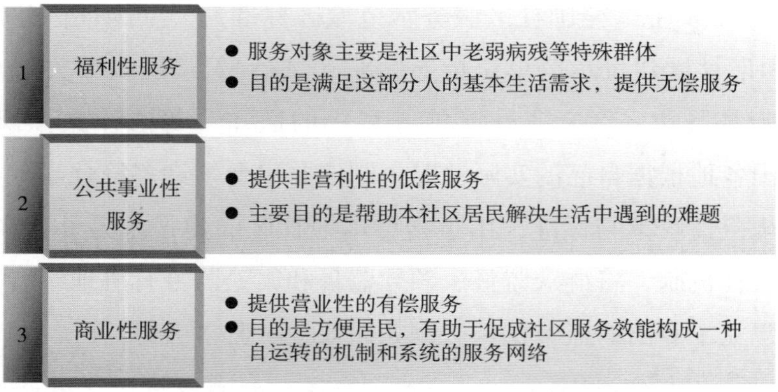

图1－1 社区服务类型

（六）社区创建活动不断探索创新，多样化格局基本形成

全国各地区的社区建设从实际出发，从民众最关心最现实的问题作为切入点，综合考虑自身优势和特点，全面推进和创建有特色、有亮点的社区建设示范单位，让群众感受到社区生活的实惠，解决了他们最关心、最关注、最直接的问题；在不断探索和创新的过程中，促进了社区多样化格局的初步形成。其中，街居联动的“上海模式”是结合了城市管理体制改革的新模式探讨；“青岛模式”（图1－2）以社区服务为主旋律，提升和扩展社区功能来发展社区；“沈阳模式”以新型组织结构著称；而“江汉模式”则以转变政府职能为特色。这些模式都是和谐社区创建的杰出代表（表1－4）。为表彰先进，树立典型，推动和谐社区建设深入持久发展，2009年10月12日，民政部决定：命名北京市西城区等188个城区（市）为全国和谐社区建设示范城

区（市）、天津市和平区小白楼街道等253个街道为全国和谐社区建设示范街道、河北省石家庄市裕华区槐底街道石门社区等500个社区为全国和谐社区建设示范社区。

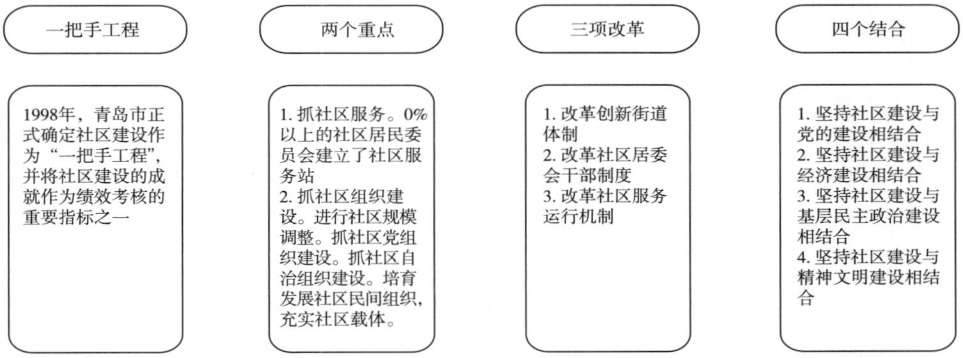

图1-2　青岛社区管理模式

表1-4　　中国特色社区模式比较

比较项目	组织体系	资源运行	推进方式	社区划分	核心特征
青岛模式	1. 市、区、街、居四级社区服务体系 2. 社区服务管理、服务求助、设施服务三位一体	1. 政府主导大力推动社区服务产业化 2. 提倡共驻共建，驻社区单位资源共享	1. 政府推进 2. 社会化参与	1. 原1176个居委会调整为521个社区 2. 规模小于街道，大于原居委会，平均规模1340户	以社区服务为主导，通过提升社区功能推进社区发展
上海模式	1. 二级政府 2. 三级管理	1. 街道设立社区发展委员会 2. 依托小区创建发展社区	政府推进	截至2007年，上海共有街道办事处3101个，居民委员会3525个	1. 街道为社区主要载体 2. 行政手段作为推进社区建设的主要力量
沈阳模式	1. 决策层：社区成员代表大会 2. 议事层：社区协商议事委员会 3. 执行层：社区居民委员会 4. 领导层：社区党组织	1. 建设社区中介组织 2. 启动社区工作者专业化工程	1. 政府推进 2. 民主自治	原2011个居委会调整为1295个社区，社区规模为1000至1500户	以组织建设作为社区民主自治体制完善的催化剂
江汉模式	1. 决策层：社区成员代表大会 2. 议事层：社区协商议事委员会 3. 执行层：社区居民委员会 4. 核心层：社区党支部		政府推进	原248个居委会调整为112个社区，规模小于街道，大于原居委会	转变政府职能，明确政府在社区管理中的角色

续表

比较项目	组织体系	资源运行	推进方式	社区划分	核心特征
百步亭模式	1. 社区党委 2. 社区居民代表大会 3. 社区行政中心 4. 社区服务中心	采取社区委员会、物业管理和业主委员会三位一体的自治管理模式	1. 政府推进 2. 市场推进	整个新建小区作为社区，不设街道办事处	1. 取消街道行政派出机构模式 2. 社区直接在区政府下自治管理

甘肃省加快推进城市数字社区建设

为认真贯彻落实党的十八大关于加强信息化建设的部署要求，2012 年 12 月，甘肃省信息化领导小组会议审议通过了《甘肃省数字城市建设规划（2012—2016 年)》（甘信息化办发〔2012〕1 号）（以下简称《规划》)，《规划》对加快推进城市数字社区建设提出了明确目标要求。

《规划》提出，要加强面向社区的数字城市应用体系建设，逐步推进“民情流水线”工程，实现全省“三维数字社区”建设覆盖率达到100%，社区全部建成社区网站，社区自我管理的信息化程度达到90%以上，对所在社区单位服务的信息化率达到90%以上，对社区居民提供服务的信息化率达到90%以上，构建省、市、区、街道、社区五级互联网络，形成高度共享、即查即用、更新及时的资源平台，实现覆盖街道、社区、辖区单位、公共服务机构、物业部门和居民家庭的联动服务网络，向社区服务对象提供社会保障、医疗卫生、就业指导、生活救助、计划生育、户籍管理、社会治安等信息服务。《规划》还提出，要及时将街道、社区的各项具体工作纳入数字社区应用系统，建立集综合受理、分类管理、嵌入辖区实景视频监控管理为一体的综合服务平台，不断提高街道、社区管理效率和工作水平。

《规划》的出台，对进一步提高政府基层管理水平和工作效率，更好地为社区广大居民提供方便、快捷、高效的服务，创造了良好条件，提供了政策保证。

资料来源：中华人民共和国民政部基层政权和社区建设司 2013 - 01 - 22，http：//zqs. mca. gov. cn/article/sqjs/dfdt/201301/20130100410418. shtml。

三、存在问题：发展不平衡与高端要素匮乏并存

1978 年至今，我国的社会、政治、经济、文化等都得到了前所未有的飞跃式发展，人们的精神生活和物质生活发生了翻天覆地的变化，变化之一就是在全国各大中城市出现了社区这一全新的人居生活模式。在社区发展和探索社区实践的过程中，取得成绩的同时，也伴随着一些重要的现实难题和困境。

（一）社区经济发展不平衡的问题还很突出

我国现阶段仍处于社会主义初级阶段，作为国外的舶来品，社区概念也是近年来中国社会兴起的名词，社区如何定位和如何发展问题还没完全理清思路，社区组织在经济管理和协调方面缺乏应有的能力。组织管理方面的差异加上整体社会经济发展的不平衡、城乡二元经济结构等大环境和历史因素的影响，使得我国城乡之间、各地区间、甚至同一城市的不同社区的经济发展程度都不一致。在我国沿海经济发达地区，尤其是一些大中城市，社区经济已经发展到较高的水平，社区设施和服务功能相对完善，从老百姓的衣食住行居家服务到更高级别的享受娱乐服务一应俱全；而在经济相对落后的西部地区和一些小城镇，特别是乡村地区，人们对于社区的理解仍然停留在概念层面，离社区经济的真正起步还有较大距离。

社区经济结构是社区的一个功能系统。由于我国社区经济的起步晚，缺乏社区建设的理论和社区发展实践的经验以及对客观规律的正确认识，导致社区经济在发展过程中出现发展不平衡和许多结构性问题。例如在以往的经济发展战略中，过度重视重工业，却忽视轻工业，从而也助长了“重积累而轻消费”之风。受“重速度而轻效益”、“重视生产用品而轻视生活用品”的影响，使得传统的社区经济结构挂着“畸重畸轻”的印记。许多城市在追求经济发展的过程中，城市社区超越自身所拥有的客观条件，贪大求全、舍本逐末的现象蔚然成风，如放弃自身的固有优势而盲目追求自成体系，看中眼前的短期利益而不顾长远的发展战略，这些都导致了生产结构的失衡、消费供不应求、资源浪费、生产滞后，从而居民的物质文化生活水平得不到提升，技术结构的落后，仍停留在较低水平，经济增长和经济效益的不协调发展。总之，这些都背离了经济发展的战略方向和要求。

（二）我国社区管理仍存在自我认识不清、保障机制不足等问题

改革开放以来，我国社区管理体制一直在不断调整和完善，但由于传统计划体制

的影响并未完全剔出、社区建设的时间相对较短等因素的存在，时至今日，依然存在定位不清、分工不明、立法滞后、观念滞后等诸多问题。

1. 社区定位依旧不是十分清晰，监管环节较为薄弱

社区是最基层行政机关（街道办事处）的下属机构。看似是政府，是因为它经常性的负责实施政府（街道办事处）下派的一些行政性工作；但又并非政府部门，因为社区被“冠名的商标”是“基层群众自治组织”，并且其主要工作应该是为社区居民群众提供生活保障和服务。而社区又作为沟通群众与政府之间的桥梁和主渠道，涉及的工作范围大而琐碎，只有通过社区才能更真实地了解到百姓的呼声和需求，才能直面群众当前面临的问题与困难。更重要的是，所有问题和呼声通过社区的整合，可以在一定程度上反映某一时期社会发展的现状以及亟须改善的问题，从而向有关的政府部门和社会机构提出意见、参与咨询，进而影响政府的决策，以便政府政策的科学制定，提高政府依法执政的能力。社区工作模式应该包括社区发展、社区组织、社区计划、社区行动、社区照顾、社区教育等各方面。而在我国，大多数社区都没有做到以上几项，追根溯源，是由于国家和政府所指定的条例有所疏漏，不仅没有最新的、系统的、规范的机制引导社区工作的有效开展，并且在很多细节上没有照顾到社区工作和社区工作人员本身，影响了社区工作开展的进度，打击了工作人员的积极性。

上至政府机关，下至基层政权街道办事处，甚至是社区，都对社区经济发展的必要性和重要性认识不够全面、系统，缺乏总体思路和规划。政府各职能部门，尤其是街道办事处与社区的关系尚未完全理顺，对社区角色的定位也不明确，这样使得社区经济发展缺乏有效的、科学的指导，而且街道办事处承担着管理社区政治、经济、文化等职能，又下派行政任务和一些烦琐的工作给社区，对社区的干预过宽、过广，并没有真正形成“小政府、大社会”的城市管理格局；也不排除一些社区单位和领导班子尚未完全摆脱计划经济的思维，尤其存在于大院社区，他们对社区经济发展的现状和规律缺乏实证的调查和前瞻性的研究分析，对社区经济的市场化运作、产业化发展、企业化管理等方面的问题缺乏探索和思考。

2. 社区的组织架构行政色彩浓重，各部门之间分工不够明确

我国现行社区管理体制和运行机制依然延续了计划经济时期的模式，其历史局限性随着城市建设市场化的加快而越来越明显。主要表现在：首先，街道办事处和社区居委会是我国社区的主干部分，它们基本上负责管理和反映辖区范围内的人和事。其中街道办事处是具有政治性和区域性的政府行政组织，是连接群众与政府的重要纽带，既要保证政府的政策方针及时有效地传达给社区居民，又要及时地反馈和解决居

民日常生活中所遇到的问题和困难，其工作任务也是相当繁杂的。近年来，街道办事处发展趋势越来越带有“行政化”的色彩。其次，行政执法机构冗杂，行政执法职能交叉和行政处罚权分散。这种体制带有明显的政府统包、统管、多头执法的特点，对相关工作弊多利少。特别是有些执法主体往往从本部门利益出发开展工作，对自己有利的事情都争着去管，而对于那些无利可图的事则互相推诿；还有一些部门愿意管且能管好的事却无权去管，等到问题成堆、群众反映强烈的时候，只好由政府领导出面，组织集中突击整治，但这种方式又无法巩固整治的成果。再次，政府工作重心不断下移，使很多原本归属于政府相关职能部门的工作下沉到了社区，使得社区工作量大幅增大，加重了社区负担。社区居委会在一定程度上受街道办事处监督，故而社区也就承担了街道办事处一定的行政工作。比如承办政府委托的围绕居民的切身利益的事项，包括低保的申请和审核，也涉及优抚救济、计划生育、公共卫生、社会治安、青年志愿者、社区服务站等职能。但是，社区居委会作为群众基层自治组织，承担如此繁重和重要的工作，却没有得到相应的报酬和社会地位。此外，政府部门也给社区下指标、定任务，重考核、抓评比，却没有下放相应的权限给社区，为社区工作创造必要的条件，为社区办公提供足够的经费，出现了工作和报酬“倒挂”的现象。在监督上，没有法律法规明文规定和规范社区居委会工作应该做到何种程度。为了考核和评比，导致社区重视街道办事处的工作要求，忽视青年志愿者、社区服务站这样的有选择性的工作。在选举和考评制度上，按照《组织法》规定，居民委员会向居民会议负责，居民会议有权撤换和补选居民委员会成员。但在实际运作当中，有关职能部门却对居委会正、副主任和其他居委会委员的工作内容和标准进行了规定，这相当于把居委会视作本部门的下属机构，把居委会成员作为职能部门的员工看待，反映出这些政府职能部门法制意识还有待强化。我国的社区经济发展中传统行政方式依然占主导，市场行为不足。

由于我国社区管理体制的弊病，行政化色彩越来越重，社区经济发展通常既要考虑到当地政府的行政指令、财政收支状况，又考虑到社区自身的评比和考核指标，很大程度上限制了社区自主性的创造与发挥。随着我国市场经济的不断完善和发展，市场作为经济活动的最大主体承担了更多的经济发展的责任，将资金真正下放到社区，通过充分发挥社区自主作用来解决自身的经济发展目标和经济需求，将当地政府的财政作为补充，进而解决社区发展过程中过度依赖财政和政府支持的问题，也给其自主经营注入生机和新的活力。目前，社区办公经费少，没有收入来源，而许多程序性、事务性工作又进入社区，并且社区的居民都有公共的需求。这些工作和需求的经费来源都未进入社区，社区居委会不仅要忙着为工作提供必要的经费支撑，还要满足社区居民的公共需求，如社区活动、社区娱乐、节日慰问等。这些都是社区的经济负担，致使社区工作因经费而受限。还有一些单位联系社区有名无实，使得社区的经济发展在一定程度上也受到影响。具体表现在以下方面。

社区的纵向联系传统化。在计划经济时期，我国政府虽然对社区给予了无微不至的关怀，但是从某种程度上说，也束缚和限制了社区的自由发展。在这种计划经济的体制下，我国社区缺乏社会资本积累的动力。而当计划经济转轨时，随着产权制度的改革，社区内的企业从社区中独立出来，成为独立的法人组织，而社区居委会便成了基层群众自治组织，从此社区与企业保持着互动合作的关系。但目前一些地方的社区，仍然固守传统的思想和体系，滞后于形势发展，过分地依赖于政府，实行“等、靠、要”的战略方针，使社区的发展跟不上社会形势的发展变化。甚至在重要的战略机遇期，一些社区及其组织单纯依靠政府获得“首长项目”，以获取财政支持，而在实施时却又缺乏行动力。

社区的横向关联程度低。我国目前城市社区经济的发展是一种密切保持与政府的联系为主的发展模式，这种联系是封闭的、传统的。而轻视社区及其产业之间的发展和联系，导致社区经济发展的效益低下。一个城市社区的经济发展要想更好更快的发展，需要多方联系渠道，实行优势互补、利益共享，以节约交易成本，达到利润的最大化。

社区的社会联系弱化。从某种程度而言，一个城市社区经济的经营者和组织者的自身素质和受教育程度影响了其社区经济的社会资本量，可以说这二者是成正比的。从我国城市社区目前的人员状况来看，他们的受教育程度较低，甚至领导层也没有达到较高的文化水平，而且高层次人才少，持大专及以上文化程度的不在多数，掌握经济知识和灵活运用信息产业来发展社区事业的人才更是不足。由此可以说，社区管理层的文化程度整体偏低导致社区管理水平不高，社区与社会的联系也很少，有时甚至处于市场信息失灵的状态。这些都影响着城市社区经济的发展水平和进度。

3. 与社区发展相配套的法制建设不完善，立法滞后、执法不实、保障机制不足等问题还比较突出

一是社区立法滞后。近年来，我国政府相继出台与城市管理相关的规划法、土地法、房地产法等，各地城市也随之制定、出台一些相应的管理规定。但因为地方性法规不统一，使得有些急需操作的法规和地方规定不配套，从而使相应的执法及执法体系的建设和管理存在死角和盲点。工作人员在具体执行中有时甚至找不到相关的行政司法的依据，例如，有关流浪乞讨、露宿街头等盲流人员（特别是低龄儿童）的收容遣送没有明文规定。在这些问题当中，一个较突出的管理弊端是城市管理执法主体

模糊、呈多元化，其编制性质多属于自收自支的事业单位，收费和罚没收入是其经费包括工资的主要来源。这样就带来一个严重的后果，为了生存就要千方百计地培养收费源，甚至出现只管收费不管秩序、只罚款不制止等现象。一些违章行为者只要交了罚款，拿到罚款收据就变成合法了，违章行为也因此得不到根治。这种状况的出现难免挫伤城市管理工作者的积极性，甚至助长了违章、违法，出现了法不治众的现象。改革后的社区居委会作为城市基层建设的新生事物，适应了城市改革发展稳定的需要，其作用和成效已为实践所证明。但是，和国务院 1989 年颁布的《居民委员会组织法》却有一些不协调，目前还必须采用“某某社委会（居委会）”的形式。由于缺乏有效的法律依据，导致了居委会在法律地位、工作职能、干部选拔等问题上理解不一，在实践中产生了一些分歧和偏差，影响到居委会管理水平的提高。同样由于立法往往出现滞后，并且职责不清，导致政府各部门在社区经济建设上还未形成一股合力，不免存在一些推诿和扯皮现象。再者，由于缺乏沟通、协调以及相互之间的配合，社区经济工作的推进有些阻滞，将社区大多数下岗失业人员、困难群体、特殊人群排除在社区经济之外。

二是各项优惠政策未落到实处。政府制定政策的初衷总是好的，但是当好处层层下放时，由于经费滞后、官民配合的默契欠佳等原因，加上时间和空间效应，使得传达的效果往往不大理想，很多政策没有达到最初设定的目标。这样也给基层工作人员带来工作中的不便和无奈，更重要的是，为社区经济发展带来诸多困难。

三是社区法律法规的保障机制不足。如今虽然关于社区的相关法律法规、政策文件比较多，但是规定的内容却不够细致，如在对社区工作者的工资保障、奖惩制度上，没有很好地调动社区工作者的工作积极性；又如，社区相比其他政府机构来说，还没有得到足够的重视。这样就必然要求对社区的地位进行立法保障，否则会导致社区发展不尽完善，很多可以发挥的功能得不到顺利的执行。

4. 我国社区依然存在组织观念滞后、管理体制有漏洞和服务中的细节处理不足等问题

滞后的组织观念阻碍社区经济的发展。我国社区服务的发展目前还很不平衡，这种不平衡性意识表现为地区间社区服务总体水平的不平衡，以及社区服务的项目、内容的不平衡。除了受地区经济发展水平的限制外，还有两点原因，一是一些地方政府和民政部门的领导、同志受旧思想观念的束缚严重；二是对社区服务工作的认识滞后，制约着社区服务的发展。当前，社区服务示范城区正从普及向提高转变，而不少地区的社区服务还处于起步阶段甚至空白阶段。滞后的认识导致在社区的实际工作中，工作人员对社区服务从心理上和物质上都没有做到十足的准备，并且在组织机构

的完善、政策措施的力度、资金场地的完备等方面没有得到良好的落实。由此可知，在这些地区的社区建设中，服务项目仍然处于一种分散的、小规模的服务的状态，许多项目无法得到配套组合，甚至一些服务领域仍然是空白。虽然国内各地社区服务的工作开展得有声有色，但是由于社区服务和社区建设的理念和理论尚处在探讨和完善之中，跟不上社区服务的发展，也显得相对滞后。

管理体制中条块发展不平衡等弊病。在城市中的社区服务主要是由居民委员会进行执行，面向的群体主要是以街道为单位的居民。由于我国现行的“垂直领导”模式的行政管理体制是主流，导致社区单位（条）和街道办（块）都没有对目前社区服务的人数完成统计和确认，并且街道办事处仅仅作为区级政府的派出机构，由于其权利覆盖小、渗透力差的自身缺陷，致使其没有能力将整个社区所有部门有效地组织起来，对社区资源进行统一调配和开发，使得社区服务体制发展不通顺；从而导致街道办事处在整个社区中的综合管理职能不强，不能站在整体的角度上进行工作，使得条块分割成了当前我国社区管理中十分突出的问题。街道办事处在社区的管理体制中很难实现综合管理职能，对社区服务的健康发展是极其不利的。

社区服务中细节问题考虑不足。社区服务体系是一个动态的网络系统，应紧跟经济社会发展的潮流及人们不断变化着的需求而不断增加新的内容。我国社区现有的服务项目涉及社会救助、社会保险、社会福利、社会治安、社区就业、人口计生、医疗卫生、文化体育、环境保护等主要内容，但细化到具体细节时，未能考察实际情况。有些服务内容不能真正想老百姓所想，比如养老券和助残券只适用于与政府合作的商家和厂商，导致领券居民“被消费”，即到与政府合作的商铺使用该券，而领券的主体一般是老年人和残疾人；政府发券的同时并未考虑到其特殊性，这也体现了社区服务的滞后性和官方化。此外，社区居民就业、上学、看病、住房等问题并没能得到妥善安置和处理，而这恰恰是社区居民现实生活中最重要、最迫切的需求。社区服务体系还有待进一步完善，可以先开发与居民日常生活密切相关的若干服务项目，不断创造条件，建立社区服务由低层次向高层次发展、由单一功能向多功能发展的全方位覆盖的社区公共服务体系。

一个完善的社区服务体系不可能一蹴而就，它的建成需要多方面条件的配合与实施。首先，应理顺社区服务管理体制，适应“小政府、大社会”的改革发展的目标要求。建立以块为主、“条块结合”的社区服务领导协调机制，具体是由社区居委会主要领导班子成员挂帅，包括社区各企事业单位及居民代表在内的成员体系，主要负责对社区服务进行规范、指导、决策和协调。要充分发挥街道的行政力量，在基层党组织领导社区的基础上，发动志愿互助力量，并借助市场的作用，建立起社区组织和驻区单位相结合、社会化和产业化相结合、无偿服务和低偿服务相结合的一系列社区服务体系，实现全覆盖的社区服务。努力推进以社会救助、社会保险、社会福利、社区就业、人口计生、医疗卫生、社会治安、居民教育、文化体育、环境保护等为主要内容的全方位社区公共服务，重点解决社区居民住房、上学、就业、看病、养老等问题。要倡导“开放式办公、一站式服务”，建立好社区服务站，不仅包括社区公共服务设施的建设，还包括对社区公共服务岗位的有效设置，努力为居民提供方便快捷的社区服务。同时，社区服务也需要人员的良好配置，这就需要大力培育和发展社区志愿者组织，加强社区志愿者注册登记制度，并保障志愿者工作的落实，不断探索和创新志愿服务机制。此外，群众实际需求才是社区服务的真正价值体现，应积极开展多样、务实的社区服务活动，不仅可以发挥社区党员志愿者队伍的特长和优势，也可以增强党组织的凝聚力和影响力，更重要的是提高社区服务工作水平和居民群众生活质量。其二，建立专兼职相结合的社区服务队伍，提升社区服务的专业水平，扩大社区服务的影响力。最后，通过多渠道获取社区服务的资金，如政府拨款、社区企事业单位的支持、社区自身所创造的经济利润等，保障社区服务有效实施。

（三）社区发展所需资金与高层次人才队伍依然不足

社区在中国作为一个朝阳产业，无论是政府、企业还是个人，对社区的投入和关注还没有达到社区发展的预期动力。首先，社区资金方面依然表现出捉襟见肘的状态。其次，社区人才队伍的数量还存在着很大缺口，人才质量也有待提高。

1. 社区资金来源单一，并且投入不大

首先，表现在政府的投入力度和资金不充裕。社区经济的社会性特点决定了社区经济发展的初始阶段，必然由政府的支持和投入作为资金的来源。但政府在统筹各项事业发展时，并没有把社区发展作为一项长远的战略计划在内，所以资金的投入也处于不稳定状态。虽然近年来国家在不断发展社会事业，并把社区作为大力发展社会事业、强化社会管理能力作为一个支点，但是庞大的社区资金的不断投入也是一项大的工程。

其次，社区自有资金不足。有些社区有自己的“三产”，但是大部分社区是没有自己的发展资金的，它们没有创收渠道，当然就没有财力作为社区发展的保障；此外，社区的办公经费是社区的一项常有的开支，更加造成了社区经费的紧张和拮据，阻碍了社区工作和社区事业的良好展开。

其三，生活在社区内的劳动者们和实体经济业主们也存在着资金的问题。社区劳动者个人的经济实力有限，并且他们进行的各种社区经济实体也一般从事简单的体力劳动，规模小，报酬也不高，不仅满足不了社区居民的多样化需求，也难以长久持续的发展，可以说他们的流动性较大。

其四，社区基础设施建设投入不足。其实，社区基础建设的投入不足，根源上也是源于资金的缺乏。目前，我国社区经济或服务网点大多是违章乱建的建筑，都是在现有建筑的基础上拆墙、补建，或是在简易房里，都与我国城市的整体规划格格不入。社区居民们生活在社区，没有必要的硬件设施，他们的生活质量也谈不上提高；没有从事实体经济的必要设施设备以及住宅，社区经济组织的实体经营就一定会有困难。

最后，资金短缺最直接的影响是使得社区工作人员们的工资和福利待遇低，总是跟不上城市人均收入水平，便很难吸引优秀的从业人员从事社区经济。

2. 社区人才队伍基数不大，整体素质有待提高

从数量上看，社区人才队伍尤其是社区工作者队伍的匮乏是老问题。目前，我国社区工作者的工资低于城市职工的平均工资。这种处于低端的工资水平当然难以吸引和留住优秀的人才，而且社区工作者基本上没有什么福利。这种工资制度和水平与社区工作者所承担的繁重工作不相适应，必然会对他们工作积极性造成影响。从社会地位上来看，社区居委会既不属于政府机关，也不属于事业单位，与社会其他行业也无关系，所以社区居委会的性质便归为“其他”一类。社区工作人员的社会地位不受到重视，地位不高，总是受困于“小脚侦缉队”的传统思想，很多人才不愿意走进社区、留在社区。人才的流失成为社区发展的障碍。虽然许多地方面向社会公开招募了一大批年轻、高学历的大学生社工和具备一定专业知识的人才进入社区人才队伍，但是政府在政策制定上并没有给予一定的倾斜和保障，影响了社区工作者的工作积极性。

从素质上看，社区管理队伍整体素质仍有待提高。根据发达国家社区发展的经验，社区工作人员的素质高低在很大程度上决定了社区管理水平、服务效率和服务质量的高低。过去十多年来，我国人才队伍建设提速，社区管理者队伍的整体素质也明显有所提高，尤其是在首都北京、经济都市上海、改革开放前沿阵地广州这样的大城市，社区管理者的受教育程度已接近发达国家水平。但从大多数中小城市的社区发展情况来看，从事社区管理的工作人员大多没有经过社会工作方面的专项培训，同时也缺乏相应的专业知识和管理技能，导致其工作方法比较单一，整体素质不能满足社区发展的实际需要。

（四）社区文化建设相对滞后依然制约社区经济的发展

我国社区建设起步晚，经验不足，而文化发展作为社区发展中的一项重要事业，在缺少时间和缺乏经验双重问题上，不免遇到一些问题。这些问题的存在使得社区文化发展面临一些阻滞，甚至影响到社区的整体性工作。

1. 社区文化体制改革进展不够理想

条块分割的管理体制源于计划经济时期。这一思维体系一直沿袭下来，造成文化资源没有得到充分的自由流动；另一方面，非营利的、服务性质的文化产业由政府操持，造成的后果是效率低下，文化产品短缺。在利用资源上，缺乏搞活有效资源的开发与利用，同时存在“三多三少”现象：对有形资源重视多，对无形资源利用少；对现有资源使用多，对潜在资源挖掘少；对自家资源管得多，对盘活资源注意少。[①]这样就导致了社区文化产业和市场发育适应不了市场经济的发展需要，自我发展路子不宽，自我造血功能不强，投入有限，缺乏活力和创造力，社区的民间、传统艺术发展难度增大，严重影响了社区文化的扩张能力。在我国，大多数基层社区组织还不具备独立实体活动的能力，在这种被动的状态下，有心无力，很难实现自我发展和自我改造。如今，全国 90% 以上的文化站出现了“群众文化政府办，上面花钱下面看，演来演去大合唱”的现象。[②] 花了钱却没有达到实际的效果，群众的自愿参与率低，街道、社区与居民之间的联系只是生搬硬套了一条绳，把居民和行政事务拴在了一起。整个社区文化始终没有形成一种包容的、多元的、蓬勃的“文化影响力”，更别提社区文化在促进社会全面发展和人的社会化方面的功能了。其中，在一定程度上要归咎于社区文化建设中的“政绩工程”和“形象工程”，他们追求华而不实的结果，缺乏考虑当地居民的真正需求。这是出现浪费的一个重要原因。此外，社区教育的形式单一，缺乏创新，教育内容又没有跟上居民的实际需求，也使得社区文化缺乏吸引力。

2. 文化设施投入不足或管理不善

社区公益性的文化设施建设资金不足，社区和社区文艺骨干们用于文化方面的支出存在明显的浪费现象，没有覆盖到全社区居民的文化生活，部分社区的文化活动还比较单一和被动，导致了整个社区居民的文化层次和文化质量较低，社区中心文化需求和文化供给之间的矛盾也较为突出。这对矛盾的根源是社区文化的内容和形式不能适应于居民的文化需求和时代发展的需求，许多社区文艺骨干流动性不足，参与社区文化活动的居民几十年没有变化，社区文化活动仍是唱歌跳舞，与现代都市人追求新颖和追求时尚的心态不能达成一致。

3. 社区文化建设的队伍不够稳定

社区的文化建设需要大多数居民甚至是全体社区居民共同参与。许多社区文化活

---

① 文化部中国社会音乐研究会常务副主席、民革南京市委常委，南京市政协委员杨林答记者问，具体网址：http：//news. 163. com/08/0109/14/41P8KMKM0001124J. html。

② 叶南客：“21 世纪中国社区文化发展的方向与方略”，载于《学习与实践》，2006 年第 4 期。

动搞不起来，总是一些熟面孔，这是所有的社区面临的难题。可以说，在制约社区文化发展的诸多因素中，社区文化的人才资源匮乏是一个不可小觑的问题。由于社区没有什么收入来源，也没有较高的经济产出和效益，使得社区很难请到文艺人才。再加上社区居民本身素质参差不齐，在参与社区组织的活动时，总会出现各种各样意想不到的问题，导致社区文化队伍素质总体偏低，人心涣散，使得社区文化活动不容易组织起来。

（五）我国社区建设和经济发展未能有效动员社会力量参与

社区居民自觉自愿参与社区活动或事物的程度，是社区开明程度、健全水平和活力水平的反映，是社区发展的一项综合指标。目前，中国无论是农村还是城市居民参与的广度和深度都较低，主要表现为以下几点。

1. 社会动员不足

由于政府对社区工作的内容没有加以很好的宣传，加上社区居民本身对社区并没有很强的依赖感和信任感，坚持“无事不登三宝殿”，有事情才找社区。只有当自己的生活权益受到侵害时，才把社区纳入到保障自身权益的范围内。为居民提供服务是社区组织的基本职能和义务，社区成员只有逐渐形成对社区的认同感和信任感，才能真正参与到社区中来。正是因为社区成员缺乏参与感，社区内整体合力不强，制约了社区各项工作的开展，也使得社区经济效益得不到最大发挥。

2. 居民的社区意识观念薄弱

随着社会的进步，城市化进程不断加深，人们越来越重视个人自身的发展，而忽视集体的发展和进步，导致了居民群体对社区参与意识淡薄，有事才想到找社区、找政府。而社区的行政化管理方式也拉大了居民与社区之间的距离。目前，街道办事处和社区居委会的管理模式仍带有一定行政色彩，一方面使得社区居民缺乏参与社区重要事务决策的有效途径，对于很多与自己利益相关的事情只能处于观望的态度；另一方面他们只有遇到问题时才想到找社区，以期通过社区来寻求政府的帮助，参与社区事务的惰性心理也因此形成。

3. 民间社会组织的参与功能未充分发挥

从社区开始形成到不断深入发展，民间社会组织一直发挥着不可替代的作用，在提供大部分公共物品方面显得比政府成本更低且效率更高；并且民间社会组织对社区困难群体的发展十分重视，充当了协助政府照顾特殊群体利益的角色，提高了社会福利，同时也促进了社会公平；此外，民间社会组织通过自身所拥有的社会资源，在一定程度上满足了居民的多样化需求，也无形中增强了社区组织化程度。但另一方面，目前的民间社会组织在对社区发展的作用和服务的程度等方面还存在许多局限。主要原因有：首先，政府对民间社会组织存在的经常性地忽略。很多时候，政府遇到事情时没有考虑发挥民间社会组织的作用。目前，虽然政府大力推行购买服务，但是这些提供服务的组织要么是政府自办，如青年志愿者协会、助老服务协会等，要么是被纳入到政府管理体制之内的，如法律咨询服务机构、家政服务机构等。这些社会组织独立性不足，基本上依靠政府而经营。其次，由于体制问题，政府不习惯与民间社会组织相处，对民间社会组织信任不够。政府更加看重的是社区管理中的社会稳定性，而对社区服务的效率和效益并没有强烈的意识，成本意识也不强，反而对民间社会组织的发展保持较高的警惕性。因此，民间社会组织现阶段还没有足够的能力承接由街道办事处承担的社会管理与服务职能。社区服务社会化程度相对较低，政府包办社会的局面在短期内还难以改变。

四、未来展望：更加重视人文精神、居民参与和利益平衡

中国的社区建设起步较晚，社区经济实践经验不足，与之相应的社区经济研究工作也相对滞后。但在进入全球化深入推进的21世纪后，社区的发展已经成为一个国家发展程度的衡量标准之一，也是推动国家发展的重要动力源。纵观世界发达国家的社区经济发展经验，中国的社区经济发展又该何去何从？对于中国的社区经济发展我们又该从哪些方面加强？这些都是中国社区经济发展不得不思考的问题。

（一）中国社区建设将更加重视人文精神建设

新中国建立的六十多年来，特别是改革开放三十多年来，中国的经济发展是跨越式的，中国的物质文明建设也是十分迅速的；然而在过去的几十年里，中国的精神文明建设，特别是人文精神建设是缓慢的，甚至是停滞不前的。而物质文明极大丰富、精神文明停滞不前带来的直接后果，就是现今的中国社区的居民没有归属感，并且社区的级别越高，归属感越低。面对这样的现象，单纯加强社区体制改革是解决不了的，加快物质文明的建设更容易加重这样的现象。中国的社区居民之所以没有归属感，是因为在物质文明高度发展的今天，中国人丢失了文化的“根”，使已经被物质文明推向极端的民众更加雪上加霜。解决这一问题的根本方法就是帮助居民寻“根”，加大人文精神的建设力度，并为社区的人文精神建设注入一股中国力量。

（二）可持续发展观念将成为社区规划与建设中的重要思想

发达国家的经验表明，科学合理的社区规划不仅能为社区居民提供丰富的生活品

质，而且能够提供更加优质的生活环境。总的来看，社区规划是指导社区各项工作的基本纲领，是整个社区发展的蓝图。在制定社区规划时，不能只局限于眼前的世界，更要坚持可持续发展的基本原则，着眼于长远；不仅要重视社区经济的高速发展，还要注意保护社区的环境不受污染。在制订社区发展的中长期规划时，要因时、因地、因人多角度、多层次、全方位地思考，制定出一个与当地的"天时、地利、人和"相适应的规划方案。另一方面，从世界范围来看，经济发展较为发达的地区社区自治模式占据主导地位，而相对的经济欠发达地区则更多的为政府行政主导模式。简单来说，从政府行政主导模式向社区自治模式过渡是一个总的趋势。但不管选择怎样的发展模式，在今天节能减排、保护环境的大背景下，社区经济发展必定不能重复"先污染再治理、先破坏再修复"的老路子，必须从长计议，在基础建设中积极采取"开发环保能源、推行绿色建筑设计"等措施，在产业选择中更多考虑具有成长性的新兴产业，在服务方式上更多考虑以人为本的理念。

（三）居民自治将成为中国社区组织模式发展的趋势

我国的城市社区经济在过去的几十年发展当中，已经初步形成了具有自身特色的基本组织和管理雏形，但农村社区建设才刚刚起步，未来要做的事情还很多。总体来看，我国社区组织管理体制仍存在很多问题，社区组织的架构仍在探索和建设之中。综合国内外经验，社区管理组织的理想模式，应是政府和社区居民自治组织的同步协调发展。"既要充分发挥政府的主导作用，又能发挥好社区自治功能，从而实现'小政府、大社会'的改革目标"①。从我国社区建设的实际情况看，社区职能部门的功能定位存在偏离，居委会开展的各项工作依然以主管政府部门交办的各项任务为准，缺乏自治能力，近似于街道办事处的派出机构。这无疑没有发挥出群众自治组织的作用，更难以适应新的经济社会形势对社区发展提出的要求。因此，为了实现群众自治组织的作用，我国的社区组织必须进行适当重组和再造，将居民自治的理念深深植根于社区建设当中，让社区经济发展成为真正居民参与和居民共享的实践活动。具体来说，重新划分居委会的职能，将不必要的职能分离出去，将有些职能交由社区工作者承担，并进一步明确居委会在社区建设和发展中的议事地位。新型的居民自治组织可考虑逐步形成"四位一体"的团组式格局，即"社区党支部领导、居民会议决策、居民委员会议事、社区工作者办事"。

（四）社区建设将更加注重平衡相关利益群体间的关系

从国际经验来看，加强社区制度建设不仅是社区行为有法可依和有章可循的基本

---

① 严陆根：《社区经济学》（博士智库论文系列丛书），中国发展出版社2013年版，第30页。

前提，更是社区运行井然有序的重要保障。倡导以法治国的美国在这方面做得尤为细致，制定了《社区再投资法》《住宅和社区发展法》等国家层面的法律法规，而且制定了大量的用来处理邻里纠纷的《皮毛法》、针对社区车辆停泊的《社区泊车管制法》、针对门前卫生的《门前三包管理法》、针对宠物豢养的《家庭宠物限养法》等具体的法规。近年来，我国在社区管理方面的法规和制度建设取得了一定的突破，但总体来看，我国社区管理体制目前还存在诸多不健全之处，特别是操作层面上的法律法规还存在较大的缺口，使得法规和制度长期缺乏执行力度，最终导致社区管理权分散、责任主体缺失等现象屡有出现。因此，必须加强我国的社区制度建设，通过法律法规明确各行为主体的责、权、利，调整社区中不同行为主体间的关系，使社区居民的权利和行为更好地受到法律的约束和保护。具体来看，社区制度建设可选择从上到下的顺序进行，首先从政府宏观层面开始，通过整体性法规制度来完善和规范社区管理主体的行为，并引导社区自身的大胆改革，不断探索适合各社区实际情况的制度模式，更好地为社区居民服务，构建各具特色的宜居社区、绿色社区、文明社区、和谐社区。

（五）社区建设将加大发挥非营利性组织潜能的力度

从国内外经验来看，在社区建设和社区经济发展中非营利性组织起着不可替代的重要作用，主要表现在以下三个方面。首先，非营利组织的服务具有很高的专业性，可大幅度提升社区建设的效率和质量；其次，非营利组织可凭借其自身的社会资本、雄厚的财力资源、丰富的社会资源和广泛的社会影响力，多种途径地参与社会福利、文化、慈善、体育、环保、宗教等领域的活动，尤其能够在政府福利政策不能涵盖的领域发挥积极作用，对于减轻政府的财政压力和调节国家与民众之间的关系非常有利，同时还能为市场活动引发的社会问题提供其特有的解决方法；第三，非营利组织的活动能够充分反映民众的要求和呼声，有利于调动和激发居民参与社区事务的兴趣，对政府政策的制定和实施也会产生一定的影响。在我国，长期实行计划性体制的经历使得政府拥有了几乎所有的重要资源，政府的工作范围也就难以避免地介入社区有关工作。管得太多太死自然影响了社区中非营利性组织的发育，进而导致社会机制的不健全和不顺畅。因此，未来我国的社区建设务必要大力培育和发展不同类型的非营利性组织，引导其承担社区经济发展中遇到的主要管理工作以及大部分服务性工作，尤其要充分发挥其专业性服务的突出优势，创造出更多新的就业岗位，提升社区建设的效率。此外，我国社区建设经费完全依赖于政府财富拨款，经费的有限性使得我国必须要拓宽社区经济渠道，开源节流。最重要的是开源，我们应在社区正常发挥功能的前提下，引入适当的市场竞争机制，吸引社会非营利组织、社会团体以及企业来参与社区经济投资和发展，刺激社区成员的创新动力，增强经济发展的活力。

第二章
中国城市社区经济发展专题

城市社区建设是我国基层政权建设的重要内容之一，而社区经济健康发展又是城市社区稳固的重要基础，重视城市社区经济建设对构建和谐社会、和谐社区也有着现实意义。伴随着城市社区建设的逐步完善，城市社区经济的规模和影响力也快速提升，多元化的发展模式为市场注入了新的活力。进入21世纪以来，城市社区经济已经在国民经济中扮演了一个重要的发动机角色。

一、基本概况：社区建设快速推进，社区经济稳步发展

我国的社区建设始于城市，而我国城市社区经济则始于街道经济。城市社区经济比集镇和农村社区经济的发育程度都要高出不少，但目前依旧处于发展的初级阶段，还存在诸多问题亟待解决。当前看来，作为引领中国社区经济发展的先头部队，如何有效区分社区经济与一般经济形态、科学把握社区经济的主体及目标是正确指引城市社区经济发展的重要前提。

（一）城市社区建设稳步推进，社区经济发展基础逐步完善

20世纪80年代以来，社区建设成为我国城市建设的一个缩影。1986年，民政部为配合国家经济体制改革和社会保障制度建设而制定了《北京市发展社区福利网络三年规划》，社区作为一个广泛使用的概念，在各城市、街道办事处和居民委员会等基层组织的基础上开始组织构建，并相应地建立起社区服务中心。1987年9月，民政部组织相关专家在武汉市召开全国城市社区服务工作座谈会，对社区服务的内涵作了定义，提出了社区服务的发展方向，成为我国社区经济转型的标志年。到了80年代以后，街道办事处承担着社会治安、文教卫生、社区服务、发展经济、群众生活以及城市管理等数十项纷繁复杂的工作任务，这在一定程度上为城市社区建设的全面启动奠定了基础。

1995年市场经济体制的确立，标志着我国的社区经济开始由传统社会向现代化社会转型。街道经济演变为社区经济。社区经济的发展往往是与社区建设的步调相一

致的。1954 年，全国人大十一届四次会议表决通过了《城市街道办事处条例》以及《城市居民委员会与组织条例》，标志着街居制的确立，也意味着中国城市社区建设基本雏形的建立。而根据这两个条例形成的“区、街、居”三级社区联动的体系就是社区的前身。20 世纪 90 年代初，政府相关部门借鉴国外“社区发展”的基本理念，结合我国的客观实际情况，明确地提出了“社区建设”的课题和发展思路；同时，为适应市场经济的确立和发展新形势的要求，在江泽民同志 1996 年提出大力加强社区建设后，社区建设的问题逐渐引起全社会的高度重视。随后，以上海市为首，相继出现了青岛、沈阳、北京、天津、南京、重庆等许多城市社区管理体制改革和社区建设工作的蓬勃发展。1998 年，我国政府机构改革大步推进，社区建设被正式列入政府职能之中，同时明确赋予了民政部“指导社区服务管理、积极推动社区建设”的职责，民政部基层政权建设司也因此更名为基层政权和社区建设司，社区建设正式成为政府的一项职能。

2000 年 11 月 19 日，中共中央办公厅和国务院办公厅在《民政部关于在全国推进城市社区建设的意见》中指出：“大力推进城市社区建设，是新形势下坚持党的群众路线、做好群众工作和加强基层政权建设的重要内容，是面向新世纪我国城市现代化建设的重要途径。切实加强城市社区建设，对于促进经济和社会协调发展，提高人民的生活水平和生活质量，扩大基层民主，维护社会安定，推动城市改革与发展，具有十分重要的意义”。《意见》的出台很快在各大中城市掀起了社区建设的热潮，民政部选择在北京、上海、天津、沈阳、武汉、青岛等 26 个城市设立全国社区建设实验区，并总结经验向其他地区推广，社区建设在全国城市中轰轰烈烈地开展起来。2001 年 3 月，九届全国人大四次会议明确将“社区建设”的内容纳入《国民经济和社会发展第十个五年计划纲要》之中，表明在党中央的高度重视与大力支持下，我国的社区建设工作已全面展开。社区建设的概念，就是这样伴随着我国改革开放和社会经济的发展，进入到我们生活中来的。

前文提到，我国社区建设的提出和发展产生于城市基层管理体制改革的过程中。就城市基层管理体制而言，它指的是城市基层的组织架构、功能地位及权责利等相互关系间的综合，并且基层管理主要处理的是与社区居民群众日常生活相关的事务。目前，我国城市的行政级别大致分为省级、副省级、地级、县级这四个级次，组成城市社区行政系统，与省、县、乡广大农村区域的行政系统一道构成具有中国特色的城乡双轨制地方社区行政体制。根据我国宪法规定，区是城市的基层政权机构，街道一级是区政府的下属机构，而社区便是群众基层自治组织，在政府的授权和指导下承担一定的社会管理的职能。这里所提及的社区，是传统意义上的社区居委会。在城市生活的每一位居民群众，都必然与社区居委会、街道乃至区政府产生关系，直接或间接的受城市基层组织的管理（如图2－1所示）。

图2－1　城市社区管理模式

具体到社区层面，我国城市社区存在的各类组织是推动社区建设和经济发展的主体，是社区中具备不同职能和利益诉求的行为主体，在社区经济建设和发展中相辅相成，并依托社区的存在而发展。①社区党组织是执政党最基层、最直接的体现，它的设立和存在与新时代背景相符合。社区党组织在开拓新领域、增强凝聚力、提高号召力方面发挥了最基础的作用。它突破了以传统单位的党建工作为主的局面，而转向以单位党建和社会党建共同发展的局面。总而言之，社区党组织是社区的领导核心，在社区中处于政治领导地位。②社区行政组织指的是街道办事处，它不仅依法行使政府的社会管理职能，还充当着综合协调和具体指导辖区内社区居委会工作的角色；它不仅是政府职能部门落实社会管理的各项职能的载体，也是有效促进、配合、指导社区居委会工作的执行者。街道办事处发挥着“条与块”工作的协调作用，是各社区最直接的管理者。③群众自治组织即指社区委员会，它是社区民主建设的核心，是按照党的路线、方针、政策发动群众参与社区各项事务的重要群众性组织，更重要的是，它是联系政府和群众的桥梁和纽带。从某种程度上而言，社区居委会既是社区群众的议事中心，也是推进基层民主最有效的组织方式。④社会团体组织指的是除了政府组织以外的中间组织和机构，包括各类社区行业协会、社区工作者专业协会等。它的功能主要是承接从政府管理中剥离出来的社会功能，是今后政府推动社区建设的中间力量，是社区的行业中心。⑤民间非营利性组织以及其他公共事业组织或团体是社区中共同承担公益性、慈善性的实体服务者，也是社区建设各类任务和各项工作的具体实施者，其基本特征是服务性和非营利性，也是今后政府采购服务、财政补贴和资金救助的重点对象和社区服务中心。

我国基层社区的组织体系主要包括：社区党组织、社区自治组织以及民间组织。其中，社区党组织是社区的政治核心；社区自治组织，主要指居民代表大会、社区居民委员会及其他按照居民群众的意愿设立的补充性、监督性组织，而居委会、社区基层群众自治组织和社区成员的法定代表；社会民间组织，主要指各种志愿者组织和社会组织，他们是社区组织中重要的中间力量。据有关部门统计，到2008年底，全国城市“一社区一支部（一个社区一个党总支）”的覆盖率已达到99.6%。在多年的发展和实践中，突出社区党组织的领导核心地位，健全社区党组织的各项功能，使得社区党组织成为一个有创造力、战斗力以及凝聚力的坚强集体。在社区组织规模上，“我国共有68.7万个基层社区自治组织，其中村委会60.4万个，社区居委会8.3万多个；全国共有社会组织41.4万个，业务范围涉及民政、科教、文卫、体育、环保等各个领域，吸纳社会各类人员就业475.8万人”。[①] “全国城镇社区服务设施约有12.2万个，社区劳动保障工作机构6.7万个，城镇便民利民服务网点近75万个，社区文化中心（室）3.4万个。另有，法律援助工作站5.5万个，社区人民调解委员会7万个，社区警务室6.1万个，消费者投诉站、消费维权联络站4.9万个。社区志愿者组织43万多个，注册人数突破2600万人，参加社区志愿服务的人数已累计达到3000多万人次，这已成为推动和谐社区建设的重要力量。”从以上数据显示来看，社区组织体系的不断健全和完善，必将成为推动和谐社区建设中的中坚力量。

（二）城市社区经济逐步朝着市场化方向迈进，影响力日渐扩大

随着改革开放的持续深入，我国经济、社会、文化得到了前所未有的飞跃式发展，人们的物质生活和精神生活发生了翻天覆地的变化，在城市发展的过程中，“单位制”的社会功能正在慢慢弱化，社区经济的作用日益重要。尽管我国的社区不同主体的具体职责划分仍旧存在不清晰之处，尤其是社区组织架构和管理活动仍表现出明显“事务性和行政性”的色彩，在一定程度上限制了市场机制在社区资源配置中的作用，但经过多年的研究探索和实践改革，过去“小政府、大社会”的框架正在逐步被打破，城市社区经济的活跃度明显提升，在缓解城市就业压力和丰富居民生活方面的作用尤其突出。90年代试行分税制改革后，我国经济由计划经济向市场经济过渡，在“行政区”到“社区”这样的模式主导下，城市社区管理体制和社区管理功能开始慢慢清晰，城市街道办事处的职能也被定位于地域范围内的社会事务管理，其经济职能也随之淡化，街道经济已然逐步挣脱了“区街”的外套转向“社区经济”过渡。社区经济的运营模式、经营方式以及服务的主体俨然区别于传统的街道经济，但是社区经济又承接了街道经济部分的社会功能，使得其至今仍然有部分街道经济的影子。

近年来，我国城市社区经济多元化、社会化机制改革的步伐并未停止，社区经济的筹资渠道广、方式灵活，包括社区居民的自主集资、个人投资、社会企业赞助等。随着城市改革的不断深化，传统的“单位制”正逐步消失，社区居民的养老金、退休金、保险、医疗保障以及福利等已逐步从单位剥离到社会化管理，城市居民群众的政治、经济、社会及其文化生活更多地联系在社区，生产在社区，快乐在社区。城市

---

① 资料来源：凤凰网财经，网址：http：//finance.ifeng.com/money/roll/20090525/700639.shtml。

化的发展使得人们的生活中心向社区转移，城市社区的服务体系也在不断扩展，以居家养老、社区教育、文化娱乐为核心的服务功能逐渐完善，托幼、家政、社会福利以及物业管理等其他方面的服务也快速增加。城市居民越来越依赖于社区，“有事找社区”的观念也越来越强，创造了一个个城市经济发展的崭新空间。如今，我国城市社区经济大多涉及生活服务业和商业等第三产业上，不仅涉及包括餐饮业、零售业、医疗保险业、建筑装修业和其他物质生活相关的服务业，还包括文化产业、体育产业、教育产业等智力、知识、精神、健康支持文化生活相关的服务。20 世纪 90 年代以后，我国城市社区的经济以平稳上升之势获得较快发展。社区经济作为城市经济体系中的“子系统”和“配属经济”，有着“拾遗补阙，运转灵活”的特点，社区经济真正沿袭着为居民服务、为社会服务的使命和责任，充当着社会的稳定剂作用。正是它的“拾遗补阙”作用，整个社会的发展和城市经济的发展才得以持续。我国城市社区经济诞生于计划经济体制，却成长于市场经济竞争的背景中。这种独特的成长史使得我国社区经济与市场经济有着天然的适合性和融合性。

需求产生市场，城市社区居民日益增长的物质、文化需求为社区经济的发展提供了广阔的空间与市场，服务社区居民成了城市社区经济的重要内容。利润是社区经济得以延续、可持续发展的动力。因而，社区经济活动多以有偿、低偿、无偿相结合，并不完全排斥利润，只有合理的利润才能使社区经济主体长期持续地发展下去。城市社区经济从产生开始就承载着解决社区居民就业、满足社区居民需求、服务社区建设的使命。当然，城市社区经济不同于非社区经济，不能完全以利润最大化作为目标，应该在吸纳社区劳动力、提供物质和文化产品与服务、实现社区福利最大化的同时兼顾利润。不同类型的社区经济其目标的侧重点也各不相同。以完全公益性经济和服务型经济为例，完全公益性经济，不以营利为目的。“这类经济主要是为本社区居民发展社区公益事业、解决本社区弱势群体以及其他需要帮扶的群体生活问题而从事的经济活动，像组建社区福利院、举办社区学校等。”① 而服务型经济，源于满足社区居民在生活各个方面的现实需求，兼有服务和营利特点，其所涉及的行业多具有投资较少、就业容量大、用工灵活、就业便捷等特点，吸纳劳动力的潜力非常大。服务型经济在提供就业机会、满足居民需求的同时也增加了社区收入，增强了居民对社区的认同感。

（三）城市社区经济实力不断提升，多元化格局显现

社区经济作为依托于社区的一种经济形态，不但具有一般经济形态的属性，而且

---

① 文洪朝：“提高管理能力推动社区经济发展”，载于《理论学习》2009 年第 2 期。

具有社区经济自身的特征。多年来，随着政府职能转变和国有企业经营机制转换，多数国有企业社会职能逐步被剥离并融入社区，其原来承担的为单位成员提供服务转交给社区居委会。在此背景下，我国城市社区逐步实现了真正意义上的属地管理，逐渐完成城市社会管理体制的再造，社区经济自主发展的基础日益形成，在国民经济中的地位不断提升。

就经济行为和经济效果来考察，我国各地区不同的社区组织模式都是立足于各自的资源基础而做出的尝试，同时也满足了社区居民不同的物质文化需求。我国的社区发展模式从一开始就不是唯一的，中央政府允许各城市在结合自身特色的基础上，开发和创新其城市社区管理模式，使社区经济能够更加充分地发展。从各地的实践过程来看，我国社区发展模式大致可以分为以上海市为代表的“渐进改革型”模式、以哈尔滨为代表的“政府主导型”模式和以沈阳为代表的“社区自治型”模式三种类型，其主要区别在于政府与社区结合的紧密程度有所不同。值得一提的是，这三种模式是在不同的经济发展程度和体制改革背景下产生的，具有各自的特点和存在的合理性，同时也正是由于它们各自与政府结合的紧密程度存在差异，使得不同社区的组织管理工作各具特色。

同时，社区建设是政府行使社会职能、提供公共服务的重要体现形式，从我国社区发展的实践来看，社区公共基础设施的投入会带来经济规模递增的效益和产出。为贯彻落实中央“关于积极发展社区服务业，千方百计扩大就业”的要求，进一步加快社区服务基础设施建设，仅仅 2003 年，国家就安排国债资金 5 亿元，用于全国社区服务设施试点项目建设，开启了中国社区基础设施大规模建设的序幕。2005 年以来，各级政府用于社区基础建设的资金投入进一步增加，有力地提升了我国社区经济自主发展的能力。就社区基础建设的内容来看，近年来主要投入建设社区信息系统和平台，实现系统化办公，也使群众办事更方便快捷；此外还建成了社区服务中心、社区服务站等提供综合服务；政府通过组织、协调、整合社区资源，扩展和加强社区基础设施建设，如政府投资建设健身广场，利用产业化办法提供便民菜站，充分发挥驻区单位共建合作机制等。这些基础设施的不断充实和完善，规范了社区公共服务管理，健全了社区服务体系和功能，大大推进了社会福利和社会事务管理服务社会化的进程，大幅提高了社区居民的生活质量。

全国各地的城市社区建设从自身实际情况出发，以民众最关心、最现实的问题作为突破口，综合分析自身优势及特点，全面推进和创建有特色、有亮点的社区建设示范单位，让更多的群众感受到社区生活的实惠，解决了他们最关心、最关注、最直接的问题，在不断探索和创新的过程中，促进了社区多样化格局的初步形成。其中，街居联动的“上海模式”是结合了城市管理体制改革的新模式探讨；“青岛模式”以社区服务为主旋律，提升和扩展社区功能来发展社区；“沈阳模式”以新型组织结构著称；而“江汉模式”则以转变政府职能为特色。这些模式都是和谐社区创建中的杰出代表。为了进一步扩大和谐社区创建成果影响，2009 年 10 月 12 日，民政部决定：命名北京市西城区等 188 个城区（市）为全国和谐社区建设示范城区（市）、天津市和平区小白楼街道等 253 个街道为全国和谐社区建设示范街道、河北省石家庄市裕华区槐底街道石门社区等 500 个社区为全国和谐社区建设示范社区。[①]

我国社区建设的内容十分广泛和丰富，可按照服务性质、服务内容、服务方式等标准进行不同分类。从服务性质上看，我国社区服务分为三个部分：公共事业性服务、福利性服务、商业性服务。其中，社区公共事业性服务主要提供非营利性的低偿服务，主要目的是帮助本社区居民解决生活中遇到的难题，如家庭调解、邻里纠纷等；社区福利性服务的对象主要是社区中老弱病残等特殊群体，其目的是满足这一部分人的基本生活需求，为他们提供无偿服务；商业性服务主要提供营业性的有偿服务，目的是方便居民，有助于促成社区服务效能构成一种自运转的机制和系统的服务网络。从服务对象上划分，社区服务主要内容为青少年教育服务、老年服务、优抚对象服务、残疾人服务、社区卫生服务、便民服务、社区文化娱乐服务等。可以预见的是，随着社会经济发展水平的不断提高和对我国社区经济发展的不断深入探索，我国社区服务的内容和体系将不断丰富和完善，专业化程度不断提高，数量不断增多，会朝着社会福利社会办的方向不断前进。

（四）城市社区经济尚处于发展初期，诸多问题亟待解决

我国仍处于社会主义初级阶段，社区如何定位和如何发展问题还没完全理清思路，社区组织在经济管理和协调方面缺乏应有的能力。组织管理方面的差异加上整体社会经济发展的不平衡、城乡二元经济结构等大环境和历史因素的影响，使得我国城乡之间、各地区间、甚至同一城市的不同社区间的经济发展程度都不一致。在我国沿海经济发达地区，尤其是一些大中城市，社区经济已经发展到较高的水平，社区设施和服务功能相对完善，从老百姓的衣食住行等居家服务到更高级别的享受娱乐服务一应俱全；而在经济相对落后的西部地区和一些小城镇，特别是乡村地区，人们对于社区的理解仍然停留在概念层面，离社区经济的真正起步还有较大距离。与此同时，城市社区经济发展还伴随着一些现实难题和困境。

自主性和创造性不足。社区管理体制行政化色彩未能完全消除，使得社区经济发

---

① 民政部：《关于命名表彰全国和谐社区建设示范单位的决定》，民发〔2009〕143 号。

展通常既要考虑到当地政府的行政指令、财政收支状况，又考虑到社区自身的评比和考核指标，很大程度上限制了社区自主性的创造与发挥。随着我国市场经济的不断完善和发展，市场作为经济活动的最大主体承担了更多的经济发展的责任，将资金真正下放到社区，通过充分发挥社区自主作用来解决自身的经济发展目标和经济需求，将当地政府的财政作为补充，进而解决社区发展过程中减少社区的过度依赖财政和政府支持的问题，也给其自主经营注入生机和新的活力。目前，社区办公经费少，没有收入来源，许多程序性、事务性工作进入社区，并且社区的居民都有公共的需求，但这些工作和需求的经费来源都未进入社区，社区居委会不仅要忙着为工作提供必要的经费支撑，还要满足社区居民的公共需求，如社区活动、社区娱乐、节日慰问等，这些都是社区的经济负担，致使社区工作因经费而受限。还有一些单位联系社区有名无实，使得社区的经济发展在一定程度上也受到影响。

社区经济效益低下。我国目前城市社区经济的发展是一种以密切保持与政府的联系为重中之重的发展模式，并且这种联系是封闭的、传统的。轻视社区及其产业之间的发展和联系，导致社区经济发展的效益低下。一个城市社区的经济发展要想更好更快的发展，需要发展多方联系渠道，实行优势互补、利益共享，以节约交易成本，达到利润的最大化。随着我国经济转轨、社会转型步伐的加速，“大政府、小社会”格局开始向“小政府、大社会”的方向转变，政府不再包揽一切社会事务。社区经济的发展有赖于非政府组织的发展。非政府组织是不以营利为目的，非政治性的、独立的、以研究社会发展政策、参与社会事务、服务社区为主要工作的组织。非政府组织在政府和社区之间起着桥梁作用。在不影响政府社会职责的同时，非政府组织减少了政府的工作量，使“小政府”的目标得以实现。让非政府组织机构直接面对社区，还减少了政府与基层群众难免的矛盾冲突，为政府解决问题留出余地，同时也减少了政府的开支。当前，我国非政府组织数量虽有所增多，但尚无一部法律对社区中各组织的法律地位、性质、设立、变更与撤销及社区经济组织的权利和义务、管理与收益分配机制加以明确规定。“这对于确立非政府组织在社区经济中的主体地位以及用法律和契约规范不同的利益主体，保证社区经济的有序发展来说，还存在一定困难”。[①]

社区管理和专业人才缺乏。从某种程度上而言，一个城市社区经济的经营者和组织者的自身素质和受教育程度影响着其社区经济的社会资本量，可以说这二者是成正比的。从我国城市社区目前的人员状况来看，他们的受教育程度较低，甚至领导层也没有达到较高的文化水平，而且高层次人才少，持大专及以上文化程度的不在多数，

① 刘洋：“城市社区经济管理模式变革的探讨”，载于《未来与发展》2005 年第 4 期。

掌握经济知识和灵活运用信息产业来发展社区事业的人才不多。可以看出，社区领导层的文化程度使得社区管理水平不高，社区与社会的联系也很少，有时甚至处于市场信息失灵的状态。这些都影响着城市社区经济的发展水平和进度。

对社区经济的理解还不到位。虽然中国的城市社区建设已初见成效，但社区经济的发展在我国还处于初级阶段，国内学者关于社区经济的看法不一，目前尚无标准界定，成为社区经济发展的一块绊脚石。“社区”这个词本意是“共同的东西”、“亲密的伙伴”，社区中的经济基础是土地、集体财产而不是资本与私有财产。当前，学术界对于社区经济的认识可归纳为三种：一是地理范围上的概念，认为社区经济就是社区内所有的经济活动，既包括本社区居民在本社区内从事的经济活动，也包括外社区居民在本社区内从事的经济活动。二是把社区经济看成是“依托社区同时又为该社区提供经济收益的经济活动”，是第一种定义的延伸。三是把社区经济理解为在一定地域范围内“以居民福利、居民服务为目标的一切经济活动”，认为社区经济其实就是社会经济在社区范围内的集中体现，社区经济包括“社区志愿者服务、社区经济服务、社区福利活动、社区内所进行的宗教慈善活动等”。中国学术界一般将社区这个词理解为“聚居在一定地域中的生活共同体”，既指乡村也指城市，既认同血缘关系又接受业缘关系。相应的，社区经济主要指社区居民生产生活需要的物质生产、加工制造、日常服务等经济活动。“这样的宽泛界定强调只要与社区相关联的经济行动都可以称为社区经济，从而使之更具有包容性，进而能更好地与中国社区经济建设和发展相适应，但同时也为争议的产生埋下了伏笔”①。

山东省泰安市泰山区倾力打造民生服务信息化，建设“五通”平台

近年来，泰安市泰山区按照中央、省、市要求，依托泰山区社情民意直通车指挥中心，倾力打造民生服务信息化建设“五通”平台，创新服务方式，拓展服务外沿，提高服务效率，得到广大居民的好评。

一是打造“一号通”平台，实现“电子帮扶”便捷服务。开通9600919泰山区民生热线，整合了城乡低保、慈善救助、家庭服务等12项事关民生的服务内容，了解广大居民在生活中的需求，帮助居民解决实际困难；开发来电处理系统，以信息化方式实现区、街道镇和社区三级联动、上下联通，以整合资源，迅速解决居民反映问题。热线自2011年11月开通以来，累计为居民解决实际问题3100余件。

① 高连克：“转型时期中国城市社区经济类型、特征及发展”，载于《吉林师范大学学报》2005年第5期。

二是打造"一网通"平台，实现"电子政务"便捷服务。开通"社区在线"网站，区、街道和社区都可通过各自后台操作系统及时在线发布工作信息；在社安装民政部开发的社区信息管理系统，全区所有社区的居民信息录入率达到100%；开通泰山区民政局门户网站，方便居民查询各项业务法规、办事指南和网上咨询。通过建设"一网通"平台，实现了社区管理信息化、台账电子化和事务公开化。

三是打造"一键通"平台，实现"电子速递"便捷服务。以政府购买服务形式，在社区为孤寡老人、残疾人等3000户弱势群体免费安装"一键通"呼叫器，在泰安联通公司114指挥中心设置两个专门客服座席，录入受助居民档案，融入政务类服务内容，提供咨询、接线等服务。目前可为居民提供54大类、64个小类、1000多项服务，涵盖政府公共服务、商业服务、志愿服务和自主互助服务等多个方面。

四是打造"一卡通"平台，实现"电子超市"便捷服务。在社区服务大厅安装缴费终端，居民持"一卡通"或现金，不出社区就能缴纳电话、水、电、燃气等各项费用，营业时间长、方便快捷，多种缴费一站式完成。目前，平均每个社区缴费次数达到每月800余次，缴费金额达到每月7.48万元。

五是打造"一家通"平台，实现"电子保姆"便捷服务。与泰安电信公司合作研发"一家通"平台，先期选取200名老年人免费发放"一家通"呼叫器。该平台通过GSM移动通信技术、互联网、GPS卫星定位，为居民和其家人提供呼叫、定位、查询、设定范围等服务，可以有效防止老人健忘走失、儿童乱跑走丢等情况的发生，为特殊群体的安全提供了保障。

资料来源：中华人民共和国民政部基层政权和社区建设司 2013－01－28，http：//zqs. mca. gov. cn/article/sqjs/dfdt/201301/20130100413049. shtml。

二、城市社区经济服务保障机制改善，观念仍需更新

国内学术界和实际工作部门关于城市社区服务的含义众说纷纭，大致可以概括为广义说和狭义说两大派系。其中，广义的社区服务不仅包括社区福利性、公益性服务，而且包括一定程度的商业性便民利民的生活服务，以及为社区内企事业组织提供的后勤保障服务。狭义的城市社区服务理论依据在于国外社区照顾和社区服务理念，仅指社区福利性和非营利性服务，而不包括商业或准商业性的服务，这主要是为了避

免基层社区组织通过开展商业性服务片面追求经济利益，失去社区居民的归属和认同。与之相对应，广义说则以中办发〔2000〕23号文件中的“三个面向”为理论依据，即社区服务是“面向社区居民的便民利民服务，面向社区单位的社会化服务，面向下岗职工的再就业服务和社会保障化服务”。

（一）我国城市社区服务领域发展成果显著

由上述定义我们可以归纳出，当前我国城市社区服务所具有的几个基本要素：一是社区服务的倡导者是官方机构；二是城市街道和社区是社区服务的组织和实施者；三是社区服务对象包括城市居民和社区企事业单位两部分；四是社区服务的内容既包括社区福利性和公益性服务，也包括商业性便民生活服务。综合这些要素，社区服务可以被概括为“在各级党委政府的倡导和推动下，以街道、社区为组织主体，通过整合社区资源和动员社区力量，努力为社区成员提供福利性服务、公益性服务和便民生活服务，不断满足社区成员日益增长的物质文化需要的过程”。纵观中国城市社区服务的发展历程（表2－1），我国社区服务领域取得了骄人的成绩，突出地表现在以下两个方面。

表2－1　　20世纪八九十年代我国城市社区服务的发展历程

1983年	城市社会福利工作改革开始酝酿，提出了“国家和社会相结合、采取多种形式办社会福利事业”的总体思路。
1984年	在“社会福利社会办”新思想的指导下，提出“要多渠道、多层次、多形式发展社会福利事业”的要求。
1986年	首次明确提出在城市开展社区服务行动，并选择了试点城市。
1987年	明确提出了社区服务的基本内容和主要任务，此后，许多大中城市便开始了社区服务的实践工作。
1989年	总结了各地开展社区服务的经验，形成了深入发展社区服务的新思路，强调“上靠政府、下靠基层社区，争取社会各界广泛参与，以社会效益为目的、经济效益为手段，走‘以服务养服务’的道路等”，社区服务在各地全面推开。
1990年	正式实施《中华人民共和国城市居民委员会组织法》，正式提出“居民委员会应当开展便民利民的社区服务活动”，社区服务主体进一步明确。
1992年	全国社区服务实践活动快速推进，超过70%的城市街道社区都系统地开展了社区服务相关工作，并迅速建成了10万多套社区服务设施。
1993年	14部委联合下发《关于加快发展社区服务的意见》，明确提出社区服务的发展目标和基本任务，制定了社区服务的相关保护政策，中国城市社区服务由此进入了自我积累和自我发展的良性运行轨道。
1994年	民政部重申社区服务“以福利服务为宗旨和坚持社会效益为主”的基本原则，由此开始，社区服务进一步向着规范化、标准化的方向发展。
1995年	《全国社区服务示范城区标准》和《全国社区服务示范城区评审办法》颁布，为社区服务在全国范围内推广提供了相应范式，社区服务规模不断扩大。

一是在强化管理的基础上，各地社区服务的组织化、社会化程度不断提高。20世

纪90年代中期后，国内各大中城市认真贯彻国家14部委联合下达《关于加快发展社区服务业的意见》精神，不少省的市区两级部门都成立了由政府分管领导为组长的社区服务工作领导小组，办公室设在民政部门。领导小组及其办公室多次召开会议研究有关社区服务工作，民政部门积极承担了社区服务的日常管理实务及其有关协调工作，各地在发展社区服务方面，视本地情况出台了有关优惠政策。这些政策的出台极大地促进了各地的社区服务业的发展。在组织建设力度加大同时，社区服务业的社会化趋势日益明显，城市管理者纷纷自觉地把发展社区服务作为深化城区工作、增强综合服务功能的主攻方向，坚持以改革总揽全局，以街道、居委会为依托，以志愿者服务队伍为基础，以福利服务和便民服务为主要内容，通过政府塔台、民政主管、各方参与、居民互助，建立了多层次的社区服务网络和系列化的服务体系。一个“老有所养、孤有所依、幼有所教、残有所助、贫有所扶、难有所帮”的社会化服务环境已基本形成。

二是社区服务内容不断拓展，服务对象进一步拓宽。各地区在搞好托老、养老、残疾人、优抚对象及居民生活等便民利民服务的同时，积极向物业管理、文化娱乐业、医疗保险业、家政服务业等方面拓展；积极向辖区内的用人单位推荐下岗职工；筹集资金，在辖区内寻找场地，新办菜市场，大量安置下岗职工；着力培养社区服务业的承接主体，将一些小型微亏企业转到社区进行改造，使其成为劳动密集型的服务性企业，引导安置更多的下岗职工。在社区服务的内容上，由过去单纯的民政服务、范围较窄的便民服务向适应现代城市经济、文化发展的现代性社会服务转变。

（二）城市社区服务平台和保障机制建设加速

社区综合服务平台和发展保障机制在城市经济发展中具有重要意义，可以说，城市社区服务既是中国社会发展的重大现实问题，又是城市社区建设的龙头和骨干，同时还是城市基层社会管理体制的重要依托和中国社会保障体系的重要组成部分，在繁荣城市经济和扩大城市就业方面发挥着重要作用。从1986年至今，我国社区服务已成为融入普通百姓日常生活的一项连接千家万户、为广大居民认知和依赖的事业。据截至2010年底的数据统计，全国城市便民、利民网点已达53.9万个，各地建成的城镇社区服务设施达到15.3万个，而社区服务中心也有将近1.3万个，另外还有社区服务站44237个。[①] 与此同时，各地社区卫生服务站、社区文化中心、社区劳动保障机构、慈善超市、社区综合治理工作站、社区警务室、社区人民调解委员会、社区法律援助工作站、消费者投诉站、社区服务志愿者组织的数量也在快速增加。依托这些设施、机构和平台，社区居民的日常生活问题得到了有效解决，社区居民的生活质量

---

① 资料来源：社区建设与民主管理网，网址是 http：//www. mzbpx. com/html/Web/tjsj/3345. html。

也得到了明显的提高。

为保障城市社区经济持续健康的发展，与平台建设同时进行的是建立制度化、规范化的保障机制，保证社区经济可持续发展，推进和谐社区建设。“十一五”期间，中央和地方预算投入资金将近22亿元，预计在全国范围内共规划建设3000个示范性综合性社区服务设施。目前，全国绝大多数地区省市两级建立了社区建设领导小组，形成了由党政领导挂帅、民政部门牵头、有关部门共同参与的领导格局。部分市（县、区）落实了工作人员编制和工作经费，成立了社区建设的专门工作机构。部分地方将社区建设也纳入到当地经济和社会发展规划，纳入当地财政预算，建立了政府投入与社会投入相结合的多元投入机制，进一步拓宽了资金来源渠道。不仅如此，在规范机制方面，全国人大通过了《城市居民委员会组织法》，民政部发布了《关于在全国推进城市社区建设的意见》《关于加强和改进社区服务的意见》，牵头制定下发了《全国社区服务示范城区标准》《全国社区建设示范城基本标准》《全国和谐社区建设示范单位指导标准（试行）》等法律文件，并联合国家发展改革委出台了《“十一五”社区服务体系发展规划》。同时，符合各地实际情况并具有浓厚地方特色的规范性政策、标准也陆续出台，群众监督、领导监督和舆论监督相结合的监督机制逐步建立，为社区服务体系的完善提供了坚实保障。[①]

（三）城市社区信息化服务体系逐步建立

在我国民政部和国务院信息化工作办公室于2007年联合起草的《关于推进社区信息化工作的指导意见（征求意见稿）》中，明确地提出了满足政府部门、社会大众、企业公司与社会多重需求的社区信息化的定位。社区信息化并不是一个传统意义上的概念，它是根据我国自身组织结构特征而独创，并且伴随着城市信息化迅速地发展起来的概念，它所涵盖的内容十分广泛，同时具有特殊的意义。意义在于代表了社区居民，借助政府部门的信息系统，构建起一个以社区为单位的联通政府、企业与社区居民三方的公众信息平台。这样的一个公众信息平台是汇聚居民信息的载体，搭建起了公共管理和公共服务之间的桥梁，是社区内居民反映各自需求、消除彼此矛盾、参与社区治理的通道。到目前为止，我国的城市社区信息化服务工作在持续地稳步展开，经历了从无到有、从弱到强的初始筹备阶段（主要目的是为了解决服务部门的电脑等硬件设施配备和工作文档电子化的问题）、平台构建阶段（主要是为了推进社区网络和基础数据库建设，构建多种服务渠道）、系统对接阶段（主要是实现电子化的政务系统、商业化的服务系统等与社区信息化平台的对接）等几个阶段，整体基础性

① 李学举：在全国和谐社区建设工作会议上的讲话，2009年10月19日。

工作基本到位，社区居民可获得方便的公共服务。

对于中国的社区信息化而言，主要包括了这样几个层面的基本含义（图2－2）：第一，将信息化的工作形式运用到社区的基层工作和组织活动，便于加强居民与居民、居民与社区之间的沟通，不断地增强社区的自我治理能力。第二，为了实现科学决策，消除信息孤岛，达成信息共享，达到便利社区服务工作的目的，由政府进行主导建设信息化平台，逐步完善各部委、各行业之间的信息与地域性社区信息之间的互通和整合。第三，在完成社区信息平台建设的基础上，不断加强平台功能，逐步达到以社区居民的知情权、参与权、监督权为核心的基层社区的民主建设和社区自治的目的。我国的社区信息化主要包括了外部条件体系（整体方针政策的支持和投、融资机制、培训的安排和外部宣传等）、基础设施体系（通信线路的建设，软硬件设施的组合等）和社区管理服务体系（社区管理信息化、社区服务与物业管理信息化、社区居民生活信息化等）三个方面。

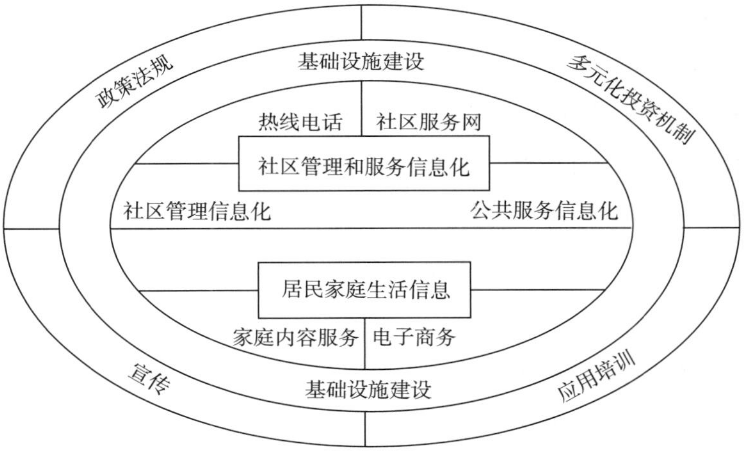

图2－2 社区信息化三层体系图

（四）城市社区服务理念仍需推陈出新

虽然我国在社区管理和基础服务方面取得了长足的发展，但是我国的社区服务的发展很不平衡。这种不平衡性表现为地区间社区服务总体水平的不平衡，二是表现为社区服务的项目、内容的不平衡。究其原因，除了受地区经济发展水平的限制外，一些地方政府领导和民政部门同志旧思想观念的束缚以及对社区服务认识的滞后也是一个重要方面，制约着社区服务的发展。当前，社区服务示范城区正从普及向提高转变，而不少地区的社区服务还处于起步阶段甚至空白阶段。思想认识滞后造成在实际工作中对发展社区服务重视不够、投入不多、力度不大，组织机构、政策措施、资金场地等方面的条件得不到良好的落实。因而这些地区的社区服务还一直是分散的、小规模的，许多项目不配套，一些服务领域仍然存在空白。虽然各地社区服务实践活动开展得有声有色，但突出的问题是，社区服务和社区建设的理念与理论尚处在探讨和完善之中，跟不上社区服务的发展，显得相对滞后。

其一，组织管理部门对社区经济发展的必要性认识还不全面，缺乏总体规划和统一思路。从各地社区经济实践活动中暴露出来的问题看，政府各职能部门与社区的关系还没有完全理顺，缺乏对社区经济发展的有力指导，突出的表现为不少政府机构依旧承担着直接管理社区经济活动和社会文化等方面的众多职能，行政干预的范围和程度仍然过宽过广，距离真正走向“小政府、大社会”的管理格局还有很长的路。另外，计划经济的思维定式在部分社区单位依旧存在，一些领导干部对社区经济发展实情缺乏了解，没有进行深入调查研究，更谈不上前瞻性分析，在市场经济体制日趋完善的大背景下，对社区经济的产业化发展和企业化管理思考不足，领悟不深，探索不够。

其二，尚存在制约社区经济发展的体制性因素。按照前文的分析，城市社区服务应当是以街道为主体、以居委会为依托的。但由于我国现行的行政管理体制是垂直领导的模式，社区单位（条）与街道办事处（块）对社区服务的人数尚未完成认同，而街道办事处只是区级政府的派出机构，其权利覆盖很小，渗透力差，无力将社区各个部门有效地组织起来共同开发社区资源，带来社区服务体制不顺。社区服务体制不顺，街道在社区中的综合管理职能不强，缺乏整体性，致使当前社区管理中条块分割的问题比较突出，街道在社区管理中难以形成综合管理职能，对社区服务的健康发展是极其不利的。

其三，不少社会经济组织还未能充分意识到，社区经济的壮大对于自身发展所具有的重要意义。我国城市化进程快速推进，社区居民需求中必然蕴含着巨大的商机，但从目前社区市场化运行情况来看，大部分企业都还是被动接受街道社区的日常管理，对社区市场开拓的重视程度明显不足，未能在市场调查、产品设计开发、占领社区市场、满足社区居民需求等方面做出努力，因而也难以通过主动融入社区而在社区经济领域中创造出更多的经济价值。作为社区居民现实生活中最重要、最迫切的需求，社区居民就业、上学、看病、住房等问题，并没能得到妥善安置和处理，可以看出社区服务体系还有待进一步完善。事实上，各社区社会经济组织完全可以先开发与居民日常生活密切相关的若干服务项目，不断创造条件，建立社区服务由低层次向高层次发展、由单一功能向多功能发展的全方位覆盖的社区公共服务体系。

其四，围绕城市社区建设的劳动者创业意识相对不足，特别是择业观念还比较落后。受到我国市场发育程度的影响，长期以来形成的就业观念一时间还很难彻底改变，对社区经济的发展造成了一定影响。在大多数人的传统意识中，工作稳定是首要考虑因素，创新和冒险精神被明显忽视，由此限制了社区服务业中个体工商户和小企业的快速发展。另外，过去改革中的下岗失业人员择业观念未能快速更新，各级政府人力资源和工会部门虽然采取了积极措施，鼓励下岗职工从事社区服务的相关工作，但是仍然有许多人对岗位选择不满意，或者提出一些不切实际的工资收入要求。

第五，对于社区特殊群体的服务理念还不到位，相应的市场还比较滞后。社区服务体系是一个动态的网络系统，它应紧跟经济社会发展的潮流及人们不断变化着的需求而不断增加新的内容。在社区一般服务快速提升的同时，围绕社区老年人、残疾人和困难人群等社区特殊群体的服务也应该尽快跟进。在我国社会老龄化趋势不断加强的背景下，社区残疾人和困难群体多方面救助的需求也显得日益迫切，而当前的社区经济组织所提供的商品和服务，无论在数量还是在质量上都难以满足这部分人群的需要，对社区特殊群体的关注程度还比较低，相应的市场开拓程度也不高，对社区经济的发展形成明显制约。不少社区服务项目细化到具体细节时，未能充分考虑实际情况，有些服务内容不能真正想老百姓之所想，比如养老券和助残券，只适用于与政府合作的商家和厂商，体现出不少社区服务的滞后性，官方化特征明显。

山西省力推“三有一化”建设实施社区网格化管理
全面推进社区建设工作

2012年以来，山西省抓住基层组织建设年这个有利时机，着力解决困扰社区建设工作多年的基础条件问题，全面开展社区网格化建设管理工作。5月底，由组织、民政、财政、国土、住建五部门联合下发了《关于落实经费保障推进社区“三有一化”建设的通知》，提出六项具体措施，建立市、区（县、市）财政投入为主、省级财政给予适当补助的经费保障机制，确保社区“三有一化”建设各项经费落实到位。同时，省委组织部、民政厅又联合下发了《关于在全省实施社区网格化管理的通知》，通过将社区划分为若干网格，在网格上同步建立党组织，并配置相应的服务团队，努力为社区群众提供多元化、精细化、个性化的服务，做到网格全覆盖、服务零缝隙，逐步在全省范围内建立职责明确、管理精细、信息共享、渠道畅通、服务有效的社区网格化管理体系。目前，全省社区网格化管理服务工作按省实施方案时间节点要求有序推进，“三有一化”逐项落实，省财政厅补助建设资金全部下拨到位。

资料来源：中华人民共和国民政部基层政权和社区建设司 2012－11－15，http：//zqs. mca. gov. cn/article/sqjs/dfdt/201211/20121100377963. shtml。

三、城市社区经济资源短缺问题突出，居民参与热情待提高

（一）我国城市社区自有资金和外部投入都很有限

政府的投入力度和资金不充裕。我国社区建设正处在“政府主导、培育社区”阶段，社区经济的社会性特点决定了社区经济发展的初始阶段，必然由政府的支持和投入作为资金的来源，导致我国社区经费基本上来源于政府财政拨款，其他形式的经费支持十分有限。单一化的经费来源对于社区经济的快速发展极为不利，而在社区建设中财政投入的不稳定性和不规范性，则进一步造成社区管理组织功能错位和不到位。从各地社区建设的实践来看，随着政府行政体制的改革，政府职能的转变，政府许多职能和服务下放到社区。仅仅靠政府财政拨款，受到有限经费的限制，社区千头万绪的公共服务不能得到很好的落实。此外，在经费拨付过程中，还存在拨付不及时；拨付头绪多，社区无法知晓；中间层次多，资金难以足额到达社区等问题，成为中国社区经费问题的现实困境。同时，政府在统筹各项事业发展时，并没有把社区发展作为一项长远的战略计划在内，所以资金的投入也处于不稳定状态。虽然近年来国家在不断发展社会事业，并把社区作为大力发展社会事业、强化社会管理能力作为一个支点，但是庞大的社区资金的不断投入也是一项大工程。

社区自有发展资金普遍不足。有些城市社区有自己的“三产”，但是有大部分社区是没有自己的发展资金，没有创收渠道，当然就没有财力作为社区发展的保障；此外，社区的办公经费是社区的一项常有开支，更加造成了社区经费的紧张和拮据，阻碍了社区工作和社区事业的良好展开。社区劳动者和实体经济业主同样存在着资金不足的问题，大多数社区劳动者个人经济实力有限，由其创办的各种社区经济实体规模小、报酬也不高，通常从事的都是些简单体力劳动，流动性较大，不仅满足不了社区居民的多样化需求，其自身的发展也很难持久。另外，社区基础设施建设投入不足。其实社区基础建设的投入不足，根源上也是源于资金的缺乏。目前，我国社区经济或是服务网点大多是违章乱建的建筑，都是在现有建筑的基础上拆墙、补建，或是在简易房里，都与我国城市的整体规划格格不入。社区居民们生活在社区，没有必要的硬件设施，则生活质量就谈不上提高；而缺乏进入实体经济的必要设施设备，社区经济组织的实体经营活动也就不能有效开展，社区经济自然就停留在初级阶段。

（二）城市社区人才的数量和素质都有待提高

从数量上看，社区人才尤其是社区工作者人才的匮乏是老生常谈的问题。从工资

水平来看，目前我国社区的工资水平与城市职工的平均工资水平相比依然较低，而这种低端的工资水平很难吸引和留住优秀的人才；而且社区工作者基本上没有什么福利，这种工资制度和水平与他们所承担的繁重工作不相适应，必然会对他们的工作积极性造成影响。从社会地位上来看，社区居委会既不属于政府机关，也不属于事业单位，与社会其他行业也无关系，归为“其他”一类。社区工作人员的社会地位不受到重视，地位不高，且总是受着“小脚侦缉队”的传统思想的困扰，很多人才不愿意走进社区，留在社区。人才的流失成为社区发展的障碍。虽然许多地方面向社会公开招募了一大批年轻、学历高的大学生社工和具备一定专业知识的人才进入社区人才队伍，但是政府在政策制定上并没有给予一定的倾斜和保障，影响了社区工作者的工作积极性。

从素质上看，社区管理队伍整体素质偏低。然而社区的管理水平、服务质量和服务效率的高低直接由社区工作人员的素质高低而决定。虽然最近几年，我国社区管理队伍的素质较以前有所提高，尤其是在北、上、广、深这样的大城市。但是对于大部分城市的社区来讲，社区工作人员的素质与社区发展的需求还具有一定的差距。目前，我国从事社区管理工作的入职资格还没有规范，致使我国大部分社区管理人员没有经过专业的社会工作培训，缺乏专业知识和管理技能，工作方法也大多比较单一。

同时，由于经济社会的转型、产业结构的调整以及企业制度的改革，维护改革发展稳定大局、实现国家长治久安的重大战略任务和政治任务将集中落脚于大力发展社区经济、解决下岗失业人员以及残障人员的就业安置问题上。目前，通过社区就业实现城市居民再就业的任务依旧艰巨，国家统计局 21 世纪初的一项调查资料显示：我国大中城市居民家庭对社区服务的需求很大，社区服务人员缺口也很大，在北京、上海、广州、成都、西安、沈阳和青岛这七个城市中，超过 70% 的家庭需要各种服务，其中约有 240 万户居民得不到家电维修的服务，近 130 万户居民得不到房屋维修的服务。如果能满足这些服务的需求，累计可为社会提供的就业机会将超过 2000 万，而在当时的社会空缺就业机会则为 1100 万个。[①] 以上数据显示社区就业容量非常大。社区通过大力发展第三产业、拓展社区服务领域、开发社区公益性岗位和落实优惠政策等为相当部分的城市新增劳动力、残疾人以及“两劳”释放人员提供了就业机会；同时社区还吸收了大量的下岗失业人员。近年来，“充分就业社区”的创建工作也在各街道、各社区火热开展起来，形成了一股争优创先风。可以预见，随着我国社区经

① 杨宜勇：“城市社区就业发展前景巨大”，载于《理论与改革》2002 年第 1 期。

济好坏的进一步发展壮大，城镇居民在社区就业的机会将越来越多，社区就业仍将是未来很长时期实现再就业的主渠道。

由此看出，人力资源可以说是社区经济发展中最首要、同时也是最重要的资源。城市社区经济发展中亟须解决的问题集中体现在如何提高社区工作人员素质、优化社区志愿者结构、整合社区人力资源、加强社区的人才吸纳工作等问题上。能否处理好人力资源的需求和人员岗位的供给，已成为衡量我国城市社区经济的一个标志。

（三）城市社区文化发展滞后影响了经济发展质量

我国社区建设起步晚，经验不足，而文化发展作为社区发展中的一项重要事业，在缺少时间和缺乏经验双重问题上，不免遇到一些困难。这些问题的存在使得社区文化发展面临一些阻滞，甚至影响到社区的整体性工作。

社区文化体制改革进展不够理想。条块分割的管理体制源于计划经济时期，这一思维体系一直沿袭下来，造成文化资源没有得到充分的自由的流动；另一方面，非营运利的、服务性质的文化产业由政府操持，造成的结果是效率低下，文化产品短缺。在利用资源上，“缺乏搞活有效资源的开发与利用以及存在‘三多三少’现象：对有形资源重视多，对无形资源利用少；对现有资源使用多，对潜在资源挖掘少；对自家资源管得多，对盘活资源注意少”[①]。这样就导致了社区文化产业和市场发育适应不了市场经济的发展需要，自我发展路子不宽，自我造血功能不强，投入有限，缺乏活力和创造力，社区的民间、传统艺术发展难度增大，严重影响了社区文化的扩张能力。在我国，“大多基层社区组织还不具备独立实体活动的能力，在这种被动的状态下，很难实现自我发展和自我改造，如今全国90%以上文化站出现了‘群众文化政府办，上面花钱下面看，演来演去大合唱’的现象”[②]。花了钱却没有达到实际的效果，群众的自愿参与率低，街道、社区与居民之间的联系只是生搬硬套了一根绳，把居民和行政事务拴在了一起。整个社区文化始终没有形成一种包容的、多元的、蓬勃的“文化影响力”，更别提社区文化在促进社会全面发展和人的社会化方面的功能了。这在一定程度上要归咎于社区文化建设中的“政绩工程”和“形象工程”。他们追求华而不实的结果，缺乏考虑当地居民的真正需求。此外，社区教育的形式单一，缺乏创新，教育内容又没有跟上居民的实际需求，也使得社区文化缺乏吸引力。

---

① 文化部中国社会音乐研究会常务副主席、民革南京市委常委，南京市政协委员杨林答记者问，具体网址：http：//news. 163. com/08/0109/14/41P8KMKM0001124J. html。

② 叶南客：“21世纪中国社区文化发展的方向与方略”，载于《社会研究》2006年第4期。

文化设施投入不足或管理不善。社区公益性的文化设施建设资金不足，社区和社区文艺骨干们用于文化的支出存在浪费现象，没有涉及全社区居民的文化生活，个别的文化活动还比较单一和被动，这样就导致了整个社区居民的文化层次和文化质量较低，社区中心文化需求和文化供给之间的矛盾也较为突出。这对矛盾的根源，是社区文化的内容和形式不能适应于居民的文化需求和时代发展的需求。许多社区文艺骨干和参与社区文化活动的居民多是老面孔，社区文化活动仍是唱歌跳舞，与现代都市人追求新颖和时尚的心态不能达成一致。

社区文化建设的队伍不够稳定。社区的文化建设需要大多数居民甚至是全体居民共同参与。许多社区文化活动搞不起来，总是一些“熟面孔”，这几乎是所有社区面临的难题。可以说，在制约社区文化发展的诸多因素中，社区文化的人才资源匮乏是一个不可小觑的问题。由于社区没有什么收入来源，也没有较高的经济产出和效益，使得社区很难请到文艺人才；再加上形形色色的社区居民在参与社区活动时，总会出现各种各样的问题；社区文化队伍素质低，人心涣散。这些因素造成社区文化活动不容易组织起来。

（四）城市社区居民对社区活动的支持度还需要大幅度提升

社区居民自觉自愿参与社区活动或事物的程度，是社区开明程度、健全水平和活力水平的反映，是社区发展的一项综合指标。但是目前，无论是农村还是城市居民参与的广度和深度都较低，主要表现为以下几点。

社会动员不足。政府对社区工作的内容没有加以很好的宣传，社区居民本身对社区没有很强的依赖感和信任感，只是“无事不登三宝殿”，有事情才找社区，即只有当自己的权益受到侵害时，才把社区纳入到保障自身权益的范围内。为居民提供服务是社区组织的基本职能和义务，社区成员只有逐渐形成对社区的认同感和信任感，才能真正参与到社区中。正是因为社区成员缺乏参与感，社区内的整体合力不强，才制约了社区各项工作的开展，也使得社区经济效益得不到最大发挥。同时，工作任务繁重也是造成社会动员不足的一个主要因素。主要体现在两个方面：一是随着我国经济和社会转轨、转型，大量单位人迅速拥入社区，变为社区人和社会人，社区服务对象的数量在短时期内不断增加，给社区增加了新的繁重工作量，而社区工作者队伍数量有限，越来越难以承担日益繁重的工作任务；二是政府工作重心不断下移到社区，过多地给社区定任务、下指标、抓考核、搞评比，却没有给社区下放相应的权限，在缺乏工作经费和必要工作条件的情况下，经常造成工作内容多、投入回报少的现象，导致不少城市社区经济的发展长期处于自发状态，很多社会问题难以得到及时有效解决。

居民的社区意识观念淡薄。随着社会的进步和城市化进程不断加快，人们越来越重视个人自身的发展，而忽视集体的发展和进步，导致居民群体对社区参与意识淡薄，有事才想到找社区、找政府。而社区的行政化管理方式也拉大了居民与社区之间的距离。在当前街道办事处和社区居委会的管理模式之下，大多数社区居民缺乏参与社区事务决策的有效途径，没有积极地融入社区相关活动之中的愿望，对很多与自身利益密切相关的事情也敬而远之。大多数情况下，只有遇到自己难以处理的问题时，才想到通过社区来寻求政府的帮助，参与社区事务的惰性心理也因此形成。

民间社会组织的参与功能未充分发挥。从社区开始形成到不断深入发展，民间社会组织对社区的发展一直发挥着重要的作用。在提供部分公共物品时，民间社会组织比政府更加低成本且高效；并且民间社会组织对社区困难群体的发展十分重视，充当了协助政府照顾特殊群体的利益的角色，增进了社会福利，同时也促进了社会公平；此外，民间社会组织通过自身所拥有的社会资源，更大程度上满足了居民的多样化需求，从而在无形中增强了社区的组织化程度。但是，目前民间社会组织对社区发展的作用和服务的程度也具有局限性。总的来说，主要原因有：第一，政府忽略民间社会组织的存在。当遇到事情时，政府常常没有考虑到发挥民间社会组织的作用。目前，虽然政府大力推行购买服务，但是这些提供服务的组织要么属于政府自办，如青协、助老服务社等，要么是被纳入到政府管理体制之内的，如法律咨询服务社、家政服务社等。这些社会组织缺乏独立性，经营基本依靠政府维持。第二，对民间社会组织信任缺乏，政府不习惯与之相处。政府在社区管理中更重视社会稳定，而对社区服务的效率和效益相对疏忽，成本意识也不强，反而对民间社会组织的发展保持警惕性。因此，民间社会组织在当前体制下很难发挥出应有的功效。

我国社区经济发展任重而道远，要想更好更快地发展需要政府、社区、企业以及居民的通力协作和努力。从政府的角度而言，首先要通过加强立法对社区的组织架构和工作内容等做出明文规定和规范，使社区工作可以有的放矢，有法可依，有据可循。同时，加强对社区组织工作的监督和管理机制，使社区成为一个规范的、系统的组织，促进社区工作科学有效地进行。最后，强化对社区和社区发展的重视，这样才能加强社区参与和支持政府活动的积极性和有效性，通过对政府反映群众意见来对政府决策产生影响，以增强政府政策制定的科学性、针对性，更重要的是提高政府依法行政的能力。从居民的角度而言，应该理解社区。社区组织不仅在物质上帮助居民，还在心理上支持居民，所以居民们应该认同社区，凝聚在社区，主动参与到社区活动中来。

四川省成都市全面建立城市社区公共财政制度

为贯彻落实全国民政会议精神，创新社会管理，进一步完善城市社区居民自治机制，促进居民自治和社区参与，近日，成都市民政局、成都市财政局联合出台了《成都市城市社区公共服务和社会管理专项资金管理办法》，这标志着成都市城市社区公共财政制度全面建立。

城市社区公共服务和社会管理专项资金是指在保障社区办公经费、工作人员工资、社区日常运行经费之外，财政专门定额补贴社区居民自治，以满足本社区成员的共同需求为目的，以社区居委会和社区社会组织为主体提供的公共服务和社会管理项目开支为主线的专项自治经费。社区公共服务和社会管理专项资金为全市全面开展完善城市社区居民自治机制建设提供了强有力的资金保障。

《成都市城市社区公共服务和社会管理专项资金管理办法》明确了资金使用范围、最低标准、补助比例、使用程序、监管原则。一是明确使用范围：主要用于社区民主管理、社区教育培训、社区设施维护和维修、社区文体公益活动、社区社会组织培育发展、社区环境治理、社区志愿服务等；二是确定最低标准和补助比例：专项资金实行属地化管理和“定额预算”管理，区（市）县财政负责所属区域内专项经费的预算安排，自治经费标准按每百户不低于3000元核定，市财政根据各区（市）县城市社区居民户数、财力状况及市确定的标准给予适当补助，具体补助比例为：一圈层40%、二圈层50%、三圈层60%。市级补助资金每年的6月前一次性转移补贴区（市）县。2012年预计全市财政累计投入资金约7000万元；三是加强监督管理：按照“居财街（镇）管”的原则，专项经费纳入街道（镇）财务统一管理，设立专户，统一核算，按社区实行专账核算，专款专用；四是规范使用程序：社区要按照“公开透明、民主决策、民主管理、民主监督”的原则确定专项经费支出项目。项目实施严格经过项目收集、院落议事会和社区议事会两个层面民主协商、民主决策、项目公示、项目论证和组织实施几个阶段，每个阶段都明确了具体的实施程序，切实保障专项经费以民主的形式用于民生项目，以民主保障民生，同时实现以民生促进民主。

建立以社区公共服务和社会管理专项经费制度为标志的社区公共财政制度，是我市完善城市社区居民自治机制建设的重要内容之一，是成都市贯彻落实全国民政会议的具体举措。专项经费制度的建立实现了公共服务和社会管理资金财政定额补贴的城乡全覆盖，也就是全面建立了村级和社区公共财政，本着公共财政资金保障向农村倾斜的原则，村级公共服务和社会管理专项资金标准（每个村和农村社区每年不低于25万元）高于城市社区。社区通过民主决策、民主管理、民主监督使用社区公共财政资金实施民生项目，能有效改善老旧居民院落的环境、安全、秩序、基础设施等，推动实现非专业物管小区的居民院落物业服务全覆盖，培育和发展为居民提供多样化社区服务的社区社会组织，丰富居民文体活动，畅通居民参与社区事务的渠道，提高居民生活质量和幸福指数。专项资金民主决策、民主管理、民主监督的全过程是促进居民自治和社区参与的过程，也是居民民主素质训练、发展、提升的过程，社区公共财政制度的建立对充分发挥社区自治组织在社会管理服务中的基础作用，以及居民群众在基层社会管理中的主体作用，推动实现政府行政管理与基层群众自治的良性互动，夯实社会管理的基层基础有着重要的现实意义。

资料来源：中华人民共和国民政部基层政权和社区建设司 2012－06－04，http：//zqs. mca. gov. cn/article/sqjs/dfdt/201206/20120600317202. shtml。

四、典型案例分析

（一）上海模式——城市社区商业模式的标杆①

社区商业是以便民利民为宗旨，以一定地域的居住区为载体，以不断提高社区居民生活质量为目标的属地型商业。同时，社区商业无论是功能还是商品都有别于商业中心。社区商业的建设在注重对商业网点分布的同时，更是立足于引导社区居民生活消费形态的转变。近年来，我国经济实力迅速崛起，上海成为我国经济发展的领头羊，同时，上海也为城市社区商业模式设立了发展标杆。

1. 上海社区商业的现状

从行政区的角度看，根据目前统计，上海市共分为19个区县，其下属103个街道、108个镇和3个乡，以及3437个居民委员会和1874个村民委员会。以现有的街道和镇作为社区主要划分单位，上海有210个以街道或镇为单位的社区，也就是居住区。从社区分布的角度看，上海中心城区（外环线内）面积约600平方公里，常住人口约1000万人，平均人口密度为1.63万人/平方公里。其中，内环线以内人口密度

① 何骏："上海社区商业的发展模式研究"，载于《城市问题》2008年第4期。

为3.39万人/平方公里，内、中环之间为1.75万人/平方公里，中、外环之间为0.70万人/平方公里。上海郊区（外环线外）面积约5740平方公里，常住人口约800万人，人口密度为0.14万人/平方公里。由此可见，上海市人口高度聚集在中心城区，郊区农村人口较为分散。内环线的人口密度高于外环线人口密度23倍。同时，上海的居民社区类型在形成历史、规模、形态、人口密度、产业支撑、经济收入和偏好等因素影响下各不相同。这是上海社区商业发展的重要前提。

自20世纪90年代中期以来，上海率先推进社区商业的发展。其社区商业的形态和内涵不断完善，其核心零售业的主体从社区百货店逐渐转变为社区购物中心、大卖场以及菜市场和食品超市。21世纪初，上海社区商业建设和改造范围包括175个社区。其中，商业配套已基本完成的社区有122个，改造后社区商业面积将扩大近4000平方公里，涵盖了大型综合超市、生鲜食品卖场、标准化菜场、各类专业专卖店和生活服务网点等；另外2007年新增改造社区53个，并陆续改造完成。

实际上，上海社区居民消费观念已从短缺经济时代的物质消费需求转变为物质与精神文化共存的消费需求。为了满足社区居民的现代消费需求，加快城市社区商业发展已经成为一个必然的趋势。而上海加快社区商业的发展，体现在以下三个方面。

第一，明确社区商业的功能定位和布局。目前，上海的社区商业在逐步完善自身的功能定位。布局方面从注重于局部的布局与发展向各街道间的互补协调转移。同时，上海在资源配套方面正在解决着分布不均的问题，以免造成局部配套不足或者过度配套。

第二，丰富社区商业业态。由于社区人口规模和功能定位，商业业态的布局也各有特色。上海社区为满足社区居民各类消费需求对社区购物中心、超市、便利店、生鲜食品超市、书报亭、医药店、餐饮店等进行合理的选择与分配。

第三，提升社区商业档次。近年来，随着经济快速发展，居民的生活水平明显提高，居民的消费需求也随之提高。根据现状，上海对社区商业运营从商品的品种和价格逐渐向品牌、服务和消费环境等过渡。

2. 上海社区商业的功能定位

社区商业是服务社区居民的主系统，是城市商业中的基础，同时也是社区建设的有机组成部分。上海根据实际情况，拉动消费服务，优化社区商业的空间形态，充分利用网络平台等手段，拓宽服务领域，大力发展便民利民的社区商业中心。同时，商业中心要与社区交通、景观规划相协调，通过建立功能齐全、业态先进、规模适当的社区商业中心来引导社区周边设立新型街市。

上海在新建社区中的预留商业面积比例基本在5%～10%，其主要形态是社区商业中心，大力发展便民利民商业网点，例如购物中心、中小型超市、便利店、生鲜食品超市、新型街市、餐饮、家庭服务、维修等。同时，对类似农贸市场等污染环境、影响居民生活的商业进行限制发展。由于上海人口构成中除了大量本地市民，还有大量的外地人员，经济条件和生活水平各有不同，既有工薪族中低等收入水平的消费，也有相当一部分高收入水平的消费，居民消费的多层次性因此产生。由此，上海对社区商业定位为以下三个功能。

第一，购物功能。社区商业讲求方便、快捷，让居民不出社区，一些基本的生活商品和服务可以及时获得。另外，上海大力倡导电子商务进社区，使居民消费服务更加快捷方便。

第二，服务功能。为了适应现代居民快速的生活节奏以及闲暇时间增多的消费特点，社区商业为社区居民提供各种商业服务，如彩扩、洗染、送货上门、商品维修、家政和家教服务等。与此同时，商业外部环境与周边的交通设施和小区周边环境相配套。

第三，休闲功能。现代社区不再是传统的消费中心，而是综合性的生活休闲中心。社区商业为社区各层次居民的休闲、娱乐、文化、健身等活动提供场所，可设有茶坊、书店、舞厅、健身房、花卉店等。

3. 上海社区商业的发展模式

在上海社区商业功能定位的前提下，通过自身的发展模式丰富社区商业业态和提升居民生活档次。大体而言，上海社区商业呈扇形辐射、网状结构的发展方式，使中心城区压力逐步缓解，鼓励发展融合各种新型业态和各种服务功能于一体的现代社区商业。社区商业的业态配置应该结合所在社区的人口规模，具体如下表。

表 2－2　上海社区商业主要业态配置表

人口规模	商业业态
2000 人	设置便利店、生鲜食品超市、书报亭、医药店、餐饮店等网点。
5000 人	增设综合超市、服务类店铺。
20000 人	增设中型超市、生鲜食品超市、各类专业店（服装、医药、家电、书店等）、餐饮店。
50000 人	增设社区型综合超市、生鲜食品超市、各类专业店（服装、医药、家电、书店、维修店、家政服务店、洗衣店等）、餐饮、旅店、文体场所。
100000 人	增设社区购物中心、大型综合超市等。

（1）居住区商业模式

居住区商业模式是以居民居住地到商业区域垂直距离步行约 10 分钟为半径，覆盖整个街道的共享型的消费圈。其指导性的业态是专卖店、咖啡馆、酒吧、休闲浴室、网吧、商务中心、花店、影视娱乐场所、健身中心等。其必备性的业态是以社区购物中心为主，连接连锁超市、菜场、酒楼、药店、美容美发厅、维修站、邮局、银行等。

居住区商业模式下的社区商业中心是社区购物中心。也就是说，社区购物中心是居住区商业模式的核心。20 世纪六七十年代购物中心在欧美等发达国家开始萌芽，以百货、大型超市为龙头，配上百家餐饮、休闲、娱乐、专卖店、银行等相关服务业态，而并非是一种独立的零售企业，是在以相对集中的设施内聚合而成的商业综合体。根据国际购物中心协会的分类，从商圈辐射范围看，购物中心可分为四类：邻里型购物中心、社区型购物中心、区域型购物中心和广域型购物中心。社区购物中心在面积、服务人口、商店数目等方面界于区域型购物中心和邻里型购物中心之间。它具有适应综合消费的功能，各种消费形式如精品时尚百货、专卖店、特色店、餐饮、娱乐交错林立，吃、穿、用、玩、乐一应俱全；同时社区型购物中心具有时尚导向作用，通过汇集国内外主流品牌，领导消费新潮流，对消费流行起指导与示范作用。

社区购物中心实施团组式开发，融合各种新型商业业态，实施集约化经营，管理成本低，商业带动效应强，容易集聚人气。结合上海社区的具体情况，上海建立社区购物中心时应体现两个特点。

第一，规模大，可以承担综合消费需求。地下 1 ~2 层为停车场，地面为餐饮、娱乐、休闲、健身中心、精品百货、专卖店、影剧场，周边开辟不同样式的公共配套绿地，中心广场布局错落有致，可以适应人们物质、精神的消费需求。社区购物中心应具有较大体量，集聚各类居家商品、主副食品、生鲜食品等，便于居民一站式消费；此外，还应提供休闲和餐饮服务。

第二，品位高，开启现代消费新生活。上海社区购物中心具有“三个一流”：一流的购物环境，21 世纪的现代都市人都具备时尚消费意识；一流的商品和服务品牌，对国内外著名品牌的商品进行导入，并对服务进行复制，加快提升上海商业的层次；一流的商业技术，现代食品卫生、环保技术以及计算机信息技术、物流技术有口皆碑。上海通过“三个一流”打造社区的标志性商业。

上海社区购物中心选址有三项基本原则，一是要在人流相对密集的大型社区（10 万人以上）周围，平均日客流约 1.5 万人次以上；二是交通枢纽周围，如公交车站、地铁出入口、长途及旅游车站等；三是在道路主干道的附近，以利于商品的物流配送。此外，还要留出足够的土地供二次开发。

多样化的商品和服务可以满足各种层次的消费需求，是一种典型的居家补充型消费形式。所以，上海社区商业购物中心在业态结构分布上体现在三个层次：第一，龙头店所占比例较大，可占总面积的 55%，且购物中心龙头店应以大卖场为主。第二，个性化专卖配合支持。国内外精品专卖店五花八门，可占总面积的 20%。第三，各种各样的服务配套，如茶坊、书店、维修、彩扩冲印、邮局、药房、咖啡馆、小型影剧院、风味小吃、洗衣店、银行、特色餐饮、舞厅等，可占总面积的25%。

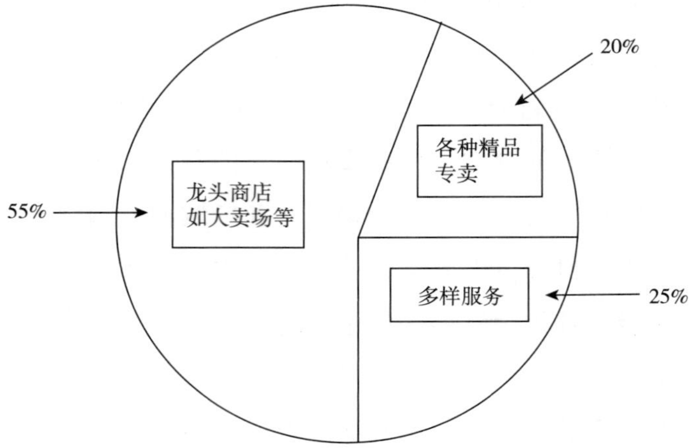

图2-3 社区购物中心业态构成图

（2）街坊型商业模式

街坊型商业模式是建在居住小区内的、以居民居住地到商店垂直距离步行约5分钟为半径的便民商业模式，其必备性的业态是24小时便利店、洗烫店、理发店、餐饮店（早餐、夜宵、快餐）、棋牌茶室等；它的指导性业态有书报亭、咖啡室、宠物花卉寄养、音像租赁等。

在居住型商业模式发展的基础上，上海适时地转向街坊型商业模式。参考居民的不同收入水平和住房、消费水平及消费习惯等，在不同居住点建设具有不同特点的商业设施。在商业布局上主要有以下三种不同的形式。

第一，“会所式”居住点商业。针对消费水平相对较高的楼盘内的社区，其中购物占30%，餐饮占40%，服务占30%，主要通过会所使餐饮、便利店、娱乐、健身、咖啡、酒吧等服务相对集中在会所式的商业群落内。会所是该模式下的社区商业中心。

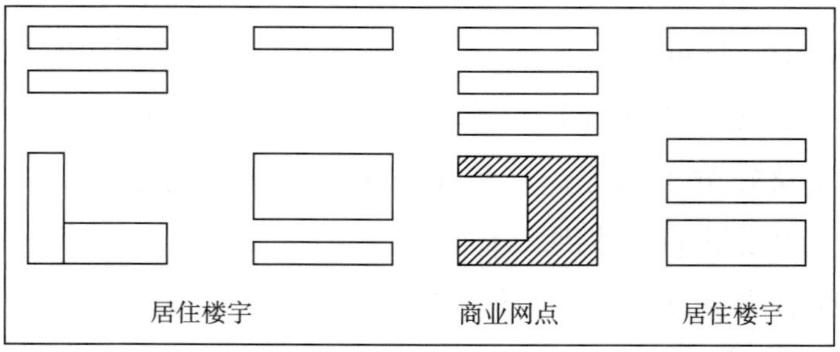

图2-4 “会所式”社区商业示意图

第二，“多点式”的居住点商业。商业网点镶嵌在居民住宅之中，其中购物占

50%，餐饮占30%，服务占20%，设有便利店、餐饮、维修等。这种形式一般在中档的楼盘中开展。

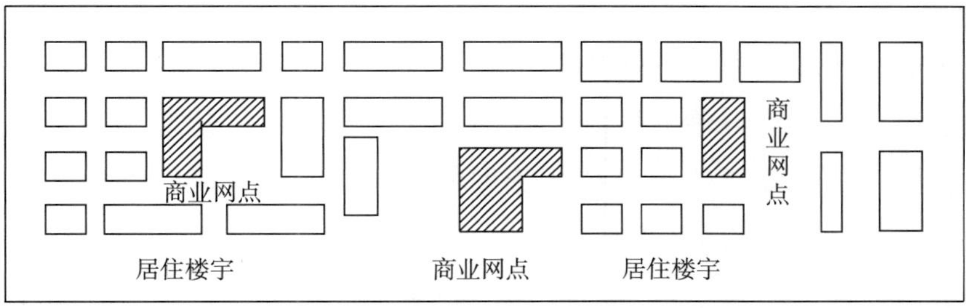

图2-5 “多点式”社区商业示意图

第三，“沿街式”的居住点商业。其中购物占60%，餐饮占20%，维修等服务占20%。这种形式主要针对老城区。由于上海老城区较多，受原有楼房设施的局限，只能依赖马路两侧的沿街商业网点，满足居民的日常生活需要。

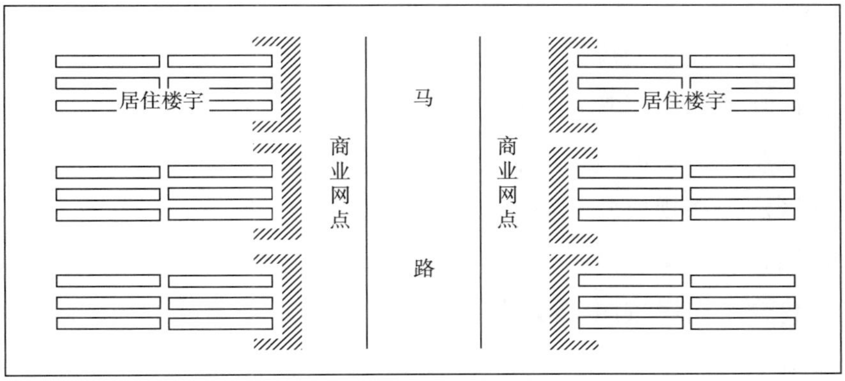

图2-6 “沿街式”社区商业示意图

综上所述，上海的两种社区商业发展模式都具有各自的优势，在实践过程中，它们互相补充，对于丰富上海社区商业的业态、提升社区商业的档次发挥了积极的作用；同时大大加快了上海社区商业的整体发展，充分发挥了社区商业在基础商业中的引领作用。从近年来上海城市社区商业服务快速增长的态势中可以看出，未来这两种商业发展模式必将得到更广泛的推广和应用。

（二）沈阳模式——城市社区管理模式的典范[①]

1998年秋，在民政部的指挥下，沈阳市以和平、沈河作为试点，开展社区改革工作。此后，试点工作有条不紊地开展，并以此推广至全市各个社区，逐步形成了具

① 金永利：“沈阳现行社区管理模式的评价分析”，载于《经济师》2003年第1期。

有沈阳市特点的城市社区管理模式。沈阳社区管理模式（下文简称沈阳模式）通过完善社区的管理、服务、监督、教育职能，调整社区规模，加大政府投入力度，逐步建立起以提高居民生活水平为根本目的，增强居民的归属感和认同感的地域性文明小社会。在社区中，通过培养社区居民的自我管理、自我服务、自我约束意识，加强政府引导、社会参与、群众自治的理念，提高社区文明程度，建造和谐家园。这种求发展的社区自治管理机制就是沈阳的社区管理模式。同时，社区管理模式借鉴了农村建设村委会的经验和做法，将村民自治延伸到城市社区。比如适当地引入了竞争机制，实施差额选举，推行办公事务公开化和居民服务承诺制等。这种具有民主自治的社区管理模式，对我国的正式民主化和民主政治的建设起到了很大的促进作用，同时也推动了基层政治体制改革。在借鉴沈阳模式的同时也要注意到，沈阳社区管理模式具有地域性的约束条件，也有诸多问题尚待分析和改进。

1. 沈阳社区体制改进方法及思路

（1）明确社区定位

由于沈阳原有的居委会规模太小，社区资源匮乏，区域划分混乱，导致居民依附性比较弱，社区功能无法正常发挥；而街道办事处具有较强的政治色彩，是政府机关单位，属于政权组织，在街道层面组织社区缺乏民主自治的性质。所以，沈阳的社区体制改进将社区定位在规模介于街道办事处和居委会之间。这样既有利于社区资源的合理发挥和运用，同时又彰显了社区中民主自治的自然属性。所以，沈阳市对社区进行重新定位，将全市居民按照实际居住地 1000 ~ 3000 户不等的规模重新调整了社区的划分。全市五个行政区有居委会 2011 个，组建新社区 832 个，同比减少 58.6%。这种定位有利于社区的成员参与社区建设，进行自我管理与自我服务，可以充分实现社区居民的民主权利，积极调动社区成员参与社区建设的积极性。

（2）合理划分社区

沈阳市的社区划分依照四个维度：居民居住的地缘关系、社区资源配置、人口管辖承载额度和居民的认同感与归属感。依照四个维度，又将新社区主要划分为四个类别。

表 2－3　沈阳模式社区划分

板块型社区	居民居住和单位的自然地域
小区型社区	以封闭型的居民小区为单位
单位型社区	以职工家属的聚居区为主体
功能型社区	社区独有的功能特点为主题（例如：文化街、商业区、高科技开发区、金融商贸开发区等）

沈阳市社区的划分，有助于社区工作者根据实际情况开展社区工作，提高工作效率有助于政府更好地对社区资源进行合理配置，也可以有效地满足各类居民的生活需

求，提升居民的生活质量。同时，沈阳社区的划分结构旨在建立中国地域性特色社区，所以社区的划分要根据各个社区的实际情况而定。

（3）建立新型社区组织体系

沈阳模式中，社区的组织体系包括决策层、执行层、议事层和领导层。

表 2－4　沈阳模式新社区组织体系

决策层	执行层	议事层	领导层
社区居民代表大会	社区管理委员会	社区协商议事委员会	社区党组织
社区居民代表大会是社区的自治权力机构，成员由社区内的居民和社区单位代表组成，定期召开会议，负责讨论和决定社区内的重要事项，也包括选举社区干部	社区管理委员会与居委会实行人员互通、资源共享，成员由选举产生，主要由户籍民警、居委会成员、物业管理成员构成，其主要职能是服务、管理、教育和监督社区事务。对社区代表大会负责	社区协商议事委员会有权对社区管理委员会的工作提出建议和进行监督。其成员由社区内的政协委员、人大代表、居民代表、单位代表、知名人士等人员组成，在社区代表大会闭会期间行使对社区事务的协商。具有议事职能	负责社区基层事务，同时，还建立了由居民代表、单元组长、社区志愿者等组成的组织工作网络，是快速上传下达的通道

新型社区体系正逐步完善。沈阳市城市社区建设的管理体制骨架基本搭建完成。它充分地体现了民主自治与议行分离的原则，顺应了我国民主政治的大趋势。在形成严密的社区网络体系的同时，重点加强基层民主，强化自我监督和社会制约机制，基本形成权责明晰、促进与制约两手抓的社会管理模式。高效地整合社区内部资源，完善社区管理体系是提高社区管理水平的重要保障。

（4）明确社区职能

在明确社区定位、完善社区管理体系的同时，也要在社区管理与建设中，明确社区只能是管理社区、服务社区居民的根本与方向。沈阳模式中，社区职能归纳为以下四项。

表 2－5　沈阳模式社区职能划分

社区职能	职能权限
管理职能	①维持社区治安。协助政府维持本地区的治安环境，组织治安队伍，做好安全工作 ②配合相关部门关注流动人口的活动情况，对刑释解教人员的登记与监管；加强对流动人口的管理和控制，发现问题及时反映、解决 ③调解民事问题，处理民间纠纷，尽量避免矛盾激化，维护邻里和睦相处 ④保护社区环境，建立文化氛围。做好社区心灵净化、园区绿化、环境美化的基本工作 ⑤协助相关部门解决民生问题，例如交通、生育工作和其他工作
教育职能	①普及法律常识，宣传党的方针，引导居民明确自身的权利与义务 ②宣传德行教育，提倡培养个人道德、家庭美德、社会公德 ③树立社会文明新风尚，以各种形式开展精神文明活动，弘扬科学文化，反对封建迷信 ④专注对问题青少年的思想教育工作，搞好帮教工作 ⑤倡导居民参与社区活动，培养社区参与意识，形成良好的社区氛围

续表

社区职能	职能权限
服务职能	①完善居民家庭基本生活服务以及对老、幼、病、残等优抚对象的特殊服务网络 ②开辟再就业渠道，对下岗失业人员实行优先录用，对下岗失业人员提供就业等社会资源的帮助 ③建立和完善社区志愿者队伍，调动社区居民积极性，实现自我管理、自我约束、互帮互助的良好氛围 ④组织居民开展便民利民活动，为社区居民提供便捷的生活环境
监督职能	①维护社区居民合法权益不受侵害，对政府相关部门、公共事业（环卫、水电、能源等）和企业单位的服务情况进行监督 ②可以及时向上级反映群众的呼声，提出建议与意见 ③社区作为居民合法权益的代表，可以通过业主委员会，对业务公司进行选择、聘用与监督

（5）依靠社区资源高效服务

社区服务是要充分利用和开发社区内部的各种资源，旨在满足人们的物质生活与精神生活，通过开展便民利民的活动，提高居民的素质，促进社区的和谐发展。沈阳社区模式中，社区服务工作通过政府的指导与扶持，社区管理委员会着重培养社区志愿者，通过社区内的志愿者活动，丰富了社区居民的生活，增加了人们的满足感和人与人之间的亲近感。社区居民通过各种志愿活动，主人翁意识得到增强，在某种程度上，节省了社区管理经费，提高了社区工作效率，最主要的是社区内的人文气息得到了大幅度的加强，真正形成了人人共融的社区氛围。

2. 沈阳模式的评价与分析

在我国的城市社区建设中，沈阳模式已经走在了全国的前列。从社区自治到健全的体制建设，体现出我国城市社区的整体状况正逐步与世界接轨。沈阳模式恰如其分地回答了我国社会发展的前景与方向在社区建设领域的一个战略性的问题：我国城市社区的发展之路剑指何方？虽然沈阳模式正在逐步发展与完善，但仍属于探索阶段，在实践中也存在着很多问题；同时，我国城市社区建设中的通病也在沈阳模式的实践中逐步显现出来，可谓窥一斑而可知全貌。

（1）政府职能的过度干预与缺位现象

沈阳模式在社区建设与发展的实践中，政府的过度干预现象时有发生，社区居委会较为突出，主要有以下几方面。

第一，以政代社，政府与非政府组织职能条理模糊，经常大包大揽，包括社区内文化活动、公益活动的直接承办和志愿者招募活动的组织开展等。

第二，过度干预非政府组织的自主权利。将其作为依附于政府的组织结构，比如政府对居委会的指导责任改为领导责任，行使着对居委会工作人员的任免权，干扰其组织的正常工作。

第三，财政方面存在着许多不合理投入。比如社区服务中心、图书馆、文化馆等场馆的工作岗位是由志愿者承担，而实际情况是事业单位员工在职，额外增加了预算开支。

同时，政府的缺位现象也很常见，集中表现在以下三个方面。

第一，对非政府的社会中介服务机构、专业化的社会工作机构等组织的培育不到位。

第二，多数的基层政府不懂得、不习惯、不善于对社区自治性组织进行政策上的指导。

第三，政府对介入社区建设的专业性社会团体和社会工作机构的资助性投入不到位。

（2）社区组织与运行机制尚不健全、不完善

首先，沈阳在社区建设方面做了不少工作，但在组织建设、管理体制的基础层面、社区管理建设的具体内容层面、社区内部错综复杂的网络关系的理顺层面这三个社区建设的基础维度上出现了一些问题。

其次，社区内既要坚持党的领导，又要体现民主自治；既要避免完全的企业市场行为，又要避免行政化的倾向，如何协调好党政与企业等主体之间的关系是社区管理委员会的一个工作难点。

最后，市场经济的快速发展、利益主体多元化的出现、社区管理者如何引导社区居民加强社区共同意识和社区居民如何对社区产生认同感和归属感，是摆在社区管理者面前的重要课题。

（3）资金供给与运行机制不完善

在沈阳社区服务事业的发展进程中，社区服务需求的扩大化与服务资金的短缺的矛盾日益突出。首先是政府对社区服务的资金投入比例不够。欧美发达国家政府投资一般在50%以上，我国目前最多占30%左右，而沈阳远远达不到30%。其次，沈阳市没有更好地凝聚社会力量，社会资助投入量少，而社区服务也没有形成完整的资金循环模式。

（4）社区居民自主管理程度不足，志愿者队伍不成熟

社区服务活动依靠的不仅仅是一部分社区工作者，更需要广大社区居民的支持，需要的是社区的向心力，然而，大多数社区的志愿者人数不足成年居民的10%，而且老年人成了主力军。文化程度低、行动不便为社区服务活动带来了诸多困扰，所以，优化志愿者队伍、提高居民自主管理意识是社区服务的关键所在。

（5）社区服务社会化、产业化的运行机制没有建立

社区服务是政府、企事业单位、社团、居民群众等各种力量共同参与的。它需要社区服务社会化，更需要社区服务从非产业化转变为产业化，逐步成为真正的第三产业。发展老、弱、病、残等优抚对象的服务的同时，还需要大量地征集针对广大民众的服务项目，做到有偿与无偿相结合，适当地提高有偿服务的比重。

沈阳模式是在一定的地域基础之上产生的，在借鉴沈阳模式的经验与方法的同时，更要注意因地制宜。根据当地的情况来完善自己的社区发展思路，才能建立具有独特地域特色的社区模式。

（三）南通主城区社区经济发展的机遇和挑战①

南通市的主城区——崇川区有常住居民 69 万余人，总面积 100 平方公里，下辖乡镇 2 个、街道 8 条、省级经济开发区 1 个、国家 4A 级风景名胜区 1 个。它以老城区为主体，分别向西、南、东三个方向展开，分别是港区、风景区、开发区、新城区、新东区等五个城区。崇川区的经济、文化等综合优势及南通市的未来产业导向为其社区经济发展带来了新的机遇，但观念落后、资源瓶颈及固有的机制又成为崇川区社区经济快速发展的障碍。

1. 南通主城区在社区经济发展中的机遇

崇川区的综合优势为发展主城区社区经济提供了坚实保障。

近年来，崇川区通过各项改革的开展，以及经济体制的不断创新，在经济领域的各个方面都有着长足的进步：经济总量增长率年年高升，综合实力也明显增强，居民收入和生活质量也有显著地提高，同时经济结构优化，经济增长多元化。2011 年统计数据显示，南通市崇川区突破财政收入 50. 69 亿元，GDP 指数为 475 亿元，全区第一产业和第三产业增加值、财政总收入、进出口总额、民营经济综合排名等多项指标列南通市区第一；其主要经济指标在全省同类主城区中位列前茅，被列入全国中小城市综合实力 10 强，全国和谐中小城市示范单位第 12 名。从已公布的的经济发展数据看，崇川区在全市经济领跑态势的优势十分明显，这也为发展主城区社区经济创造了极为有利的条件。天时不如地利，崇川区坐拥南通城区的中心地带，其区位优势得天独厚。崇川区的沿江港口，水陆交通发达，拥有国际物流体系。南通港是长江第二大港，是中国十大港口之一，与世界上 75 个国家和地区的 312 个港口通航。

崇川区依托长江丰沛的淡水资源和南通充足的电力资源、广袤的土地资源，具备了发展都市型产业的基本空间。在具备优越的环境优势、良好的地缘优势、完善的产

---

① 梁栋："南通主城区社区经济发展的机遇和挑战"，载于《南通职业大学学报》第 21 卷第 1 期，2007 年 3 月。

业优势和深厚的人文优势的同时，崇川区拟建成上海一小时经济圈产业高地，引进新能源、新材料、电子信息、生物医药等新兴产业，提升机械设备制造、粮油食品加工、纺织纤维等传统产业的发展水平，促进现代物流业、商贸和商务服务业等现代服务业在崇川区扎根，全面提升区域经济综合实力，为崇川区经济品牌升级。

南通市“十二五”规划的未来产业导向为崇川区社区经济发展带来新机遇。

崇川区通过对南通市的“十二五”规划的解读来谋求自身的发展之路。在南通市“十二五”规划的未来产业导向中，以市场化、产业化、社会化、国际化为方向，促进基础性服务业网络化、生产性服务业集聚化、公共性服务业均等化、生活性服务业便利化，推动服务业增长提速、比重提高、结构提升，全面提高服务业整体发展水平。到“十二五”末，生产性服务业增加值占服务业增加值的比重达到40%。做大做强特色服务业，重点发展现代物流业。围绕建设长三角北翼现代物流中心，着力发展城市配送、农产品冷链、大宗商品物流，推动物流业运作一体化、技术电子化、服务标准化、管理信息化发展，增强服务长江中上游的能力。全面提升生活性服务业发展水平，积极发展社区服务业。

完善社区服务功能，鼓励发展针对老年人、儿童、残疾人等特殊群体的养老、幼托等专业化服务，加快发展保健服务、家政服务，大力发展科教文体服务，强化发展物业管理服务，大力宣传社区便民利民服务，切实加强社区就业再就业服务；推动生活服务业品牌化、标准化、规模化、连锁化发展。只有抓住“十二五”之势，崇川区才能在现有的基础上向前迈进一大步。

南通的旧城改造和新城建设是发展主城区社区经济的又一重大机遇。

通过崇川区的旧城改造，不仅改善了交通环境，同时也加强了人居适应性，居民的幸福感随之增强。同时，崇川区借助南通新行政中心的搬迁、南通大学新校区的建设等时机，为社会提供了大量的就业机会，为社区经济增长提供了新思路和新途径，与此同时，也使干部队伍有了“实战”经验，为加快崇川城区的经济建设提供了良好的平台，其社区经济的发展也将迈出开天辟地的一步。

崇川区加强精神文化建设为社区经济提供了重要的精神支撑。

南通市历史悠久，而崇川区文化底蕴丰厚。南通精神的发源地就是崇川区，“包容会通，敢为人先”既精准地表述了南通精神，也彰显了崇川人民的精神内涵。随着崇川区的经济发展，政府对其文化产业的开发力度不断加大，大力开拓文化市场，为崇川区的社区经济发展奠定了良好的文化基础。

从社会角度看，区域的和谐因素直接影响到区域经济的发展和社会环境的稳定。崇川区在社区建设中，本着每一位居民都是社区主人的发展思路，搭建社区自主建设平台，聚百姓之力，建和谐之家。比如，百花苑社区通过建立“居民听证会”和“楼道会议”，裁决社区内部的争议问题，能拉近邻里关系，消除隔阂；崇川区虹桥社区的“邻里守望”，可以打开邻居心扉，消除邻里之间的隔阂，拉近彼此之间的距离；还有名扬全国的颐和花园社区的“调解工作室”等。

从政治角度看，深化干部选拔制度改革，优化“选、用、培”机制，培养具有良好风尚和工作高效的领导班子是崇川区社区的重要政治考量指标。近年来，崇川区加强干部培养，深入基层，狠抓机关作风问题；借鉴企业经验，对社区居民实行“一站式服务”，逐步提高办事效率、崇川区一直贯彻“政府创造环境、企业创造财富、个人创造家业”的发展理念，以“上下齐心，政通人和”为发展目标。

在崇川区全区的共同努力下，为社区百姓搭建了政策具体、服务到位、环境优雅、具有人文气息的居住生活平台，为主城区的社区经济的高速发展打下坚实的基础。

2. 南通主城区在社区经济高速发展的同时需要应对发展带来的挑战

观念模糊带来主城区社区经济发展的认识偏差。

首先，在社区的概念中，人们对“社区”与“社区经济”的概念没有清晰的认识。同时，学术界的意见也不尽相同。在我国，这个问题要做两点说明。

第一，社区是相对于“单位”而言的。中国特有的“单位”，具有组织形式的行政性、资源配置的非契约性、社会行为的身份性等特征。随着我国经济体制和人事管理体制改革的不断深化，原有的“单位制”开始松动，出现了许多“单位人”退出单位、许多“单位事”社会化的新形势，客观上产生了用“社区”取代“单位”的需要。从这一意义上说，正是“单位”的衰落导致了“社区”的兴起。

第二，“社区”是相对于“政府”而言的。现在刚刚出现并要大力发展的“社区”，不可避免地面临同政府之间相互关系的问题。一般认为，社区是一个一定区域范围内所住居民自治的组织，同时又要接受政府的领导。社区经济在当前及今后一个较长的过渡期内将长期存在，它不单是指居委会经济，还包括现在的属地化管理后的街道社区经济，甚至包括主城区的都市型工业经济；同时还应明确，社区经济还包括福利性与经营性两个部分的社区服务。

其次，观念模糊表现在要不要发展社区经济的认识上。许多人看到国外有些社区的单纯性，也看到上海、广州等成熟都市部分地区社区经济几乎消失的情况，从而提出了当前还要不要发展主城区社区经济的问题。从当前南通的实际来看，发展主城区社区经济大有必要。发展社区经济，为主城区经济发展增添了新亮点，为居民就业开辟了新渠道，为城市建设提供了新保障，为文化建设形成了新支撑，也为增加城市活力与创新带来了新动力。

最后，观念模糊还表现在对“谁是发展主城区社区经济的主体”这一问题的认识上。有人提出，街道、社区一级组织不应成为发展社区经济的主体。这是一种理想化的想法，是不可取的。在经济社会快速发展阶段，社区组织要加大发展社区经济的工作力度。同时，要大力发展各种能发展社区经济的民营企业和其他公司制组织，他们也是发展主城区社区经济的重要载体。

资源有限是主城区社区经济发展的瓶颈。

资源包括两个方面，一是发展社区经济的主体，即参与、推动社区经济发展的力量是哪些组织构成的，这些组织称为主体资源；二是发展社区经济所需要的条件，如发展空间、载体、资金等，称为客体资源。

从主体资源看，发展社区经济的主要组织者是街道、社区。现在要考虑的是，这些主体有没有能力、有没有精力来发展主城区社区经济。

当前的一个突出的问题是，由于现行行政体制的原因，市、区政府及各个部门的许多工作任务最终都落实到街道、社区，而且每一项工作都有硬性指标；再加上一些大型突发性活动和日常“创卫”等工作，街道、社区的工作人员任务繁重，没有精力去考虑街道社区经济发展的问题。

另一个突出的问题是，街道、社区的工作人员发展社区经济的能力比较欠缺。而街道、社区中民营企业主或其他公司制组织的人员在谈及如何发展社区经济时，主要从商业角度考虑，对社会效应考虑较少，引发的各类问题也开始增多，不容忽视。从客体资源上看，发展空间、载体、资金等方面的问题，在很多街道、社区都交互出现，影响着主城区社区经济的发展。随着城市化进程的加快和城市的进一步发展，土地资源的不足导致发展社区经济的空间严重不足，企业难以落地，进而招商引资也缺少有效的载体。当前，社区资金的主要来源有政府拨款、社区集资、筹款、社会捐赠、社区经济的积累等。资金主要用于社区建设项目、社区工作人员报酬、社区活动、社区服务和社区投资等。由于日常工作的繁多及人员工资的压力，能真正用于扩大再生产及发展社区经济的资金并不多；各实体融资手段也较少，造成一些社区经济发展出现资金瓶颈。

创新不足使主城区社区经济的发展缺少动力。

“包容会通，敢为人先”的南通精神，在地方经济建设与社会发展中已经有了一定体现，但创新的力度尚需进一步加大。创新不足，主要表现在促进社区经济发展的动力不足、发展模式简单、发展速度不快和效果一般。对于促进主城区社区经济发展，现有的政策扶持力度不大，工作推动强度不高，支持发展的手段也不多。当前，主要缺少具有可操作性的强有力的扶持性政策。例如，在资金上给予一定的倾斜，在土地征用时给予具体的支持，在人员配备上给予优先的安排等。在推进社区经济发展时，部分领导、有关部门尚没有站在城市率先全面小康和新农村建设后续跟进的高度来认识这一工作的重要性，尚没有全区域性的大力推动。在支持发展手段上，也只是较多地从常规方法上来注意，没有创新的意识，缺少创新的手段。

当前，主城区发展社区经济的模式也较为简单。无论是经济基础比较雄厚的，还是相对薄弱的街道、社区，在集体经济这一块，大多是租赁经济，诸如服装一条街或饮食一条街等，缺少影响力，亟须增强其个性特色。同时，由于缺少对南通主城区文化内涵的把握，缺少对居民多元需求的研究，缺少对金融保障服务业与国际接轨的意识，也缺少对现代网络经济等新经济模式的探索，主城区的服务业亟须大力发展。如大力发展社区便民服务业，努力构建新型服务社区；大力发展社区教育培训，努力构建学习创新型社区；大力发展社区医疗服务业，努力构建新型健康卫生社区；大力发展社区体育经济，努力构建新型安居休闲社区；大力提供老弱病残服务，努力构建新型社会保障社区；大力发展社区智能环保安全服务，努力构建新型物业管理社区；大力发展金融保险服务业，努力构建现代、快捷、规范的金融社区等。这些都需要探索和创新。

改革滞后影响到主城区社区经济发展的体制和机制。

发展离不开改革。社区经济发展的一个掣肘因素是街道、社区的责权利不统一。近年来，南通实行了“以块为主，属地管理”的管理体制改革。当前已实行属地管理的工作，包括征地拆迁、征兵、流动人口、计划生育管理、社会保障、再就业、各类退休人员社区管理、市属企业下放后的管理服务、城市管理等。“上面千根线，下面一针穿。”

当前，街道、社区工作的面越来越广，要求越来越高。而在这一过程中，由于街道、社区主要起协调作用，缺乏解决问题的必要手段，暴露出责权利不统一的矛盾。这在主城区创建卫生城市工作中表现得尤其突出。在“五小行业”整治、违章搭建查处、“城中村”整治等问题上，街道、社区没有行政执法权，致使工作难以开展。主城区经济管理体制调整后，各项经济指标与任务跟着下放，工作量激增。

但是，相应的工作人员、职权都没有下放，加上街道、社区的经管人员素质也有待提高，必然造成经济工作不到位。这种不统一，不是一个单纯增加行政执法权和增加经济管理职能的问题，而是要放到体制改革的高度和全局来认识并加以解决。在主城区发展过程中，由于历史原因与政策的变化，出现了很多新老问题的叠加。各街道、社区中，既有较早就游离于保障体系之外的失地农户，又有原来街道、社区负责的乡办企业的退休职工。街道、社区妥善解决困难群众生活问题的任务很重，尤其是被征地村组的拆迁户安置及集体经济的权益保护等。前者出现了较严重的与民争利现象，历年拆迁政策的变化也带来了重重矛盾。后者由于在操作上没有区分土地出让市场和转让市场，从而对村居经济这一块无法较好地保护。带来的直接后果是，严重影响了社区集体经济的发展。上述问题是由于改革滞后、改革措施不配套与不到位形成的，带来的挑战也是实实在在的。政府以及社会应予以重视，解决问题时，要正确处理好存量改革和增量改革的相互关系，一起考虑新老问题，并进行统一处理，达到有的放矢、妥善解决的目的，从而促进和谐社会的建设。

第三章
中国集镇社区经济发展专题

集镇是一条连接在大中城市和广大农村之间的有效纽带，为城市与乡村之间构建起了一条各方面之间互通和交流的通道，是真正的城乡中间点。它既是广大农村社区居民通往城市的必经之路，也是支持我国城市化扩大和发展的基石。根据国家统计局的调查统计，截至 2012 年 4 月为止，我国共有 40466 个乡级行政区划单位，不论大小，镇作为我国居民点之一占有相当大的数量。集镇不但有效地支撑着大中城市的发展，促进城市化进度，而且在我国整体的经济发展中起到了重要的作用，在我国的城镇发展体系中处于基石的地位。所以集镇的发展和集镇的社区经济发展需要得到广泛的关注和重视。

一、基本状况：社区经济发展程度不高，发展速度较为缓慢

集镇在我国一般是指建制市或者镇以外的地方商业中心，既没有行政上的含意，也没有确定的人口标准，是介于农村和城市之间的过渡型居民点。在发展程度上同样介于乡村和城市之间，逐步向城市的级别发展，但是有一定的差距，所以有其特殊性。但是集镇在我国经济发展中起到了重要的作用，起到了良好的纽带作用，在中间地带完成了联系农村和城市、农业和工业的重要作用。大力支持集镇的发展和建设，既是提高我国人民的生活水平，也是促进我国城市化道路发展的有效途径。从全国范围来看，建制镇的分布情况与我国的人口分布和经济发展状况十分相似，在地理位置上呈现出东部地区数量居多、分布密集，中部地区数量居中、分布呈大体分散、小范围聚集，西部地区数量较少、分布稀疏的趋势。东部地区的集镇在国内经济发展水平、集镇城区内的人口规模、城区内的规划和建设、生活环境的改造、政府部门的城区管理和服务等方面，普遍会比中、西部地区的集镇发展水平要高很多。西部地区经济发展优异的集镇，大多数都属于资源开发型的经济发展模式，或者属于交通便利的区位优势推动。而东部经济较为发达的集镇所从事的行业主要集中于加工业、制造业与商贸服务业。整体而言，社区经济在建制镇的发展中较少有所涉及，但是社区经济

在规划上有利于集镇经济的提高和整体发展。

（一）我国集镇建设稳步推进

我国建制镇发展曾经历了五个发展阶段：初始创建阶段（1949～1957年）、政社合一阶段（1958～1981年）、恢复过渡阶段（1982～1984年）、数量激增阶段（1985～1999年）和健康发展阶段（2000年至今）。每个阶段对建制镇的发展都有所改革，对我国集镇发展都有着重要的意义。1949年以后，特别是1978年之后的三十余年，我国已由传统的农业型国家逐步转变为中等水平的工业型国家，城市、集镇与农村的建设取得了较为巨大的进步，城区的建设形态也发生了巨大的变化，集镇的建设和发展所取得的成就令国人自豪，令世界刮目相看。全国集镇在不断地加快城镇化进程、提高城市化水平的同时，政府部门也开始注重社区除经济建设以外的社会各方面的发展和进步。

2000年以后，我国集镇社区发展得到了极大的重视，在政府极力倡导农村和集镇城市化的过程中，不断地重组、合并、重建。目前，我国越来越多的农村地区向着集镇的建制发展，逐步完成城镇化的任务。与此同时，在我国集镇在管理模式上，各级政府部门都十分重视，不断寻求管理模式的创新，寻求适合的管理模式，促进集镇社区的发展。

第一，社会治安综合治理不断强化。集镇往往有城市的商业而无城市的秩序，由此造成了社会治安方面的困局。近年来，各地在集镇经济发展和社区建设的同时，整合各方面力量形成联动机制，加大集镇社会治安综合治理的舆论宣传和治安巡逻的防控力度，有效打击了各类违法犯罪，切实增强了广大居民群众的安全感。

第二，积极推行了商业业态管理。在各地城镇化的过程中，集镇的业态调整和配套不断得到重视，加大了招商引资，提升了人气、商气。各地大力实施“光彩工程”，进一步完善绿化、街灯设施配套，美化、亮化城市，营造良好商业氛围，使得多年来禁锢集镇发展的单一化经济形态得到了明显改善。

第三，积极实现居民自我管理。各区域居民委员会充分发挥职能作用，认真学习和借鉴发达地区的先进经验和模式，逐步实现社区居民群众的自我管理、自我服务，共同参与到集镇社区的建设和管理。同时，加大了推进集镇管理市场化的运作，按照“谁受益、谁负责”的原则，适当收取物业管理费用，促使集镇社区的管理实现良而有序的发展。

第四，强化了干部工作管理。集镇一级的行政工作比较琐碎，难度很大。近些年，各地纷纷开展干部深入居民活动，广泛了解集镇社区居民的情况，解决居民的问题和困难，增进感情的交流。但仍然需要进一步强化责任意识，勇于担当，立说立干，狠抓落实，看速度、讲力度、比进度，确保集镇管理明显见成效。

（二）我国集镇社区经济规模不大，发展速度相对缓慢

我国城市经济的发展已经日趋成熟。近年来，政府将目光放到了集镇的城市化上，各地借鉴城市发展的经验，将政府政策支持和市场经济充分结合，经过多年的培育发展，使得集镇经济实力逐步壮大，城镇功能逐步完善，产业结构不断优化，发展成效较为明显。但是由于我国集镇自身发展条件（如经济基础、地理环境等）的限制，使得总体发展水平依然不高，经济发展速度较为缓慢，在产业发展、集镇建设、体制机制等方面仍存在不少问题有待完善。

一方面，我国集镇区域内平均人口数量较小，生产要素难以形成规模式的发展。根据统计局调查的集镇数据显示，全国范围内建制镇（含县城）区域平均人口数量约为1万，全国建制镇镇区人口超过3万人的集镇不足1000座；在我国西部地区的县级城镇人口平均数量只达到5万左右，很大一部分的偏远山区的集镇人口依旧只保持在不足3万人的低水平。根据我国人口方面的研究表明，当一个建制镇的镇区总人口数量不高于3万时，区域内的基础设施和服务等产业将会很难形成整体的规模化的建设，更难发挥出其应有的规模经济的效果；同时，此类集镇规模不能为区域内各种生产要素的汇集产生任何积极、有效的提升效果。由此可见，3万人口的集镇规模是实现镇区内生产要素发生聚集效应的最低标准。导致建制镇镇区内人口规模不足的主要原因，除了户籍制度的改革不够彻底以外，还有另一个很重要的原因，就是我国建制镇镇区内工农业、农产品加工业和商贸服务业等产业的基础十分薄弱，不能够吸引农村地区的大量剩余劳动力进入集镇就业；缺少优秀的带头产业推动经济发展是集镇人口规模无法持续增长的根本原因，所以集镇建设工业化、农业产业化才是壮大发展的根本动力。

另一方面，我国集镇普遍缺乏建设发展所需的基础资金。目前来说，集镇大部分的投资主要是依靠农民的集资和集镇政府的财务支出，前期初始资金不足，基础设施规模过小，从而导致后期规模扩建后改建的压力巨大；融资困难，资金的运作形式和市场机制基本呈现脱轨状态；税收制度比较混乱，无法有效运行，造成集镇建设发展的资金缺乏。目前还没有较为适合集镇发展的正规金融平台能够支持集镇社区发展，资金上的缺失直接导致集镇社区的发展速度缓慢。

（三）我国集镇社区经济发展呈现出强烈的地域性

我国集镇社区的经济发展和我国整体的区域经济发展所表现出来的情况是很相似的，东部地区最为发达，中部次之，西部再次之。我国集镇社区经济发展的情况相

同，东部社区的经济发展水平最高，中部次之，西部再次之。整体区域的经济发展水平影响着当地集镇社区的发展水平，我国集镇在发展期间呈现出强烈的地域上的差别。

我国地大物博，集镇在建设时会依据集镇所在地的地理、水文等环境状况来发展。所以我国集镇呈现出各种地域性的特点，如矿产丰富的地区，集镇主要以第二产业的发展为主，并且相关的上下游产业也会得到大幅度的发展；地理处于平原地区，土地肥沃，有利于耕种的地域，便会以第一产业的发展为主，相关的贮藏、运输等产业会一同发展；风景秀丽、山水怡人的地区，以旅游业为主，相关的第三产业就会蓬勃发展。根据不同的区域条件，集镇就会呈现出不同的发展特征。

（四）人口较多，但是吸纳人口能力较弱

集镇作为城市和乡村间过渡的纽带型地区，其人口标准并不是非常明确的。集镇所处的位置的地貌状况、资源的多寡程度、气候条件等因素，决定了集镇的整体规模，从而也决定了集镇的人数。人们更多地留在较适宜生存的地区，条件较好的集镇会集合更多的人口。和我国人口总体分布情况相同，主要分布于东部或者中部，西部较少。在不同的人口条件下，集镇便呈现出不同的发展情况，发展程度也不尽相同。多数情况下，集镇对人口的吸纳能力不强，人口更多地趋向于城市之中，留在集镇的多为流动人口。1978 年，我国共有建制镇 2173 个，到了 2004 年，我国建制镇总数已经达到 19883 个，以每年 681 个的速度持续增长着。自 2004 年之后，全国所有建制镇内的人口共有 20135 万人，大约占全国 6 亿城镇人口总数的 30%。我国建制镇增长呈现出一个急速发展的态势，在 2003 年之后趋于平稳。虽然我国集镇数量在不断增加，但是其人口数量仍然不多，并且在区域范围内的分布不均匀。根据统计局调查的集镇数据显示，我国全国范围内建制镇（含县城）区域平均人口数量约为 1 万，全国建制镇镇区人口超过 3 万人的集镇不足 1000 座，吸纳人口的能力比较弱。

嘉善县进一步探索集镇社区管理模式改革

2012 年 2 月 28 日，陶庄镇汾湖社区通过选举，产生了汾湖社区首届居委会组织，这标志着汾湖社区正式以一个独立的单位参与全镇的经济社会活动，这也是嘉善县进一步探索集镇社区管理模式改革的又一积极尝试。

新成立的汾湖社区接手了原本由汾玉村管理的集镇区域，而汾玉村则主要负责农村区域的管理，两者作为不同功能的基层群众自治组织区分开来。目前，汾湖

社区总面积约0.25平方公里，南至善江公路，东至冯家浜河，西至创业河，北至双桥路。社区人口共有3322人，其中本地农村户籍人口只有312人，非本地农村户籍人口和外来人口却超过3000人。

目前，汾湖社区党支部等组织机构已经建立，社区管理运行制度正在逐步完善，社区服务中心也正在筹划筹备中，而像社区保洁队、治安巡逻队这样的服务队伍，已经全部组建完成。

据了解，新成立的汾湖社区将以培育居民社区意识、提高居民参与度为重点，进一步加强自身建设，不断探索新的基层工作运行机制，加强公共服务设施建设，改善生活环境，发展社区服务，做好社区卫生、社区环境、社区治安、计划生育、青少年教育等各项工作。近期开展的具体工作是，抓好社区农贸市场的改造，集镇道路和基础设施的改建和完善。

据介绍，1999年嘉善县行政区划调整后，共有8个乡镇被撤销，原先的集镇管理模式转变为以村为主的管理形式。2009年，嘉善县行政区划进一步调整后，撤销的镇——其集镇范围依托相应社区进行管理，如洪溪社区、杨庙社区、丁栅社区等，这些社区居委会几年运作下来，社区管理、社区服务等基本满足了集镇居民的需求，这种集镇管理模式得到了群众的认可，取得了较好的成效。下一步，县民政局还将会同其他部门开展相关调研，探讨在其余集镇成立社区的可行性。

资料来源：嘉善新闻网，2012年02月29日，http：//jsxww. zjol. com. cn/jsnews/system/2012/02/29/014789806. shtml。

二、政府缺位依然是制约集镇社区经济发展的重要因素

（一）政府工作重心偏重城市化，集镇社区缺乏有效规划

目前，各个集镇的工作重心更偏重于城市化发展，跟随着国家的发展计划和目标，没有根据自身的建设情况和居民的生活需求来发展社区建设和社区经济，只是在更大限度地追求财务等数据上的发展和集镇升级为城市的发展。同时加上政府部分官员对政绩工程的大力发展，将更多的经济发展的精力、物力和财力都投入到政绩建设上，没有余力去发展集镇的社区经济，导致适合本区域社区长期发展的项目无法得到支持和发展，更多见效快的“快餐式”工程不断地在社区中建设，破坏了社区整体

经济的发展。

整体规划是为某地区或某组织长期发展、稳步提升进行的计划性布局，根据各个地方或组织的特点量身设计，保证其长远的发展。我国多数集镇的发展就是简单地将周边的农村聚集在一起，对整体进行一些简单的布局，在形式上形成了一个集镇的区域，但是内在没有多少实质性的联系；各级政府没有对所在区域进行长远规划。特别是许多处于发展初期的小集镇，往往倾向于立足地方资源尽快发展重点行业，以最基本脱贫为目标，带来了许多后续问题。1986 年，社区和社区经济的概念才逐步出现。当时，全国发展的关注点是主要的经济开发区和部分大中城市，而集镇在这个阶段的发展过程中没能形成整体效益，无法有效地运行社区经济体制；更多的是“各自为战”的发展形式，集镇将更多的财力、物力、政策等良好的条件都给予了集镇区域内有背景的乡镇企业，主要以所选乡镇企业的优先发展带动集镇整体经济的发展。从而导致整体经济的发展缓慢，不能形成资源有效、高效的使用，造成一家或数家独大的现象，最后出现无法协调的局面。

集镇社区的建设在总体布局上缺乏科学、有效的规划，集镇社区建设的规划和设计没有适应集镇自身特点的原则和统一标准的规范，导致大部分集镇在规划建设上都盲目地照搬大中城市市区规划设计的标准和方法，根本没有实地调查，也不存在配合镇区的实际情况，与社会的经济发展规划、土地利用发展规划等整体式规划相脱节的现象较为突出，盲目地与周边或者广大集镇攀比、重复建设等问题十分明显。集镇镇区建设缺乏相关的约束，致使随意搭建、盲目跟风发展的现象十分严重，一部分建设不按照规划执行，无组织地占地，一部分布局过于分散，随意建设。区域内部建筑布局不合理，道路建设不够规范，集镇区内土地没有得到合理的应用，居住用地中间出现污染严重的工厂，商业网点偏聚于区域的一侧，城镇聚集功能不能得到很好的发挥，集镇社区居民的生活质量没有得到相应的提高。

集镇社区内部的各种资源不能有良好的协调，政府在其中没有起到更大的作用。在集镇中，每一个发展个体更注重自身的发展，而不是配合整体的发展，没有办法形成有机的整体社区经济适来应于市场经济，在集镇区域内部市场经济发展程度不高，限制了集镇社区经济的发展。根据各个集镇自身的不同情况制定出恰当的社区经济规划，制定社区经济的带动产业，在大力发展的同时，制定发展战略来追求更大效率地利用有限的资源，形成良好的、有效的社区经济管理体系，方能有效地促进集镇社区经济大力发展。

（二）我国集镇社区基础设施配备程度较低

在基础设施建设方面，全国集镇发展不均衡；总体来说都是比较落后的，不能完全满足集镇居民的需求。由于我国的集镇发展在时间上不算长，所以在基础设施建设上与大中城市相比有很大的差距。这种差距主要体现在以下三个方面。第一，基础设施在镇区内配置的整体水平较低。就西部地区集镇的基础设施建设来说，一方面是镇区内极度缺乏淡水，另一方面是这些集镇的淡水利用效率十分低。对于一个普通建制镇而言，污水处理厂都没有能够配备齐全，在县城中能配备齐全的也是寥寥无几了，并且即使将污水处理厂配备齐全了，其高额的运转成本也使得这些污水处理厂无法正常运行。第二，集镇基础设施数量不能满足城镇发展的基本需求。我国集镇发展的时间较短，正常来说，基础设施数量是不能够满足集镇的基本需求的。第三，集镇镇区内基础设施的配套程度较差。同样由于发展时间上的限制，集镇的基础设施不能够建设齐全，所以基础设施配套程度很差。

（三）集镇社区建设和发展中环境污染十分严重

随着大中型城市将一些有污染的工程逐渐地向集镇内转移，以及镇区内企业的选址不当和不良经营，致使集镇内土壤、空气和水体受到了严重的污染。在我国所有的建制镇当中，尤其是那些除了县城、工业镇以外的普通建制镇来说，基础设施配备显得十分落后。除了道路、给排水设施、电力系统、电讯、邮电系统等基本设施，镇区内部几乎是没有城镇微型游园和污水处理系统的；镇区内的环保系统不完全，垃圾的收集箱、集中点、处理场等必备的环保设施十分缺乏，而且大量缺乏垃圾清理车；城镇绿化工程除了道路两旁的行道树外，几乎没有大面积绿化带和街心花园等绿化附加品，致使集镇的基础设施产业发展太过落后；加之集镇的管理程度有限和资金、精力投入不到位，导致集镇内生态环境比较恶劣，生产要素汇集程度较低。因此，集镇不仅缺少吸引各类产业进入集镇发展的环境因素，而且也没有建成适合居住的生活环境来吸引有条件入住的农民或者其他厌烦喧闹生活的城市人到此居住。同样的状况在东部较为发达地区的集镇中正在逐渐变化，但在中、西部的绝大部分地区仍然没有改变，集镇的发展环境竞争力十分薄弱的局面仍在持续。

汉滨区统筹城乡发展集镇社区建设规划

汉滨区是安康市中心城市所在地，全区总面积3643平方公里，辖30个镇、4个办事处，全区户籍总人口100万人，其中农业人口78万人。中心城市规划面积140平方公里，辖4个办事处及关庙、张滩、吉河镇部分村，现已建成面积29平方公里。全区30个镇总面积3476.4平方公里，总人口75万人，集镇现有人口20万人，集镇建设面积34.4平方公里。

汉滨区统筹城乡发展，打破二元结构，形成以城带乡、以乡促城、城乡互促共进的发展机制，不断缩小城乡差别。按照城乡一体化的要求，增强中心城市带动承载能力，打造恒口宜居新区，加快发展基础好、潜力大、综合优势明显的中心镇，重点建设新社区，有序推进布局调整，加快人口向城镇和社区集中，不断提高城镇化水平，形成“中心城市、恒口新区、中心镇、新社区”四级城镇体系。

统筹城乡城镇社区建设规划是将城乡作为一个整体进行综合规划，进而对城乡发展空间、生态环境、人口聚集做出统一的布局安排。在空间地域上体现三个集中，即居民向城镇和社区集中，工业向城镇工业区集中，农田向适度规模化经营集中。

（一）区域整体发展的原则。城镇与乡村是一个在发展中存在着整体关联性的区域，要使汉滨区由一个城乡混杂发展的综合体逐步演变为城乡有机结合的整体，强调区域经济、社会、生态以及城乡空间发展的整体性，同时处理好发展上的时序关系。

（二）可持续发展的原则。可持续发展作为一项重要的指导思想，对于提高城乡空间布局的科学性有着直接的现实意义，并影响着城乡未来的发展。发展的持久性要求社会经济发展应充分考虑空间资源的有限性和再生能力，具体表现为控制城镇发展的速度和规模，采取集约的空间增长模式。

（三）以人为本的原则。坚持以人为本，适应人性化的需求，处处着意营造优良的人居环境。要大力优化人居环境和区域、城镇空间形态，配置完善生活服务设施，满足人民群众生活的多样化和多元化需求，注意在经济、社会、生态之间找到平衡。

资料来源：汉滨区人民政府，2012 年 12 月 27 日，http：//www. hanbin. gov. cn/Item/8156. aspx。

三、集镇社区经济多样性更强，对农村发展引领作用更突出

在我国第十五届四中全会上，“实施西部大开发和加快城镇化建设，都是关系我国经济发展和社会建设的重大战略性问题，应提上日程进行商议，在全国范围内进行调查研究，拿出行之有效方案，并加紧实施”，党的十六大提出“全国繁荣农村经济，加快城镇化进程”，可见集镇的建设发展已经被提到了战略性的高度，在全国经济发展中拥有着重要的位置。1978 年后，集镇的发展在我国整体的发展中起到了重

要作用。自1978年以后的20年之内，按城镇人口的总数来计算，集镇人口在全国总人口中占的比重由5.5%大幅度发展到13.6%。经济发展同时也取得了很大的进步。在2001年，有各类专业和批发市场7万多个在全国20370个建制镇中建成，整体的年交易额达5000亿元以上的乡镇企业超过100万家。根据我国权威机构统计显示，国内各地迅速发展起来的集镇创造出来的产值大约占国内生产总值的四分之一，已经成为带动各地农村社区经济壮大发展的重要力量。到目前为止，全国已有超过1.5亿名农民进入了各地集镇的各类发展企业工作，所创造的产值超过农村社会所创造的总产值的70%。集镇成了农村社区经济发展中非常重要的载体。集镇经济的大力发展，促使农村内出现大批的剩余劳动力积极地转移进入集镇中，从事第二产业和第三产业，从而有力地推动了农业的生产方式和内部结构的调整。集镇经济不断地飞跃式发展，带动着周边农村完成城镇化发展。但是表面的发展不能覆盖集镇在经济发展中所存在的问题。①

（一）地理位置上连接着城市和农村，功能上成了中转站

在我国，集镇社区普遍处于农村和城市之间，使得集镇在连接城市和农村中起到了至关重要的作用。

集镇在地理上是处于居间位置的，多数的集镇不仅是位于大小城市和广大农村之间，而且部分位于若干村落之间，还有些位于大中城市之间。从镇内的经济源流来看，集镇既存在城市经济的延伸，又存在农村经济的扩展。同时集镇是商品流通的中间站，大量的工业品、农副产品需要在集镇作为中转站，再往其他地方运输。在社区经济的组成上便会体现这一特点，集镇会出现大量的工业品和农副产品的销售网点，以及相关的服务性商家。作为中转站、流动人口较大的地区，集镇社区经济发展中的第二、第三产业会较第一产业有所偏重，所以在集镇的社区经济组成时更多的商业单位更具这种居间性的特点。

集镇作为中转站的特征使得其需要满足多种人群的需求，展现出强大的综合性。在集镇的社区经济发展的大部分阶段里，集镇社区所要服务的人群是很庞大的，不仅仅要满足集镇社区居民的基本需求，还要担负起集镇所在区域内多数村落的居民的生活、生产需求；若集镇社区所处地区恰好是旅游业的繁荣地区，集镇还要负责游客的需求。所以集镇的社区经济发展展现了很强大的综合性。

（二）容纳性强，经济发展中展现出较强的广泛性

我国集镇分布呈现出广泛和分散的趋势，使之具有了“点多、面广”的分布特

---

① 蓝靛、刘睿：“我国小城镇经济发展与就业前景分析”，载于《广西广播电视大学学报》第17卷第4期，2006年12月。

点，镇内的空间分布密度远超过各种类型城市；从集镇的地理位置上看，其更加地靠近材料原产地、能源开发地和农副产品的供应地，周边更有广大农村内的丰富劳动力。根据各个集镇所有的不同资源与自然条件进行投资建设具有良好成本优势的工、农产业，会是一种可以取得多元化发展的经营模式。尤其是对资源开发性企业或者对资源进行深加工企业表现得更明显。例如，陕北神木县便是如此，当地拥有丰富的煤炭资源，借助此优势当地人民积极地发展煤炭以及煤炭的相关产业，对煤炭进行深加工，使得当地经济呈现跨越式的发展。而且当地不仅在工业化方面发展迅速，同时在城镇化方面取得了巨大的成就。

从神木县锦界镇的快速发展可以得到这样的启示：不到 10 年的时间里，在各类企业的投资建设之下，这里开发出了以神华集团 1000 万吨/年为代表的国家级大型煤矿十余座，同时建立起来了北元化工、陕西神木甲醇厂等企业为代表的多家优秀的煤化工深加工企业，还有与之相配套的多家大型商贸物流企业，将毛乌苏沙漠这个“不毛之地”建设成了一座现代化的工业集镇。上述的发展模式，不仅能够在工业生产的原料运输、能源输送上减少相应的成本，同时也能够降低企业劳动力成本和企业员工的生活、生产成本，而且还可以扩大发展农副产品的就地“生产—销售”的经营规模，大力扩展农业产业化发展进程，使农民的收入得到了较大幅度地提高，促进了当地经济蓬勃发展；迅速发展的工业企业对于人力需求大幅度地改变了农村的就业状况，解决了劳动力的剩余问题，充分实现了大量农民和产业工人之间的转变，加速了城镇化的发展进程。

相比于在我国广大的地理空间上分布极具不均衡性的各类城市，我国集镇的地理空间分布在均衡性上就有了明显地改善。我国大中型城市主要分布在东部经济发达的地区，而西部边陲地区所分布的城市，无论从规模上还是数量上都不无法与东部相提并论。无论是人口分布、经济发展状况还是大中城市分布上，我国都呈现出东部重、西部轻的分布格局，但是在集镇数量分布上，东部和西部的分布就要平衡得多了。从东部经济发达的江苏省与西部经济欠发达的陕西省的比较中，我们可以得出这样的结论：作为经济发达的江苏省，省辖市的数量为 13 个，县级市的数量为 27 个，建制镇的数量为 1117 个；而经济欠发达的陕西省，省辖市的数量为 9 个，县级市的数量为 3 个，建制镇的数量为 822 个，分别相应地占到了江苏省市镇数量的 69. 2%、23% 和 73. 5%；而如果将两个省各类市镇进行比较的话，陕西省的城市数量只占到江苏省城市数量的 30%，和在建制镇数量上得到的 73. 5% 的占比相比，有 50% 以上的差距。由此可见，集镇数量在我国东、西部地区的分布上相对而言是较为均衡的。这种均衡性有利于我国农村突破“二元结构”，使得城镇化的建设成本较大地减少，有利于加快我国城镇化的发展进程，协调地域之间的发展问题，也有利于我国社会经济全方面的发展。

（三）集镇的居中属性导致人口流动性十分突出

集镇的人口流动性很大，但与城市的流动人口比，集镇流动人口的目的在于旅行、游玩。就目前而言，中国已经进入了工业化发展的中期和城镇化快速发展的阶段，大中型城市的居民普遍处于高度的紧张生活与巨大的工作压力之下，所以城市居民渴望在周末或者其他的节假日里到宁静舒适的环境中放松休闲一下。他们不愿意一直生活在这样喧嚣的城市之中，不再满足于去公园、街头游园或者散步来消遣，或者到茶座品茶、去咖啡厅喝咖啡、去影剧院看戏曲和电影等方式去休闲，到郊区或者是城镇去度过一个安静的假期已经成为现代都市人的一种新的生活时尚。对于集镇来说，拥有独占性与稀缺性的特色旅游资源是十分重要的，将会成为其在行业内的竞争优势，并带来不可复制的特殊属性。

（四）集镇社区经济发展在一定区域内引领着大部分农村的发展

与大中城市比，集镇的社区经济发展的确是比较落后的，但是对于农村的发展来说，集镇的发展还是很具有引导性的，集镇与农村的距离更小、更近，在交流上比较方便，可以在很多方面引领农村全方面的发展和进步。

出于集镇的特性，集镇是与广大农村最直接接触的区域形式，农村的农业和农副产品与集镇保持着最密切的关系，集镇一直担负着为农村的自然经济向城市现代生产方式转变提供重要场所的任务，实现了广大农村所产出的农副产品在集镇中进行聚合和分散的规模交易，使得农业在这个平台上得到了最大程度的产业化。

由于建制镇对其所辐射的区域生产的农副产品有着极其明显的集散作用，这使得集镇在购销当地农副产品方面有着突出的规模聚集效应，为其农副产品深加工规模化生产与经营的实现提供了十分充足的原料；与此同时，集镇会有着比农村覆盖程度高的镇区基础设施条件的配置，能够在很大的程度上优化产品的生产要素，大幅度促进了农产品深加工产业的工作效率；另外，集镇的特点使得其在劳动力的召集、土地的利用和房屋的建设等方面有着其自身的优势，可以有效地提高效率，降低各项成本。集镇的产业发展存在着这些有利因素，加之资本的逐利性作用的催化，使得集镇成了农村发展的必然选择，并把资金顺势投入到农副产品深加工这个产业中。这不但是一个理论性的分析，而且是农副产品深加工产业在集镇发展的现实。只是这样的条件没有能够使农副产品深加工产业得到更加充分的发展。对农村来说，集镇在农业产业化发展的带动作用没有能够达到十分强有力的地步，以集镇作为局部区域农业产业化发展的中心这样的地位还没有明确的建立。不过集镇在加速地方特色农副产品进行深加工这个产业的优势是十分明显的，应该得到相关部门和公众的高度重视。只要给予对路的政策、正确的引导和得当的措施，各地集镇将会逐步地发展成为具有各自特色的地方区域内农副产品深加工产业的发展中心，不仅能通过深加工来增加农副产品的附加值，提高农业生产效率，形成带有地方特色的优势农业，还可以为农村的农民提供更多更好的就业机会。[①]

四、文化因素在集镇社区经济发展中的作用日益突出

目前来说，我国集镇的文化事业发展不算发达，文化事业更多的是给集镇和农村提供文化服务。由于集镇社区在一定区域范围内是作为中心被农村所包围的，并且文化产业相对发达，交通情况相对便利，所以很自然地便聚集了相当数量的为所在区域社区居民提供文化服务的文化教育性机构。近年来，在多数集镇的教育产业发展中出现了一种新产业形式，是迅速兴起的乡镇成人教育中心。这些乡镇成人教育中心在其所在地的乡镇政府部门的统一部署下运行，与教育部门和农副工等部门进行联合办学。这种措施推行之后取得了强烈的社会影响和巨大的经济效益。作为中心的集镇社区同时也是区域内农村的科学研究、实验、推广和宣传的中心。集镇中聚集着农村社区居民所需的医疗、卫生和体育事业等主要机构设施和场所。在我国绝大多数的集镇之中都设有医院、保健站和与公共体育相关的活动场所，并且还有多种多样的文化传播和大众娱乐产业。可见集镇的文明形态是一种介于较为落后的农村社区文明和较为先进的城市社区文明之间的过渡状态；与此同时，在集镇社区聚落系统中特定生产、生活结构和大量的流动人口的作用之下，使得集镇文明一直在社会文化变迁中逐渐发展，不仅拥有融合城市文明和农村文明特点的中介性，而且还具有自身的文明特性。人是具体文化传播和流传的载体，所以集镇社区的文化形态和特征在传播的过程中，极其自然地就在社区居民的身上留下集镇文化的历史烙印。而且，集镇社区居民在文化活动中所积累的各种文化行为也对集镇社区文化特征的形成和变迁起到了积极的作用，使得集镇社区的文化形态在其文化生活中有以下三个方面的特征明显地突出来。

（一）城乡两种文化在集镇中融合交融特征突出

集镇作为连接城市和农村的纽带，城市、农村两种不同的文化在集镇之中必然会

① 程建中："谈集镇经济的特点"，载于《农村经济》1985 年第 3 期。

产生融合，主要有两个方面的体现。一是集镇会受到城市文化中所惯有的生活方式的影响，在城市文化中璀璨夺目的流行时尚文化在集镇文化生活中率先留下它的痕迹，而集镇文化也吸收了所在区域内农村中长期流传的风俗民情、文化习惯的部分，使得农村文化在集镇社区居民的生产、生活方式中留下了特色的痕迹。城市文化和农村文化在集镇之中相互交织、相互辉映。二是集镇社区在文化传播事业上积极地发挥了其特有的传导调节功能，将所吸收的城市文化经融合再创造的过程逐渐地“乡土化”，与当地具有风俗传统的农村文化相结合，形成一种具有地方性和时代性的集镇文化。这样使得不同质的文化在集镇社区之中并存糅和，逐渐地融合、平衡在一个社区之中，形成了一个新的社区文化动态性特征。

（二）集镇居民的教育水平和文化消费水平居于农村和城市之间

从根本上来讲，物质文明的发展程度制约了精神文明的发展程度。从数据上来看，在工、农业的产值、居民收入、区域经济效益、商品化成熟程度等一系列的经济发展指标上，集镇社区的发展处于城市和农村发展水平之间，而且集镇社区在教育设施建设、教育普及率、大众传播覆盖率、医疗保健条件的发展程度和消费水平也基本上是低于城市同时高于农村的状态。通过教育事业发展水平来看，国家对于集镇社区居民就业的基本学历要求是至少要达到初中毕业，同时进入集镇做工、经商的农民普遍都是文化素质比较好的，使得集镇区域内居民的教育普及程度普遍要高于农村的居民。但在具有大专以上学历的较高文化层次的社区居民的比例上，集镇又远远不及城市。从文化产业的消费水平上来看，在现阶段我国农村社区居民的文化生活已得到很大的改善，历经了收音机的普及、电视机传播下乡、农村居民自办电影队等阶段，但是和城市社区居民相比，农村居民的文化生活还是显得十分贫乏。集镇居民的文化生活与农村居民相比丰富了很多，基础的电影院、文化教育中心、小型的图书馆、阅读室等文化基础设施都已经配备齐全，而且还经常有一些文体活动举办。但与城市文化生活相比，这些文化设施都是最基本的，文化活动的可选择性很低，社区居民的文化素质也普遍低于城市居民。

（三）集镇居民的社区意识体现出更多的独立性

对于一个社区来说，社区内部居民能够拥有一致的价值观规范和相同的心理状态是一个聚落型社区达到独立性的一个主要标志。在调查、研究社区文化的过程中，虽然还不能够以定量的形式明确地将集镇独立的社区意识展示出来，但在现实生活之中，我们能够清晰地感受到集镇居民的社区意识与城市和农村居民有很大的区别，主要体现以下三个方面。一是在大众群体中存在着的一种“自我认同感”。在这种感知的作用下，使社区居民始终能够互相认同，即使是在远离自身所属社区的地方，也有一种“同乡之情”使其格外亲切。二是在多数人的人际关系之中，人与人的交往体现了“求同存异”的状态，表现出了农村社区文化与城市社区文化在集镇社区中的过渡和融合。农村社区中的居民关系一般来说是“面对面”型的直接交往沟通，构成一个沟通集群。同一农村社区中的居民不仅对邻居的现在有了解，而且对其几代间的情况都有所了解，这样便形成了一种长期而且稳定的农村社区地缘文化意识，即乡土观念。相比之下，城市社区的人际关系交往便少了很多感情色彩，以被动的间接交往为主，即使是居住于同一幢楼里的居民可能也只是见过面，但是不互相了解。而集镇社区居民的人际关系则既存在“面对面”型的直接交往沟通，又存在被动的间接交往。这实际上体现了集镇社区文化是城市和农村的融合，正处于长期的社会文化的变迁过程中，逐渐地走向成熟。三是集镇社区居民在其社会价值观念上具有较为强烈的功利主义思想。由于集镇社区本质上处于人口的大量流动和频繁的市场交换之中，市场化经济的发展和交换、交易的意识在集镇的发展中留下了深远、深刻的影响，而且明显地给集镇社区居民的社会价值观造成了一定的影响。与城市居民追求享受的思想、农村居民的农本主义思想相比，集镇居民更多考虑的是实效和实惠，功利主义更为大众所接受。这对于促进当前集镇社区的社会主义商品经济的发展具有积极的意义。①

宜城集镇社区居委会首开先河运行情况良好

湖北省宜城市将城市社区建设活动引入农村集镇，在6个被撤乡镇（办事处）率先建成全省首批集镇社区居民委员会，成为全国农村集镇社区建设的先行者。

在今年启动的乡镇机构改革中，湖北宜城市委、市政府从优化管理体制、维护社会稳定、巩固基层政权、扩大基层民主、转变政府职能、提高人民生活质量、促进集镇经济繁荣的高度，组织专班，深入6个被撤乡镇（办事处）调查社情民意，果断决定将中央关于城市社区建设的政策延伸到农村。

由市专门领导小组统一部署，按照“政府—社区—村委会”，在朱市集镇先行试点，分步推开，把各集镇社区建设非行政性的居民自治管理机构，构筑一个新型的基层社会管理层次。到4月底，6个经居民民主选举的被撤乡镇（办事处）社区居委会全部建成，并同步选举成立了社区党总支或支部，作为社区领导核心。

① 叶南客：“论我国集镇社区的文化”，载于《社会科学》1988年4月。

经过5月份一个月的运行，各集镇社区居委会相继走上正轨，上下都很满意。实行集镇社区管理，既保证了乡镇撤并平稳过渡，促进了集镇社会稳定和事业发展；又规范了政府行为，拓宽了社区服务范围，分流了下岗行政干部；还加速了政府管理体制改革，为巩固新建镇（办事处）的政权建设夯实了基础；并为其他县（市）级机构改革积累了经验。

6月5日，宜城市委及时总结前段成功经验，再次召开了全市城镇社区建设动员大会，在城区和9个现行建制镇全面推开城镇社区建设，力争年内完成组织构建，明年重点完善服务功能。

资料来源：中国社会报，2008年7月20日，http：//www.21gwy.com/ms/sqzl/a/4911/414911.html。

五、典型案例分析

（一）淅川县集镇社区案例

淅川县位于豫鄂陕三省七县交汇处，镇区内部是山区、库区、边缘区结合为一体的，是国家重点扶贫开发的县、全国移民大县、省首批扩权县之一，也是“南水北调”中线工程的水源地和渠首所在地。全境山脉绵延，河川交错，地势西北高、东南低，自西北至东南斜长107公里，横宽46公里。全县总面积2789平方公里（420万亩），其中山地290万亩、耕地70万亩、水域60万亩，辖16个乡镇，516个行政村，人口70余万。

1. 淅川县经济发展特点分析

淅川县居于重要的地理位置上，在经济发展上有较为便利的条件。无论从发展上还是产业结构上，作为一个内陆农业地区小城镇发展具有其自身的特点。

第一，多方吸引民间资本，积极运作集体经济。依托资源优势，淅川县继续发展当地的乡镇企业，但是其作为内陆农业地区城市的发展势头与我国沿海地区的城市相比还是比较弱的，所以对其周边集镇的引领作用不强，而且对外来资本的吸引能力也不让人乐观。因此，这样的内陆农业地区的集镇就只能依靠当地生产要素的大量投入来推动经济发展，最大限度地发挥当地资源的优势，大力推进以当地乡镇企业和民营型经济单位为主体的工业化的进程。淅川县便走上了这条坚持发展以工业为主的非公有制经济，发展镇区内工业化经济和民化工业经济的道路。如此发展，一是顺应了国家“南水北调”战略的要求，坚持不懈地推进科技改革，大力发展环保型的科技工业，在这个基础上已经初步建成以冶炼企业、机械企业、医药化工企业、电力企业为主的工业集群，镇区内已有12家企业的年销售收入超亿。二是在镇区内打造企业交流平台，建立了块状工业聚落群。集镇发展规划以淅川县自身为主体，连接沟通了县区周边的三个大型工业区。三是快速发展工业总量，一方面倡导企业的“对外开放”，实行降低生产成本迅速扩张，如淅水集团成功地实现了多家企业的兼并，成为当地跨地区、跨行业的大型企业集团；另一方面，将县区内的闲置资产调动起来进行对外合资合作，改造引进化肥厂和农药厂等县区不发达的企业，并辅以出让、租赁、参股控股等经济形式与有意投资的大型企业合作。四是以资源优势为依托，将资源加工业持续做大做强，探索新的经济增长点。

第二，大力利用地方资源，探索发展特色经济。不断地在产业化道路上进行探索，充分利用包括自然能源资源、文化资源、环境资源以及劳动力资源等在内的地方资源。坚持利用丰富的县区资源是集镇发展特色经济、探索发展道路的基础，而特色经济的崛起主要在于坚持特色产业的发展方向。淅川县发展集镇镇区经济主要便是依托本地特色产业，结合其县区的特点，将“绿色产业”的大力发展作为战略推行，不断地对产业结构进行调整和优化。将培育辣椒、花椒、湖桑等作物的特色产业作为重点关注对象，将东南岗的丘辣椒、中部山区的花椒、西北山区果药桑打造成为县区内三大特色产业板块。

第三，加速基础设施建设，大力开发旅游资源。不便利的交通状况、分布分散的景区位置、薄弱的环境保护意识等原因成了县区建立内陆农业地区生态旅游品牌、开发旅游资源的最大障碍，这便要得到县政府的配合了，进行有成效、有目的、有远见的集镇镇区规划，加快完善基础设施的建设，加大资源的开发利用和县区内发展的宣传力度，全力打造当地特色的生态旅游品牌。淅川地区是楚文化发祥地，境内人文、自然景观交相辉映，发展生态旅游得天独厚。为此，淅川完善地修订了《淅川县旅游业发展总体规划》，全面提出建立旅游名县的目标。

2. 淅川县集镇发展模式

对于内陆农业地区集镇建设发展模式的构想。出于对我国内陆农业地区集镇数量众多、发展的基础都较为薄弱以及对保障我国粮食安全大局的考虑，我国内陆农业地区的集镇发展应该充分坚持分类指导、重点扶持、突出特色、专产发展、统筹规划、宜居建设等发展方针。对于集镇发展模式的基本构想：充分整合各集镇的镇区资源和经济发展的优势，坚持做到资源共享、功能互补，进行一体化发展，完善镇区内基础设施建设、产业调整、市场构建、城乡结合发展、生态环境建设的一体化进程，全力打造经济高速发展区、城乡面貌示范区、生态建设展示区，构筑集镇群经济聚落群，形成围绕大中城市或县区的次级中心，建成以城带镇和以镇带村的形式，利用集镇的引领作用推动整个区域经济的健康、持续、稳定发展。以下是淅川县集镇发展模式的一个建设构想。

区域发展的战略定位。淅川县集镇建设的发展战略在于坚持整体规划、重点扶持的大政方针，从整个县区的整体资源布局出发，重点扶持有前景、有条件和有基础的集镇优先发展。其中，香花、九重、厚坡三镇作为“南水北调”中线工程渠首所在地，由于地理位置优越，发展势头较快。近年来，三镇均被省市相关单位评为“中州名镇”、“明星镇”。因此，淅川县把集镇建设的发展模式定位为加快三镇一体化开发，构建县区经济聚落群，建设经济高速发展区、城乡面貌示范区、生态建设展示区，全力打造淅川形象。这个发展战略包括了集镇镇区经济发展的各方各面，是实现科学发展观的必然选择，也是对构建社会主义和谐社会、建设社会主义新农村思想的积极配合。加快三镇一体化的发展，构建渠首集镇群具体有三个层次：第一是扩大香花镇整体规模，完善镇区功能，建设成为区域中心集镇；第二是以香花镇为中心，通过联合厚坡镇和九重镇，打造一个完善的经济圈，构成渠首集镇集群紧密的联系圈；第三为外围地域，包括县区内的凤凰镇、陶岔镇等集镇和县区外的马蹬、仓房两个集镇，构建成为大、中、小集镇联动发展的梯级集镇体系。将香花镇作为中心镇区是综合考虑到其地理位置比较居中、镇区建设起步较早、区内功能相对完善、作为辣椒产地对外知名度比较高等因素，并遵从了“南水北调”工程对中线源头所在地的特殊性要求而决定的。

三镇一体化的发展重点。首先，逐渐建立环保型工业、高效的农业和生态环境旅游三大经济主体，打造经济高速发展区。环保型工业经济区，重点构建冶炼业、绿色食品加工业和高新科技业三个工业基地。高效的农业经济区，按照规划构建区域布局、完善市场建设、工业一体化的思路，重点做好辣椒、林果、粮油、烟叶四大作物产业板块的发展。生态环境旅游经济区，将渠首、丹江两大景区进行一体化，按照此方向发展旅游产业，打造“生态旅游”的品牌，加大建设力度和加强宣传理由，将渠首建设成为省内外具有较强吸引力的热点区域。其次，突出地做好集镇基础建设和新型农村的构建，建设乡镇面貌展示区。集镇建设的重点在于科学的定位结合合理的分工，结合三个集镇自身的特点发展，将香花镇建设成为旅游环境和市场带动型集镇，将九重镇建设成为生态旅游型重点集镇，把厚坡镇建设成为工业支撑型重点集镇，并加快基础设施完善和社会服务建设三镇一体化的建设，为发展三镇一体预想奠定坚实的基础。对于新型农村的建设，目前渠首三镇所打造的市级新型农村示范村已经有五个，在做好这五个示范村的前提之下，应该逐渐地把与三镇的主干道接壤的沿线村进行统一的规划和构建，做好乡镇建设和居住环境的治理，使得新型农村进入生态优化、环境美化和生产生活现代化的状态。与此同时，与所开发的旅游业相结合，逐渐建设起来一批农业生产观光园、林果采摘园和农家乐宾馆供游人参观，促进农村三产的大力发展。最后，完成绿化造林、保持水土、治污环保三大环保工程，全力打造生态建设展示区。作为“南水北调”中线工程源头所在地，“南水北调”工程的中线进度不仅是淅川县最大的发展背景，也成为整个淅川县委、县政府作任何决策之前所必须要优先考虑的最大政治，集镇镇区的发展与保证环境保护并驾齐驱考虑是三镇一体工程在建设时必须要做到的，甚至要将保证人与自然和谐发展位于经济发展之上。

配套运作机构的建立。建立相关配套的运作机构是加速三镇一体工程发展的要求，是消除行政权分割和地方性保护、改变经济管理模式和传统的工作方式一项有效的方法，并且，建立一套独立的一体化运作的决策机制和协调体制是十分必要的，在行政领域也要为三镇一体提供一个政策支持和管理的模式。首先，要成立一个三镇一体工程发展领导决策小组，每个季度召开一次内部工作会议，讨论研究县区内发展的重大问题，并给出解决办法和决策。领导决策小组办公室定期、不定期组织召开联席会、协调会等，目的是对发展中遇到的问题进行及时的协商和研讨。其次，对外聘请权威的专家、学者组成三镇一体工程发展专家委员会，加强对宏观政策把握和整体规划的修改和制定，为工程的发展决策提供相关的政策咨询和专业性的建议，提高规划的科学性、合理性、专业性和有效性。再次，由政府带头，建立综合管理机构解决那些涉及部门多、资源分割方面存在问题比较突出的领域所带来的困难，在一定高度上统一管理有关三镇的调配工作，实现管理方面的一体化。最后，要有效地推进一体的发展，必须在政策上给予一定的支持，为三镇建立一个统一的政策平台，形成一个促进县区经济迅速发展的公共政策体系，其中包括土地政策、税收政策、财政政策以及法制建设等。

（二）东乌珠穆沁旗集镇案例

东乌珠穆沁旗的区域位置为内蒙古自治区锡林郭勒盟东北部，与蒙古国有 527 公里的边境线，面积 52306 平方公里，全旗人口共 82861 人。东乌珠穆沁旗地域辽阔，自然资源十分丰富。乌珠穆沁草原属草甸类草原，牧草茂密且营养价值高，全旗牲畜存栏数近 400 万头（只），风吹草低见牛羊是这里的真实写照。广阔的天然草场上还有经济价值较高的野生动植物 878 种。地处内蒙古大兴安岭地槽褶皱系的内蒙古华力西晚期地槽褶皱带中的东乌珠穆沁旗同时还是矿产资源的富集区，已探明的矿藏有 8

大类型30个矿种，且储量丰富。主要种类包括煤、石油、天然气、金、银、铜、铁、锡、锌、岩盐、芒硝、硅藻土、大理石、珍珠岩等。

1. 东乌珠穆沁旗的经济发展状况

东乌珠穆沁旗拥有得天独厚的自然资源等优良的条件为依托的同时，为了摆脱自身发展落后的现状，为了迅速实现域内经济的崛起，在追求发展特色县域经济的道路上选择了以自然资源的开发和资源加工为主的资源消耗型工业化经济发展的模式。就目前情况来看，该旗已经形成了以矿产开采、煤炭电力、畜产品加工等产业为发展经济的支柱型产业，形成了多种所有制形式并存的地方工业经济新体系。在2006年，该旗GDP完成了13.94亿元的指标，实现财政收入2.51亿元，在我国第六届全国县域经济基本竞争力的评价活动中被列为西部百强县。但因历史原因和体制结构的遗留问题，该旗经济发展现状并不是很乐观。有以下几个方面的突出表现。

第一，旗区域内经济结构得到一定的优化，综合实力得到了明显的增强。但区域经济规模的总量过小，结构优化的对比程度不是很高。从产业的结构上来看，2006年该旗GDP所完成的13.94亿元，同比增长了20.3%。在这其中，工业所实现的增加值为6.12亿元，同比增长了32%，分别高于第一、第三产业的20.1%和16.8%的增幅，工业的增加值占全旗GDP的比重达到43.1%。旗内工业的快速发展，推动了经济结构的改革和调整，2006年该旗三次产业结构调整的比为20.34∶47.53∶20.12，经济结构方面有了明显的改善。从城乡结构方面来看，伴随着产业结构的调整，旗内城镇化发展程度也不断得到提升。在2006年该旗城镇人口已经达到32381万人，城镇化发展水平达到26.5%，与2003年相比提高了1.8%。然而2006年全国县域经济基本竞争力百强县（市）的平均地区生产总值是231.7亿元，是该旗的16.5倍；地方财政一般预算收入10.9亿元，是该旗的4.3倍；产业结构比是11.8∶55.3∶32.9，分别是该旗的50%、120%、165%。由此可见，与发达地区的百强县相比，该旗的经济规模总量和产业结构比例都存在着相当大的差距。其主要的表现为：经济总量较小、特色经济发展不突出、经济外向度低，县域经济结构明显不合理。从三大产业结构方面来看，与第一产业相比，第二、第三产业的比重明显偏小，第一产业比重较大，但是工业还有没有形成支柱和规模，第三产业表现“散、乱、差”；支柱型产业太过单一，主要靠煤、电等资源型产业，科技含量不高，技术进步缓慢；从产品结构上来看，主要产品以原始能源、初级矿产品和最基础的原材料为主，资源开发利用程度不是很高，而且大部分存在加工层次低、品种少、附加值不高等问题。

第二，旗内工业发展势头较为良好，但工业化、畜牧业产业化进程较为滞后。旗内有工业企业47家，其中，限额以上的工业企业有27家，限额以下的工业企业有20

家；肉食品类加工企业有19家，矿产开采企业有6家，制造类企业有11家，其他企业有11家。在2006年，金属矿开采完成现价总产值为4.44亿元，占整个工业现价总产值的37.32%；肉食品加工完成现价总产值2.77亿元，占整个工业现价总产值的37.33%；煤炭电力业完成现价总产值2.13亿元，占整个工业现价总产值的17.93%；三大支柱产业分别拉动全旗工业增长的情况为15、17、6个百分点，合计拉动增长38个百分点。工业对财政贡献率达到28%。但就目前旗内工业发展的现状来看，这样的数据是与旗内强大的资源优势和明显的区位优势极不相符合的，特别是在畜产品产业方面，旗内牲畜量多质好，具有明显的市场竞争优势；煤炭、石油等非金属矿产资源的储量大、易开采；钨、铁、铜、金、锌、铋、锗等金属矿产分布广、品位高、开发前景好，但与实际极不符合，与具备发展畜产品加工业和矿产业，形成绿色食品基地、煤电能源基地和原材料基地的巨大潜力不相称。由于国有集体经济所占的比重十分大，导致非公有制经济的发展严重不足；企业现代管理制度不够健全，管理水平不高等问题致使该旗工业化和畜牧业产业化进程很为滞后，导致出现了上述工业发展问题。

第三，该旗经济发展速度加快，但是科学技术发展却十分缓慢落后，粗放型的经济增长模式完全没有转变。该旗在以资源开采和初级加工为主导产业，依托其自身的资源优势，在短短几年内迅速实现了区域内经济的迅速发展，旗内生产总值以每年18%的增长速度发展。但是由于技术、设备、工艺等落后条件导致长期以来该旗经济增长质量和效益都偏低，产品缺乏竞争力。因为忽视了现代科技的发展和应用，致使科技进步和智力开发为该旗经济带来的增长作用很小，而主要依靠大量增加投入和消耗大量资源来换取经济增长。导致该旗随着工业的发展而诸多问题的到来，如地下水的水位不断下降、草场的沙化面积不断扩大、经济发展与生态的矛盾极为突出等。

第四，财政收入增长速度增加，但相比之下居民的平均收入水平无明显提高。2006年该旗财政总收入为2.51亿元，与上年的财政收入相比增加2804万元，涨幅为15.2%，地方财政收入为1.92亿元，与上年的财政收入相比增加1300万元，涨幅为10.5%；牧民人均纯收入达到6880元，与上年相比增加211.79元，涨幅为6.5%。全旗人均可支配收入达到7500元，与上年相比增加527.32元，涨幅为5.9%。同期全国县域经济百强县（市）的农村社区居民的人均纯收入为16230元，是该旗的2.56倍；人均可支配收入为30860元，是该旗的4.04倍。居民收入的增长速度远远低于其财政收入的增长速度，资金紧张依旧是制约该旗经济发展的最突出问题。虽然财政收入的增长速度加快了，但是该旗行政支出和基础建设的支出也随之增加了，地方财政仍然处于一种入不敷出的困境。由于行政资金的占用率过高，导致大量有效的技改项目无法投产实现，从而进一步阻碍了该旗的经济发展和工业化进程。

第五，县域工业投资规模不断扩大，但人才短缺，投资环境不佳。2006 年，该旗工业固定资产投资完成5.5 亿元，比上年增长64%。着力规划建设了三大工业园区（乌里雅斯太工业区、矿业经济开发区和畜产品加工区）。但人才短缺始终是制约该旗经济快速发展的瓶颈，人才总量不足，高层次的人才比重低；人才结构性矛盾突出，分布不合理；人才引进难，流失严重；人才经费投入不足，人才入口不畅；思想观念落后，育人用人机制不完善等是该旗面临的严峻形势。由于人才短缺，导致该旗投资环境不佳，制约了招商引资的力度和投资规模的进一步扩大。

2. 东乌珠穆沁旗经济发展评价

县级政府是县域经济的调控主体。因而，该旗社区经济发展出现上述问题与该旗政府履行经济职能的效能有直接关系。该旗政府在履行经济职能时存在三大问题：一是传统的管理模式没有从根本上改变；二是传统的发展观和政绩观占主导地位；三是政府职能部门的权、责、利不对称，监督不到位，形成在履行公务时受自身利益驱动。目前，该旗政府的管理模式主要是沿用计划经济的办法，用行政命令的手段，把各种经济指标（GDP 增长率、财政税收任务、招商引资）和社会指标自上而下地层层分解，把完成任务和政绩考核与经济收益挂钩，带有很强的行政强制性。

第一，政府直接干预过多。该旗由于域内市场体系不健全，需要“强政府”的干预。但这种干预更多的应是辅助与引导，而不应是政府通过行政手段的任意干涉。然而目前在该旗却存在政府通过行政手段干预市场经营的现象，在很大程度上搅乱了市场秩序。

经济发展与经济结构问题。该旗一直以来基本上都处于以牧区经济为主、经济总量扩张和原始积累特点突出、低水平开放和工业化初始阶段，以致该旗工业基础薄弱，工业化水平低。加之该旗县域经济结构调整滞后，县域经济主要依靠比较效益的畜牧业生产的局面还没有大的改观。而盲目地提高第二产业比重的方法就是多建工厂、开发区、基地。结果过多过滥地占有土地，建无主开发区导致的第一个严重后果是大量农牧民失地、失业、失利；另一严重后果是政府在招商引资方面的无序竞争。政府为了吸引投资而“饥不择食”的现象十分严重，造成了大量低水平的重复建设，开发区缺乏应有的产业特色和优势产品。与此同时，大多数园区内现有企业间的分工协作不足，产业内部组织化程度不高，内聚力薄弱，导致资源优势不能得到有效的利用，第二产业有量而无效。

经济发展与整体效益问题。目前，该旗政府通过行政手段干预企业经营的现象特别严重，特别是对县属国有企业和乡镇企业的直接干预。例如，听说企业集团易形成规模效益，就不问企业之间有无互补性或相关性，强行“拉郎配”，组建所谓“大集团”；政府某些官员为自己的“关系户”代言，通过行政强制力来为该企业谋取利益等。以上这些政府行为严重打击了域内企业的生产积极性，也在很大程度上影响了县域经济整体效益的发挥。

第二，政府经济政策多变。良好的政策环境能为市场主体提供持续的、合理的预期，减少经营风险，为企业长期战略的实施奠定基础。而多变的政策环境会给牧户、企业等市场主体的经营决策带来困难，使他们为了适应政府的调控而不断地调整经营策略，从而影响了生产积极性。该旗政府没有很好地利用“听证会”制度，导致公众参与决策的渠道不畅，因此，作为决策主体，该旗政府难以了解公众的真实意见，只能进行简单的主观决策。加之，随着旗委领导班子的换届，每一届领导都大力推行自己的政策而不考虑对前任的承接，严重扰乱了该旗的经济发展。

经济发展与工业化、牧业产业化进程问题。工业化、牧业产业化的进程直接影响县域经济的发展速度。而该旗的工业化和牧业产业化目前还处在起步阶段，一是县域工业企业设备陈旧，技术水平低，影响产品质量和档次；二是外向型企业少，产品和原料对当地畜牧产品的依赖程度过大，季节型工业比数大；三是缺乏高附加值产业，如电子、化工、成套设备生产等，影响工业总量和经济效益的大幅度增长；四是企业规模小，经营分散，没有骨干企业，无法组建能够最大限度发挥技术、设备、人才优势的企业集团。牧业方面畜牧产品质量较差，综合产出效益低；畜牧业结构档次较低，一是畜牧产品结构不适应社会需求变化，二是畜牧产品加工企业虽然数量多，但规模小，形不成龙头，不能起到对外开拓市场、对内引导生产的作用。

经济发展与环境保护问题。受税收利益的驱动及加快发展县域经济的迫切要求，盲目地认为资源加工型、高污染、高能耗项目能迅速带动当地经济发展。当前，该旗对外来资源型投资项目采取的态度基本是大力支持，全盘吸收。但该旗生态环境脆弱，现阶段的工业发展已经对当地的水文和草场造成了一定程度的污染和破坏，如果延续当前的这种经济发展模式，对于当地的可持续发展而言，无疑是杀鸡取卵的行为。

第三，域内公共产品供给不足。一个地区公共产品的供给状况直接影响着投资者的投资决策以及该地区的经济发展状况。政府的一项重要职能就是利用税收统一提供公共产品，来弥补市场无法高效提供基础设施、教育、社会保障等公共产品的缺陷。但是，该旗由于还没有建立起有效的公共产品供给机制，加之地方财政匮乏，公共产品供给严重不足。具体表现为以下几点。

一是经济发展与环境欠佳问题。从客观上看，该旗由于自然条件欠佳、历史上就欠发达等原因而逐渐形成硬环境上的差距。另一方面，由于县财政困难，县级政府可用财力较小，基础设施投入严重不足，也导致了该旗硬件不足。从主观上看，主要是一些部门服务意识不强、特权思想严重，门难进、脸难看、事难办。软硬件和主客观两方面的原因导致该旗投资环境十分不佳，制约了该旗经济的发展壮大。

二是经济发展与财力不足问题。一方面该旗企业多半是些老、小企业，管理水平低，生产设备旧、生产成本高、经营效益差，导致县域企业普遍缺乏资金，旗财政比较困难。另一方面由于信用观念淡薄、地方保护主义严重等，该旗在国有企业改制中呆坏账率高、信誉观念差、企业逃废银行债务严重，致使商业银行不敢也不愿发放贷款，加之信贷规模和资金融通受国家金融宏观调控制约，且县级金融机构每年还要把资金转存到上级金融机构。最终导致该旗在经济发展上财力匮乏。

三是经济发展与素质提高问题。在开放条件下，一个县域经济发展的速度快与否，取决于该县域的综合竞争力，而县域综合竞争力的强弱说到底取决于生活在这个县域的人的综合素质的高与低。该旗由于缺乏完善的人才引入机制，加之自然条件恶劣，经济待遇过低，以及大专院校毕业生分配的市场化和各地人才市场的开放，导致该旗人才短缺现象将愈加严重。

3. 东乌珠穆沁旗发展牧区工业化经济的建议

首先，积极调整产业结构，突出发展特色产业和块状经济。

发挥比较优势，优化产业结构。发展具有比较优势的产业结构更能实现公平与效率的统一。经济发展的真实含义不是少数几个资本密集型产业鹤立鸡群式的发展，而是所有产业资本密集程度的提高，然而只有提高要素禀赋结构才可以达到这个目标。东乌珠穆沁旗县域经济发展的基础十分薄弱，要根据自身的优势（自然资源和畜产品丰富）和弱点（资金、技术、人才、信息匮乏），大力发展劳动密集型的轻工产业。同时，还要理性地考虑传统产业的巨大市场潜力。比如，该旗的畜产品加工业还远远没有被发展起来，应大力发展以特色优质畜牧产品加工及畜牧副产品深加工为主的轻工业，以延长产业链，增加产品附加值，培育内生优势，从而形成具有稳定原料来源和地方特色的相对工业竞争优势。

在发展县域经济中积极推进区域经济合作。透过区域经济的点轴理论，我们可以发现发展县域经济合作可以达到利用区域内增长极——中小县城的极化作用采取的经济辐射效应，从而带动众多县域发展的一体化进程。因此，该旗政府可与邻近的旗、县发展良好的经济合作关系，形成资源共享、优势互补、双方受益的合作机制。

其次，坚持因势利导，政府推动，营造有利政策环境。

加大招商引资的力度。做大做强县域工业的根本出路在于联强靠大，在于招商引资。因此，该旗应基于自身财政资金匮乏的现状，充分发掘自身的优势，制定合理且具吸引力的招商引资政策。

完善人才引入机制，培养内生人才。针对该旗人才匮乏的实际，应尽力创造良好的条件以吸引人才的加盟。此外，还应大力发展本旗的教育事业，培育内生人才。例如突出民族品牌教育、大力发展职业技术教育和成人教育。

坚持"三改一加强"的有机结合，努力提高企业经济效益。鼓励、引导企业和社会资本投向技术改造，形成面向市场的新产品开发和技术创新机制，扩大经济技术交流与合作，增加企业的科技含量。

克服县级政府经济行为的短视行为，避免盲目、无序开发能源、资源，加大环境保护的力度。资源型县域经济模式对本县域的自然资源和区外市场依赖性很大，一旦自然资源枯竭或区外市场萎缩，县域经济的发展就会受到严重的影响而掉进"资源开发陷阱"。因此，县级政府在县域经济发展中必须克服这种短视行为，为县域经济的可持续发展寻找新的模式。

最后，加快政府职能转变，突出县级政府职能特色。

认真保护好牧民的利益。草场是牧民的命根子，由于在工业园区建设中的土地预征以及建立工矿业开采土地储备中心的过程中有可能造成牧民大量失去草场，所以在向牧民征用草场的过程中如何给予失去草场的牧民以合理的补偿，以及如何在工业化的发展中创造更多就业机会，将是该旗政府面临的一个重要问题。这个问题如果处理不好，势必造成牧区和工业发展的不稳定。

改变财政建设资金的运作方式。政府投资要从竞争性领域中的直接投资地位退出来，而主要以贴息、担保等非营利方式促进基础设施和支柱产业的发展。适应入世的新形势和新要求，全面理清不利于外商和国内民营资本的投资政策，制定符合县域实际、符合国家法律法规的优惠政策并兑现各项优惠政策，降低"门槛"，让各类客商进得来、留得住，乐于投资。

营造好"三公"氛围。要通过政策配套、服务配套，按照"公平、公正、公开"的原则，营造市场化运作的良好外部环境。加强对社会投资者的协调服务，增强政策的透明度和稳定性；完善法规制度，健全监督机构，保障投融资长效发展机制；在资产保全、服务规范、价格收费和信息披露等方面，既要维护投资者的利益，又要强化对投资者的责任约束。

积极促进中小工商企业的协作、分工、整合。遵循市场主导的原则，将具有内在联系的各中小工商企业按照优势互补的原则组合起来，分工协作，以形成能够最大限度地发挥人力、技术、资本优势的企业集团，从而提升该旗企业的对外竞争力。

总之，现阶段我国经济社会发展出现了严重的不平衡，而在县域经济上表现尤为突出，人们往往看到东部发达地区县域经济发展的繁荣景象，而忽略了西部欠发达地区县域经济发展的困难和问题，造成了认识上和工作上的错位。面对这种严峻的形势和艰巨的任务，立足于该地区的经济发展水平、产业结构、资源潜力、生态环境等现状，研究如何促进该地区县域牧业经济的增长，对推动城乡协调发展、缩小东西部差距、实现共同富裕、维护民族团结和稳定具有长远意义。①

① 李雪峰、郭楠："从政府职能视角浅析发展县域牧业经济——以东乌珠穆沁旗为例"，载于《前沿》2008 年第 3 期。

第四章
中国农村社区经济发展专题

农村社区是相对于传统行政村和现代城市社区而言的，指聚居在一定区域范围内的农村居民在农业生产方式基础上组成的社会生活共同体。农村社区是一个比自然村落、社队村组等体制更具有弹性的制度平台。它围绕着如何形成新型社会生活共同体而构建，注重通过整合各类资源、完善服务来增强人们的生活质量、凝聚力和认同感。

一、发展概况：产业基础比较薄弱，社区建设相对滞后

改革开放以来，我国农村呈现迅猛发展的趋势。农产量稳步持续增加，农村基础设施大大加强，农村居民的生活水平和质量实现了跨越式提高。农业和农村经济的快速发展，对世界农业作出了积极的贡献，取得了引人注目的辉煌成就。

（一）我国农村经济发展仍存在结构问题，但整体发展速度较快

1. 我国农村发展存在聚集人口多、耕地少、劳动力过剩、产业结构不合理等问题

据来自中央政府门户网站的相关报道显示，国土资源部2006年发布了全国土地利用变更调查结果报告，截至2006年10月31日，全国耕地面积为18.27亿亩，人均耕地只有1.39亩，不足世界人均耕地面积的40%。短短的二十年的时间里，人均耕地面积就减少了接近1.1亩，尽管截至2012年，我国依然守住了18亿亩耕地的红线，但耕地大面积地不断减少对我国农业发展造成了巨大的影响，也很大程度地制约了我国经济的发展，严重阻碍了农业前进的脚步以及三农政策的实施。中国农业大学校长柯炳生教授曾从农业问题与“三农问题”的关系、我国农业现状与前景、解决我国农业问题的战略思路三个方面，阐述了学习实践科学发展观来解困“三农”问题的看法。柯炳生提出耕地总量不断减少、质量下降；水资源数量减少、水质下降（污染）；生态环境局部改善、整体恶化，灾害严重等，都制约着农业的发展和粮食的生产。

改革开放以来，我国农村农业劳动力虽然实现了一亿多人的成功转移，大大缓解了农村劳动力的就业压力，但随着改革的深入和产业结构的调整，我国农业劳动力就业、剩余劳动力转移的形势仍旧不容乐观，农村剩余劳动力的转移仍然是一个难度较大的问题。

在“三次产业”的共同发展过程中，各次产业的发展速度、水平各不相同，在劳动力分布、产值和投资等方面也存在着较大差异，并没有形成对农村“三次产业”协调发展的合理布局。而我国农村非农产业的发展主要集中在了第二产业，其中工业又占有很大的比重，和城市工业有所重复，同时农村工业与农业的关联度较低。

2. 我国农村经济整体上发展速度较快，呈上升趋势

我国农村改革近年来取得了良好成效。尤其是在进入了新世纪后，我国政府坚持“多予、少取、放活”的方针，加大相关政策的支持，彻底取缔了农业税，对农民开始进行“四补贴”（直接补贴、良种补贴、农机具购置补贴和农业生产资料综合补贴），对主要粮食品种实行一系列保护政策，我国农业得到了持续而稳步的增长。

随着市场经济逐步发展，尤其是在进入到新世纪的新阶段后，我国政府提出了建设社会主义新农村的重大历史任务，农村就业结构整体发生变化、体制改革得到进一步深化，农村基础设施建设的规模和力度都明显加大，农民收入格局也发生了根本的变化，由单一的农业收入逐渐转向市场化、多元化和非农化。

改革开放以来，我国政府坚持稳定发展农村基本制度，确定社会主义市场经济发展方向，我国农村经济取得了迅猛发展。进入到新世纪的新阶段以来，我国政府彻底取消了农业税，对农民进行了一系列的补贴。特别是党的十六大以来，我国政府确立了统筹城乡发展的主要指导思想，将“三农”工作作为我国首要的任务，提出了建设社会主义新农村的重大任务。以加快发展现代农业为重点，切实提高农业综合生产能力，令我国农村的经济社会进入到了一个全新的发展阶段。

（二）我国农村社区建设虽然相对滞后，但整体仍呈现新格局

我国农村社区建设开展的时间虽然不长，但已取得了显著的成效，为推进社会主义新农村建设和“三农”的发展、提高农村居民整体社会生活水平等方面都起到了重要的作用，较好地促进了农村经济建设、政治建设、社会建设、文化建设和党的建设，尤其是为广大农民带来了更为直接的实惠，受到了农民群众的热烈欢迎和拥护，为农村社会发展带来了巨大影响。首先，增强了农村基础设施建设，大力推动了社会主义新农村的建设。农村社区建设主要以加强农村基础设施的建设为突破口，直接提高了农村居民生活质量。我国各地在农村的社区建设中，整治了农村的形象，兴修了

农村社区文化的相关设施，强有力地推动了农村整体生活环境的改善。其次，有力地推动了乡村管理的体制改革，大大推动了农村城镇化进程。目前，大部分农村社区建立了社区服务中心，不仅直接服务了广大居民，还为推进农村村庄的合并与城乡一体化等农村管理改革提供了重要契机。最后，搭建了相应的社会平台，满足了居民的基本需求。农村社区建立之后，承担了大量具体的社会公共服务工作，成为推进农村社会事业和公共服务的主要平台。

但我国农村社区发展仍存在着两个问题：一是只有少部分的农村地区实现了土地的规模经营，大部分农民仍然离土不离乡，靠着发达的乡镇企业及私人经济积累了大量的资金，用于本地或本村的社区建设，这一模式基本走的是一条农村工业化和城镇化的道路。二是我国绝大多数的农村地区仍以种植业为主。由于近几年的社会保障等各项改革措施所带来的消费支出，大大抵消了农民收入的缓慢增长，从而造成了当前广大农村居民有效需求不足，消费水平普遍不高，无法投入资金进行农村社区的建设，形成了广大农村社区发展长期停滞不前的局面。这两种现实状况形成了鲜明的对照，意味着农村社区发展应再寻求新的出路。

（三）产业基础差仍然是我国农村社区经济发展的主要障碍

产业发展是新型农村社区建设的基础，在当前如火如荼的社区建设中，突破产业发展的瓶颈，变成了推动新型农村社区发展的关键。而我国部分社区产业基础比较薄弱，吸纳劳动力就业和促进农民增收的能力明显不足。首先，部分社区由于地处在偏远山区，要素辐射的基础条件和承接城镇产业转移能力仍然较差，工业基本仍处于空白，现有产业依然以传统种植、养殖为主，且效益很低。其次，部分社区对于劳动力供给缺乏分析，产业规划过于脱离实际。有相当一部分的社区在制定产业发展规划时，犯了两个方面的错误。一是产业概念不准确、不清晰、片面化。认为只有工业才是产业，殊不知农业、服务业同样具备产业性。因此在规划中犯了“工业依赖症”的错误，对其他产业如何发展缺乏研究和布局。再次，部分社区规划出现产业分散布局等倾向。在新型农村社区产业规划过程中，几乎所有社区都把发展工业作为产业支撑的首要选择。即使没有任何产业基础的社区也在千方百计地寻求工业生长点。最后，有一定工业发展基础的新型农村社区，工业发展的组织化程度普遍较低，不但缺乏龙头企业带动，更缺乏专业化、社会化的行业服务组织，以至于有一定气候的产业长期散乱发展，难以形成集群优势。

临沂市兰山区农村社区建设启示录

2007年，山东省临沂市兰山区抓住列入“全国农村社区建设实验县市区”的有利时机，在全市率先启动了农村社区建设工作，经过调研、试点和总结推广等过程，全区形成了以农村社区建设为抓手、以城市理念建农村、以市民标准育农民的重要认识，并通过有力的措施，使该区的农村社区建设工作取得了阶段性成效。

该区的农村社区建设在较短的时间里取得了初步成效，有力地促进了农村政治稳定、社会发展和各项事业的进步。

（一）调动了群众参与社区建设的积极性。农村社区建设的开展，将群众通过血缘、地缘和业缘“三缘”牢牢扭在一起，成了互惠互利的利益群体，真正转变了以往“村看村户看户，群众等干部”的“等、靠、要”观念，社区的事大家管，互利的事联手干。该区枣沟头镇北店子社区与北曲坊社区相邻，为扩建联片公路方便百姓生产、生活，两个社区联合动员、组织社区群众投工，最多时达到2000多人，壮观的劳动场面，在开展农村社区建设以前是罕见的。

（二）实现了农村社区居民“待遇同等化”。在过去的村委会体制下，户籍不在本地的就没有政治、经济等一系列待遇，处于“无人管，无人问”的尴尬境地，给当地社会稳定和治安带来很大压力，与构建和谐社会的主旨不相适应。开展农村社区工作后，该区把城市社区的管理服务经验运用到农村，实现了农村社区居民“待遇同等化”，如义堂镇华夏社区尝试建立了“新华夏人”党支部，将该社区的外来人口中的党员纳入到组织体系中，真正达到了加强农村社会管理的目的。

（三）促进了政府公共服务和社区服务的有机统一。政府的公共产品服务要真正发到每个群众手中，需要有一个“平台”。该区枣沟头镇在全市率先建立的社区综合服务中心（大厅），就找到了这个“平台”。有了社区综合服务中心（大厅），就可以上承政府部门，下联社区群众，把政府的公共服务具体化作每一个农民的实惠和好处。与此同时，也为建立村民之间的自助互助服务、市场化服务等相辅相成的服务网络，打下了坚实的基础。

（四）改善了农村党群、干群关系。以前，部分基层干部对农民重管理、轻服务，不少地方党群、干群矛盾越积越深，农村工作难做、基层干部难当已成普遍反映。成立农村社区后，社区干部转变了观念，处处主动为居民服务，既提高了自己的威信，也赢得了群众的拥护，社区内有了矛盾纠纷，不仅党员干部及时出面调解，群众也纷纷出面来“管”，从而有效地促进了农村社会的和谐。

资料来源：中华人民共和国民政部基层政权和社区建设司2008-06-19，http：//zqs. mca. gov. cn/article/ncsqjs/llyj/200806/20080600016947. shtml。

二、我国农村社区管理体制改革正稳步推进

根据目前对农村社区管理体制改革的力度，可以把农村社区建设实践分为两部分。一部分是改良式建设，即在不改变当前城乡二元社区管理体制的前提下，仍旧保持着现有的村委会体制，通过加强农村相关基础设施建设，推动城市社区公共服务向农村延伸及覆盖，改善农民的生产生活环境，缩小城乡的社会经济发展水平差距。这是多数农村社区在建设实践中的做法。另一部分是革命式建设，力图彻底打破城乡二元社区的管理体制分割状态，改革村委会组织，实现统一的城乡管理体制。

（一）以突破二元结构为方向的农村社区管理体制改革已经启动

农村社区建设是在我国缩小城乡差距、统筹城乡发展的社会背景下开始的，但同时也是在我国城乡二元结构下展开的。党的十七届三中全会指出：要着力破解城乡二元结构，形成城乡经济社会发展一体化的新格局。目前，我国城乡二元结构主要包括三方面：第一是城乡之间在社会经济发展水平上的差异；第二是城乡社区管理体制的二元化；第三是城乡社会政策的二元化。我国的城乡差距极大，需要长期统筹安排，逐步缩小。

（二）体制改革使村委会职能日渐清晰

村委会是在计划经济时期人民公社体制下政经不分产生的，类似于计划经济时期进行的城市单位。目前，社区村委会仍负责对集体资产的经营管理的职能，因此，农村经济快速发展成为村委会的重要任务。而在城市社会中，居委会仅仅是一个服务及管理居民的群众性自治组织，不再担负发展当地经济的职责，相应的生产经营功能则完全由企业承担。目前，农村村干部的工资和办公费用已由财政支付，但其他公共事业建设仍由农民或村集体自行管理及投入。而城市社区的主要公共事业建设则由当地政府投入建设，分别由不同部门进行管理。通过对农村社区和城市社区的比较，就可以清楚地发现两者的差异之处，农村村委会的工作包含了改善社区环境、达到经济和生产经营目标、保障村民福利等多重目标。

农村社区管理体制改革是在维持城乡二元社区的管理制度下，通过对农村基础设施、公共服务供给等方面的改善，进行的社会改革。农村社区组织体制改革主要包含了两个层面，一是通过政经分开，使农村委员会由政经合一的组织变为行使社会管理的群众自治组织。自治组织由财政负责供给，负有全部责任。二是实现政社分开，通

过财政支持，使农村社区在相应的待遇方面与城市看齐，根据当地财政的承受能力，令居民委员会转为自治组织，从而推动城乡社区管理一体化的进程。

（三）新型的农村社区建设体制正逐步形成

马克思曾经指出："城乡关系的面貌一改变，整个社会的面貌也跟着改变。"新型农村社区建设是一个系统工程，涉及面广、配合方面多、影响因素复杂，党委政府和相关部门要加强互动联动一体运作，服务协调、配套推进，充分调动上上下下的积极性，形成方方面面的合力，使得新型农村社区真正成为城镇化体系的一个有机组成部分。城乡之间更多的只是体现在生产方式、生态景观和人口聚集程度的差异，实现城乡一致的社区管理制度及城乡相对统一的社会政策。农村社区管理体制变农村社区管理为城市化社区管理，实行村委会政经分开则有助于实现城乡社区一体化管理，符合现代社会组织发展的原则，社会组织日益分化和整合是社会现代化的重要社会基础。使经济组织与群众自治组织各司其职，使村集体经济组织真正地成为市场经济下的独立自主及自负盈亏的市场竞争主体，回归其经济属性，村委会回归其自治、服务、管理的属性。通过农村社区管理体制改革，使农村公共事业由民办公助转为公办民助，实现公共财政的均等化，使广大农民共享改革发展的成果，符合社会主义公平公正的价值要求。[①]

山东省胶州市建立"三三"制工作体系，构筑农村社区便民服务新格局

近年以来，胶州市牢固树立"群众利益无小事"的工作理念，真正把解决农村社区群众实际问题作为一切工作的出发点和落脚点，通过建立"三三"制工作体系（建立"三个一"工作网络：市级设立一个行政服务大厅，镇级设立一个便民服务中心，村级设立一个便民服务岗；推行"三化"工作机制：一是办事一体化、二是服务网络化、三是程序规范化），把为民服务同解决群众实际问题相结合，把为民服务同矛盾纠纷化解相结合，跳出"信访"抓"信访"，让老百姓"只进一家门，办妥万家事"，解决了群众的所思、所想、所盼，有效地维护了农村社区社会稳定，促进了农村社区经济社会协调健康发展。

胶州市政府在村级建立便民服务岗，根据村庄大小，设立一至两名便民服务代办员，一般由村文书、村计生主任担任。推行一员双责，既当便民服务代办员又当村级稳定信息员。在正常发工资的情况下，镇给予一定误工补贴，负责村级便

① 赵志强："我国农村社区发展及存在的若干问题"，载于《广西社会科学》2002 年 04 期。

民服务事项的办理和代理，并汇总党小组每天搜集到的村中各类不稳定隐患，协助村主要干部做好群众各类矛盾的化解工作。重要信息可以直接向镇领导越级上报，年底根据信息员工作情况镇上给予物质奖励。便民服务室是镇便民服务向村级的延伸，消除了便民服务的空白点，真正将便民服务覆盖到全市镇村。

资料来源：中华人民共和国民政部基层政权和社区建设司 2008－06－02，http：//zqs. mca. gov. cn/article/ncsqjs/dfdt/200806/20080600015952. shtml。

三、政策支持推动农村社区居民收入快速提升

“十二五”时期是为全面建成小康社会打下具有决定性意义基础的五年，是践行“调结构、转方式、促发展、共富裕”的五年，也是进一步统筹城乡发展、推进城乡一体化建设的关键五年，而产业发展作为我国新型农村社区建设发展的根基，为进一步加快农村社区经济发展，做大做强农村社区特色产业，实现农民收入持续稳定增加，突破产业发展的瓶颈就变成了关键。

（一）农村社区建设改革的理论探索

早在 2003 年 10 月，党的十六届三中全会在《中共中央关于完善社会主义市场经济体制若干问题的决定》中首次提出了要加强“农村社区服务”、“农村社区保障”、“城乡自我管理、自我服务”的要求。到了 2006 年 10 月，党的十六届六中全会通过《中共中央关于构建社会主义和谐社会若干重要问题的决定》，则进一步做出了“全面开展城市社区建设，积极推进农村社区建设，健全新型社区管理和服务体制，把社区建设成为管理有序、服务完善、文明祥和的社会生活共同体”这一重要部署。2007 年 10 月党的十七大报告又对城乡社区建设的政策进行了深入的阐述，明确提出要“把城乡社区建设成为管理有序、服务完善、文明祥和的社会生活共同体”。而在党的十六届六中全会后，民政部就高度重视农村社区建设工作，把它列为 2007 年四项重点工作之一，成为各项民政工作的重中之重。

农村社区建设的改革涉及多个领域。不仅涉及基层组织结构和功能的分化，也关系到农村与城市之间资源、财富、利益的重分配。所以首先要从基本的农村社区管理体制进行改革。一是引入城市社区管理和服务的理念和做法，进行社区化管理及服务，包括村民实行小区集中居住、物业管理；二是建立村级社区服务设施和项目，例如医疗卫生服务站、社区治保服务站、社会保障服务站、图书阅览室、文体活动室

等；三是建立农村社区民间组织、社区工作者队伍等。

在地方奠定了足够的经济基础之后，加强对农村社区建设的财政支撑，剥离村委会相应的经济、公用设施建设、公共管理等职能，使之成为与城市社区居委会职能相同的组织形式。农村社区管理体制变农村社区管理为城市化社区管理，实行村委会政经分开则有助于实现城乡社区一体化管理，符合现代社会组织发展的原则。功能单一、高度专门化的组织能够更好地完成组织目标及有效地满足社会的需求。使经济组织与群众自治组织各司其职，剥离附着在农村集体经济的社会福利职能，回归其经济属性，村委会回归其自治、服务、管理的属性。村委会的政经分开使村集体经济组织对其内部成员负责，村委会组织对全体村民负责，适应于现代农村社会人口的开放性及流动性，使广大农民共享改革发展的成果，符合社会主义公平公正的价值要求。

（二）农村社区建设改革的实践探索

改革农村社区在农民生活中的基本功能，一般分为以下几个基本功能。一是村民自治功能。组织村民开展民主决策、民主选举、民主监督和民主管理，使农村社区内部的政治生活在法制、有序的轨道上来进行。福建省厦门市湖里区在村民自治的落实过程中探索出一套行之有效的办法，首先由市级政府自上而下逐级宣传实行村民自治的好处，促使各级领导干部转变观念，改进工作方法，大力支持和积极推进村民自治；同时，区委政府废除了由乡镇政府提名村委会候选人的做法，实行村民公开提名候选人的做法，废除了在小范围内酝酿协商产生候选人的做法，实行自由的、竞争性的预选；坚持由村“两委会”联合做出决策，并在村民代表会议讨论通过后再交由村民委员会实施的决策程序，从而有效限制了村支部书记的权力；针对宗族势力甚至恶势力操纵选举的现象，区政府联合公安部门重拳出击，采取发现一起查处一起的办法，杜绝依靠贿赂或威胁手段当选的现象。二是推动经济发展功能。服务与协调各种农村社区专业经济组织，为农民提供产前、产中和产后的相应服务，传播农业科学技术，促进农村社区的经济发展服务。富阳镇铁耕社区，通过整合土地资源有力地促进了农村土地的流转。目前，社区已连片整合土地5780亩（含水田1350多亩），开发水果3600亩，其中脐橙1100亩、早柑和蜜橘2100亩，人均又果面积达3.4亩。同时社区抓好水田的流转，水田整合后，烤烟种植面积由2007年的1户5亩发展到2008年的146户654亩，并全部实行机械化操作；去冬今春再次整合土地2200多亩（含水田747亩）。葛坡镇的白牛社区，全村80户408人，采取“集体统一开发，分户承包管理，小组协调生产”的合作经营方式，实行统一规划、统一品种、统一管理、统一销售，全村种植水果2157亩，沼气入户率100%，还吸引了附近的果农加入到水果协会；大深坝社区对全村的荒山统一开发，种植水果2300多亩。三是社会管理功能。

农村社区应该逐步承接农村地区社会管理的相关职能，建立起政府行政管理与社区自我管理有效承接，具有维护自身社区的安全秩序、调解民间纠纷的职能。京郊马坡镇按照“公共管理有序化、治安防范自治化、出租房屋规范化，流动人口融合化”的要求，加强村级平安建设，坚持村企联管，做好流动人口服务与管理；规范村庄社区化管理，以 9 个试点村为重点，完善维护新建成的红外线探头、监控墙、图像信息管理平台等设施，堪称首都地区安全典范。四是社区公共服务功能。履行其本身的卫生保健、社区帮扶、社区环境等多项功能，同时，农村社区还应具备为农业产业化服务的功能。安徽池州市贵池区将农村社区建设作为统筹城乡发展的切入点，精心规划实施，取得了阶段性成效。该区将农村社区建设的重点放在社区服务上，并将社区服务作为衡量农村社区建设水平的重要指标。着手建立农村社区大服务体系，将关系农村生产服务、生活服务、科技信息服务、便民利民服务、文化服务、卫生服务、社会救助服务、治安服务等都纳入到农村社区大服务体系建设范围内。同时，在农村社区设立综合服务大厅，内设农村低保、社会救助、合作医疗、社会治安、计划生育、劳动保障、民事调解等政府公共服务窗口，既增强了工作透明度，又方便了群众办事，提高了工作效率。切实加强社区服务载体建设。完善了社区服务基础设施和配套设施建设，在部分村（社区）设立了图书馆、信息室、娱乐活动室、卫生服务站等。加大农村社区建设资金投入，先后投入资金 2 亿多元，用于农村道路建设、农村环境整治、为民服务中心建设等，确保了农村社区建设顺利推进。五是社区文化功能。组织广大农村社区群众开展文化、体育、娱乐等相关活动，开展精神文明建设，传授科学技术知识，满足农村社区居民的精神文化需求。从 2007 年开始，山东省诸城市在全市实施农村社区化服务。他们把地域相近的几个村庄规划为一个社区，在社区中心村配套设立服务中心，为农民提供近距离服务。为了满足农村群众日益增长的精神文化需求，他们依托农村社区这个平台，大力开展“五进农村社区”活动。公共文化服务工程进社区。全市农村社区全部建设标准化图书室，通过政府配送、社会捐助等形式，配发农业科技、文学艺术、社会科学、生活百科、法律法规等农民普遍欢迎的实用图书，实行“一卡通”借阅制度。全市建设标准化社区农家书屋 233 处，配套实用图书 120 万册，解决了农民“买书贵、看书难”的问题。

（三）近年来我国农村社区居民收入增长速度明显加快

改革开放以来，农村社区居民收入持续增长，但收入分配差距也持续扩大，目前，分配差距已逐渐逼近警戒线。因此，农村社区收入分配差距持续扩大问题也愈发重要。农村社区住户家庭经营收入之间的不平衡以及地区内部收入分配差距，成为农村社区居民收入分配差距的主体；近年来，农村住户工资性收入和财产性收入之间的差距也在增大，成为农村社区居民收入分配差距持续扩大的重要原因。采用不同年份的划分方法，将我国近年的农村社区居民纯收入情况制成表4－1。

表4－1　　我国2001～2010年农村社区居民纯收入情况　　单位：元

年份	农村社区居民收入	年份	农村社区居民收入
2010	5950	2005	3254
2009	5153	2004	2936
2008	4760	2003	2622
2007	4140	2002	2475
2006	3587	2001	2366

资料来源：国家统计局农村社会经济调查司：《中国农村统计年鉴》，中国统计出版社2011年版。

根据表4－1，计算2001～2010年度农村社区居民的增长量和各项速度指标，所得结果采用不同年份划分，绘成表4－2。而根据表4－2可以看出，农村社区居民纯收入的环比发展速度波动较大，很显然它的发展受许多因素影响。

表4－2　　2001～2010年农村社区居民收入的速度指标

	2001	2002	2003	2004	2005	2006	2007	2008	2009	2010
定基发展速度		1.046	1.108	1.241	1.375	1.516	1.750	2.012	2.178	2.515
环比发展速度		1.046	1.059	1.120	1.108	1.102	1.154	1.150	1.083	1.155
定基增长速度		0.046	0.108	0.241	0.375	0.516	0.750	1.012	1.178	1.515
环比增长速度		0.046	0.059	0.120	0.108	0.102	0.154	0.150	0.083	0.155
逐期增长量		109	147	314	318	333	553	580	593	797
累计增长量		109	256	570	888	1212	1765	2345	2938	3735
每增长1%的绝对值		23.66	24.75	26.22	29.36	32.54	35.87	41.40	47.60	51.53

（四）我国农村社区居民收入性质多样化带来的效益显著提高

总收入指调查期内农村社区住户和住户成员从各种来源渠道得到的收入总和。按收入的性质划分为家庭经营收入、工资性收入、转移性收入和财产性收入（表4－3）。家庭经营收入是指农村社区住户以家庭为生产经营单位进行生产筹划和管理而获得的收入。农村社区住户家庭经营活动按行业划分为农业、牧业、林业、工业、渔业、建筑业、批发和零售贸易餐饮业、社会服务业、交通运输业邮电业、文教卫生业和其他家庭经营。工资性收入是指农村社区住户成员受雇于单位或个人，靠出卖劳动而获得的收入。在非企业组织中劳动所得的收入是指农村社区住户成员在不具备企业性质的行政事业单位及各种组织中劳动所得的收入，包括村干部和民办教师的工资（奖金、补贴）和乡级以上行政、事业单位工作人员的工资（奖金、补贴）等。在本地劳动所得的收入是指农村社区住户成员在住户所属乡（镇）地域范围内受雇于单位或个人，靠出卖劳动从而获得的收入。常住人口外出从业所得的收入是指农村社区住户成员到住户所属乡（镇）地域范围以外从业所得的收入。转移性收入是指农村社区住户和住户成员无须付出任何对应物而获得的货物、资金、服务或资产所有权等，不包括无偿提供的用于固定资本形成的资金。一般情况下，指农村社区住户在二次分配中的所有收入。财产性收入是指金融资产或有形非生产资产的所有者向其他机构单位提供资金或将目前有形非生产性资产供其支配，作为回报而获得的收入。

表 4-3　1999~2008 年我国农村社区居民人均收入构成

年份	收入（元）	工资性收入		家庭经营性收入		财产性收入		转移性收入	
		元	%	元	%	元	%	元	%
1999	2210.3	630.3	28.52	1448.4	65.53	31.6	1.43	100.2	4.53
2000	2253.4	702.3	31.17	1427.3	63.34	45.0	2.00	78.8	3.50
2001	2366.4	771.9	32.62	1459.6	61.68	47.0	1.99	87.9	3.71
2002	2475.6	840.2	33.94	1486.5	60.05	50.7	2.05	98.2	3.97
2003	2622.2	918.4	35.02	1541.3	58.78	65.8	2.51	96.8	3.69
2004	2936.4	998.5	34.00	1745.8	59.45	76.6	2.61	115.5	3.93
2005	3254.9	1174.5	36.08	1844.5	56.67	88.5	2.72	147.4	4.53
2006	3587.0	1375	38.33	1931.0	53.83	101.0	2.82	181.0	5.05
2007	4140.4	1596	38.33	2194.0	52.99	128.0	3.09	222.0	5.36
2008	4760.6	1853.7	38.90	2435.6	51.16	141.8	3.11	323.2	6.79

资料来源：国家统计局农村社会经济调查司：《中国农村统计年鉴 2010》。

从上表可以看出我国农村社区居民收入日趋多样化，而随着收入多样化的发展，农村社区居民收入明显提高，而收入显著提高的主要原因分为三部分：首先，国家一系列支农扶农政策相继出台并发挥作用；其次，非农产业的稳步发展，为农村社区居民增收作出了巨大贡献，并提供了持续动力；最后，农村社区劳动力从事非农行业为农村社区居民增收提供了有力保障。

湖南省临澧县"三措并举"，成片推进农村社区建设

按照经济有实力、干部有能力、发展有潜力、群众有动力的原则，今年以来，湖南省临澧县三措并举，成片推进了龙池村、三合村、回龙村、陈湖村、邱桥村、彭市村 6 个村的农村社区建设，一是以发展社区经济为基础，培育和发展社区主导

产业。明确龙池村、三合村、回龙村以养鸭、养猪为主发展养殖业，培育养殖大户；明确陈湖村、邱桥村以开采和加工石膏为主业；明确彭市村以发展烟花鞭炮传统产业为主。通过提供就业岗位和开发致富项目，使社区村民脱贫致富，为农村社区建设构筑了坚实的经济基础。二是以制定服务项目为内容，开展便民利民服务。根据各村的具体情况和村民的实际需求，制定《农村社区建设试点项目规划书》，按照项目名称、实施地址、建设规模、投资总额、项目负责和可行性论证等方面进行了规划设计。三是以提高工作效率为目的，整合建设资源。为减少农村社区建设的工作成本，县委、县政府将农村社区建设、新农村建设、农村基层组织建设工作进行有效结合，抽调 101 个后盾单位，联合组建工作队，深入到 6 个村进行办点示范。

资料来源：中华人民共和国民政部基层政权和社区建设司 2008－06－02，http：//zqs. mca. gov. cn/article/ncsqjs/dfdt/200806/20080600015953. shtml。

四、典型案例分析

（一）石牌村经济发展案例分析

石牌村位于广州市天河区的中心位置。1997 年 5 月，该村进行撤村改制试验，组建了石牌三骏企业集团，成立集团党委；撤销村委会和村党总支，成立居委会和居民区党支部，对村的集体经济实行公司化管理。现有常住人口约为 6500 人（未含老居民），可享受股份分红的约为 8521 人，2001 年集团资产总值为 8. 46 亿元，生产总值为 2. 10 亿元，纯收入 1. 49 亿元。20 世纪 80 年代，石牌村经济体制改革拉开序幕。80 年代末 90 年代初，城区建设速度加快，完成了农民变市民、农村城市化的历史进程。在这一历史进程中，集体资产迅速增长，如何建立行之有效的产权制度和管理体制，以促使快速增值的公有资产的科学管理和高效运营，实现好、维护好和发展好村民的根本利益，成为石牌村经济体制改革的直接原因。

1. *石牌村经济体制改革的历程*

石牌村经济体制改革经历了对农村家庭联产承包经营责任制、农村集体产权制度重构和农村公司化改革三个阶段。

1984～1987 年，石牌村实行家庭联产承包责任制，这是体制创新的第一个阶段。5100 多名村民对全村 3000 多亩耕地实行家庭联产承包，成为广州市“菜篮子”工程的重要基地之一。经营方式的变革，有效地激活了生产要素，促进了生产力的大解放和大发展，加上农副产品价格的放开，全村总收入迅速增长，村民生活明显改善。1985 年全村总收入达 1553 万元，纯收入 1102 万元。

1988 年，石牌开始了长达成 10 年的社区性股份合作制改革探索，从而进入改革的第二个阶段。这一阶段分三个不同时期：1988 ~ 1991 年，在没有对集体资产进行全面评估的基础上，将全村集体资产折股，按照一定规则分配给 1966 年 1 月 1 日至 1988 年 12 月 31 日在该村享有村民待遇的村民。股份分为人头股和劳动股，人头股每人 1 股，每人劳动两年折算劳动股 1 股，全村共折股 36545 股。1992 ~ 1994 年，根据《广东省农村社区合作经济组织暂行规定》和天河区委、区政府《关于推行和完善农村股份合作经济的意见》，将石牌合作经济联社共有财产 5886 万元全部用于折股。设集体积累股 70% 和社员分配股 30%，社员股权分配与前一时期相同，不能抽资退股、转让、抵押、抵债和继承，年终按股分红。1995 年，社区股份合作改革进入完善的第三时期。根据当地区委、区政府《关于进一步完善农村股份合作的若干规定》，经济社将本村用于发展生产的固定资产和资金全部折股到人，股东所持股权不予计算股值，只作参与分红的凭证。共设人口股、劳动安置股、工龄股、福利股四种股权。最高者为 40 股，全村共设 174940 股。人口股按 1966 ~ 1994 年间曾经是农业户口的村民每人配给 5 股，工龄股按同期年满 16 周岁至男 60 周岁、女 55 周岁的村民，每参加本村劳动一年为一股（转为农非后继续参加本村劳动的时间不计股份）。为解决“去”与“留”的突出矛盾，对 1985 ~ 1994 年服从农转非而又未被征地单位招工的人员，按本人劳动力年龄每劳动 1 年折算劳动安置股 1 股，并对这些人员及其随迁家属每人增配福利股 6 股。经过近十几年的改革探索，石牌村实行的社区性股份合作制已将村队两级集体资产全部折股量化到本村村民个人名下，使村民成为集体资产的终极所有者。村民凭借股权，享受资产增值和股份分红权利。

1997 年，石牌村对基层组织进行公司化改革，撤村改制，进入体制创新的第三个阶段。1997 年 5 月，以石牌村股份合作联社作为发起人，组建石牌三骏企业集团，并成立受街道党委领导的集团党委会；撤销村委会和村党总支，成立居委会和居民区党支部，直属街道办事处管理。村集体经济实行公司化管理，村民及其居住地实行城市化管理。

石牌经济体制改革源于利益驱动。家庭联产承包责任制适应于以农业为主的地区，但随着农村城市化进程的加快和第二、第三产业的迅猛发展、市场经济体制的确立，这种体制越来越难以满足经济的进一步发展：承包制使农民只获得了经营权而没有所有权，无法构成市场主体。乡村集体企业的股份合作制改革，获得职工股的企业职工也只获得一部分产权，集体股的最终归属这一根本问题尚未得到解决。因此，上述两种制度设计在曾给农民带来利益的同时，又存在自身难以克服的缺陷和不足，具有明显的历史过渡性。正是农村城市化、农民市民化进程的快速推进，农民为了保护既得产权和身份变迁应得利益，才使石牌村集体经济的产权组织和管理体制重构得以产生，进入改革的第三个阶段。

2. *石牌村经济发展成就*

石牌村经济发展是伴随着经济体制改革同步进行的。从其发展历程来看，经历了一个逐步成长壮大的历史轨迹。

集体资产迅速膨胀。1988 年石牌村开始股份合作制的经济体制改革，全村集体资产仅 1300 万元，到 1992 年，全村集体资产增加到 5886 万元，1997 年底更是增至 6.14 亿元，10 年间增长了 40 多倍。此后的 1998 ~2001 年，集体资产持续稳定增长，分别达到 75042 万元、75972 万元、83028 万元及 84626 万元，是 1988 年的 57.7、58.4、63.9 和 65.1 倍，增长了 56.7、57.4、62.9、64.1 倍（表 4 -4）。

表 4 -4　　石牌村集体资产变化情况

年份	1988	1992	1997	1998	1999	2000	2001
资产（万元）	1300	5886	6140	75042	75972	83028	84626

资料来源：石牌三骏企业集团有限公司。

村民收入稳步增长。实施承包制的第二年即 1985 年，全村总收入迅速增长到 1553 万元，纯收入达 1102 万元，人均收入 2161 元，实现了集体经济的超常规发展和农民收入跳跃式增长。到 1987 年，人均收入已达 3746 元，是同期广州市职工人均收入的 2.5 倍。1988 年全村经济收入为 3049 万元，纯收入 1727 万元，1998 年更是高达 26308 万元和 14135 万元，与 1985 年相比分别增长 1594% 和 1183% 。此后全村经济总收入和纯收入持续增长，1999 ~2001 年全村经济总收入分别为 26552 万元、26348 万元及 27112 万元，经济纯收入分别为 14198 万元、14302 万元和 14922 万元（表 4 -5）。

产业结构逐步优化。1984 年石牌村实行联产承包制之时，石牌村作为广州市“菜篮子”工程的主要基地，以种植蔬菜和养鱼、养猪为主业，即以第一产业的农业为主，第二产业和第三产业在经济构成的比例微不足道，是纯农业社会。到 2001 年，三个产业比例为 15.03：20.20：64.75（表 4 -6）。第三产业在石牌经济发展中的比重不断上升，已经成为举足轻重的主体产业，实现农村经济向城市经济的快速转型，进入工商社会。

表 4－5　　1985～2001 年石牌三骏企业集团收入增长情况　　单位：万元、%

年份	总收入	增长率	净收入	增长率
1985	1608	－	1102	－
1986	1788	11.19	1235	12.07
1987	2317	29.59	1402	13.52
1988	3049	31.59	1727	23.18
1989	3586	17.61	2000	15.81
1990	4175	16.42	2279	16.16
1991	4954	16.88	2680	17.60
1992	7811	57.67	3623	35.19
1993	13232	69.40	6920	91.00
1994	16676	26.03	8826	27.54
1995	20876	25.19	10376	17.56
1996	24238	16.10	11472	10.56
1997	25658	5.86	12027	4.84
1998	26308	2.53	12342	2.62
1999	26552	0.93	12347	0.04
2000	26348	－0.77	12346	0
2001	27112	2.90	13912	12.68

资料来源：石牌三骏企业集团有限公司。

表 4－6　　石牌村三个产业结构变化表　　单位：%

年份	第一产业	第二产业	第三产业
1998	19.39	21.39	59.21
1999	19.26	16.60	64.14
2000	18.08	20.15	61.79
2001	15.03	20.20	64.75

资料来源：石牌三骏企业集团有限公司。

3. 石牌村经济发展的特点、问题和困难

从 1984 年石牌经济体制改革拉开序幕，至今已经历了近 20 年的发展，石牌村也由经济小村发展壮大为拥有 8.46 亿元资产的企业集团。解读石牌经济发展，重点在寻找其发展过程中的若干特点、存在的问题和面临的困难。

若干特点：首先，与时俱进，抓住农村城市化的历史机遇，迅速实现由农村经济向城市经济快速转型，是石牌可持续发展的制度基础。农村城市化的历史进程，也是石牌经济发展不断上台阶的发展过程，它不断激活了各种经济资源，催生了新的经济体制和机制，产生了可观的创新利润，为农民带来了真正的实惠。其次，第三产业在

石牌经济发展中具有举足轻重的地位，构成其经济振兴的支柱。从农村经济向城市经济的历史性过渡，第三产业迅速发展，使最终成了经济发展的支柱。再次，从实际出发，多元化发展经济，大力发展第三产业的同时，不失时机，因地制宜，发展异地农业和房地产业，为经济发展提供了后劲。最后，在坚持以公有制为主体的前提下，引导和鼓励私营企业创业投资，发展私营经济。

存在的问题：第一，虽然集体资产已经量化到村民名下，但村民并不拥有资产的全部产权，不能对其处置和转让，在一定程度上阻碍了人员的合理流动和资源的最优配置。第二，仍然以土地等自然资源的开发利用为主，经营领域狭窄，在可开发土地日益减少的情况下，经营方式面临着严峻挑战。尤其是在第三产业中，物业出租成为主要的经营方式，如何提高其经济效益已迫在眉睫。例如，1999 年，物业出租收入占总收入的 41.09%（表 4 –7）。第三，企业经营管理人员素质有待于进一步提高，以适应现代城市经济发展的需要。

表 4 –7　　物业出租在总收入中的比重　　单位：%

年份	1998	1999	2000	2001
物业出租比重	36.19	41.09	38.94	37.12

面临的困难：第一，企业办社会往往要花费大量的人力、物力和财力。譬如，教育卫生、供水、供电、精神文明、社会治安等等仍由集团公司包揽，每年用于这类开支高达 1000 万元。第二，税收不断加重，增加了生产经营成本，缩小了企业的获利能力。譬如，1998 年税收 514 万元，到 2001 年便上升到 983 万元，增幅达 87.6%，远远高于收入的增长速度。第三，村民房产证悬而未决，严重影响物业出租和村民收入的提高。

石牌村的改革实践通过大量的数据为农村社区性公有产权人格化找到了一条可行途径，为促使农村政企分开、城乡生产要素的合理流动和有效整合提供了有效的制度保障，并为农村城市化后取消乡村建制做了十分有益的探索和尝试。

（二）寒亭“农村社区经济圈”案例分析①

寒亭区是潍坊市四区之一。2007 年 9 月，寒亭区在 5 个镇街规划分别建设了 49 处农村社区，令农村社区达到全方面覆盖，这标志着寒亭区正式建立了农村社区。依托于农村社区服务中心设立的“一站式”服务大厅，又将社会保障等基础性公共服务作用于群众身边，给社区群众带来方便、迅捷等第一感受。寒亭区推动农村经济发展的职能，力争打造出发展一体化、服务便捷化、分工协作化和强村富民双赢化的农

① 载于《大众日报》2010 年 5 月 15 日。

村社区经济圈。

因地制宜地选择方式和培育多样性的发展类型是农村社区经济圈的重要支撑。寒亭区始终坚持着因地制宜的原则。按照这一原则，寒亭区确立了市场物流型、特色农业型、资源开发型、城镇依附型和特色加工型五种农村社区经济圈发展类型。在社区经济圈发展整体条件下，积极帮助各村制定及完善了具体发展的思路，有效地保证了社区内总体经济发展思路顺利落实。这几年，寒亭区潍县萝卜产业规模迅速膨胀，目前，以朱里镇为中心，包括周边十多个村的3.2万亩种植基地，年产萝卜高达2.3亿个，产值接近5亿元。以潍县萝卜为主的农业型社区经济圈快速崛起。

政府通过制定实施各项政策推动农村社区经济圈发展。农村社区的首要任务是打造农村社区经济圈。为此，寒亭区里将农村社区建设作为首要任务，同时，寒亭区镇两级累计投入资金5729万元推进社区建设，将20名副科级干部全部安排担任了农村社区各职务。寒亭区里还将公开考选的60名大学生安排进农村社区工作。目前，寒亭区49个农村社区中，每个社区在岗工作人员都在10人以上。已指导农村社区建立各类协会组织36个，成立专业合作社7家，同时建立产业党组织38个，建立起农技110信息服务平台，挑选了87名相对适合的人员，组成5支志愿者服务队，适时根据社区窗口提供的求助线索，深入一线解决实际问题。

上述案例可以总结出，经济的发展离不开增加工作的活力。农村社区工作活力的增强又在于发掘与运用新的着力点。但新的着力点仅仅是工作的开始，要在新的着力点上发展新的模式，才可能发挥新模式的潜力，带动农村经济快速稳健的发展。最后也是最重要的一点，工作方向要以人民的利益为标点，工作方法要以紧密的党群干部关系为保障。

（三）山东省莒南县相沟乡农村社区建设

相沟乡位于山东省莒南县城西南10公里处，区域面积120平方公里，划分为10个农村社区，13个行政村。在这样一个拥有1.2万户、4.2万人口的乡镇，自2006年以来，一直积极响应国家政策，大力加强城乡建设，积极探索乡村有效治理、发展的新思想。借鉴城市社区建设的先进理念，实行村庄合并、膨胀村庄规模，实现传统农村向新型农村社区体制的改变，初步体现在以下几个方面。

1. 膨胀社区规模是村庄发展的关键点

目前，相沟乡10个农村社区覆盖人口3.2万人，占全乡总人口的76%。经过合并，全乡村庄和社区规模得到快速发展，10个社区中，2000人以上的社区9个，其中三义社区人口达到了6060人、王庄社区达到了5600人，在人口规模上成了全县的第一大村和第二大村。这完全吻合了通过膨胀村庄规模促进村庄发展的理念。

党的十六届五中全会提出了建设社会主义新农村的宏伟战略目标，这是未来相当长的时期内农村工作的重大任务，因此，农村社区建设要与新农村建设紧密结合起来。农村社区建设与新农村建设相互依存，农村社区建设应为新农村建设服务，成为农村社区建设的根本目标要求。要把农村社区建设作为推进新农村建设的工作平台，使得社会主义新农村建设更加形象化，就有着一条重要的路径——向新农村建设的二十字方针走，以避免新农村建设过于宏观、抽象化，以致缺少路径和抓手。新农村建设的根本目的就是要把民生提高到一个较高的水平，使农民群众有一个完善的基础设施和优美的生活环境，这些都需要一定的人力、物力、财力才能达到。而通过膨胀村庄规模，一方面可以为农村社区建设解决有钱办事、有人办事、有地方办事的问题提供较大的整合空间，另一方面也可以为新农村建设在人、财、物等方面聚集推动力量，提供可能实现的保障。

2. 整合社区资源，推动社区发展

相沟乡农村社区将对矿产、土地和各类集体经济项目承包等资金价值产出高、来得快的资源作为整合的重点，以尽快地集聚资金，推动经济发展。新农村建设、社区建设、改善民生、为民服务等都需要一定的人力和财力，这些主要还是要靠社区自行解决。解决的主要途径就是整合社区各类资源，发挥社区各类资源的最大价值，以保证社区的可持续发展和又好又快发展，坚决防止在整合资源上浪费现象的发生。整合资源的目的就是为社区在可持续发展上提供保障。把产业结构调整、行业经济、民营经济、规模经济的发展和工业园项目区的招租及居民小区的开发紧密地联系起来，大力推进社区发展。

3. 在农村社区建设的道路上注入创新农村管理体制的新思路

随着城市化进程的加快和农村居民流动性的逐渐增强，现行的农村管理及运行体制是在计划经济的条件下建立起来的，这种模式在很多方面已然不适应目前市场经济条件下农村工作的需要，应该对这种传统的农村模式和体制进行大胆的变革，进行革命性的改革，探索建立新的农村管理及运行体制。若要把建设农村社区作为对传统的农村体制进行变革的重点来抓，就要把农村管理体制的创新紧紧地注入农村社区建设中，确实使农村社区这种体制与原来的农村传统管理体制有根本性不同。农村社区要有质的变化、新的内涵、新的体制。使农村民主建设、经济建设、社会建设等通过建立农村社区形成新的组织领导体制和工作运行机制，并得到切实加强，为社会主义新农村建设提供强有力的组织保证和科学的工作推进机制。相沟乡在大规模实施村庄合并的基础上，依照当地发展的实际状况，通过打破传统模式、组建新型的农村社区等创新做法，建立了新型农村社区体制，初步实现了新的农村管理及发展模式。

4. 实施农村社区建设“十个一”工程，增强社区凝聚力

一切为了人民、一切服务于人民是社区建设的根本出发点。服务居民，体现了新时期党的改善民生、以民为本的重要方针。为民服务作为首要来抓，才能增强社区的亲和力和凝聚力。相沟乡政府围绕为居民服务的核心方针，加大经营性、公益性及中介性为民项目建设，引导各社区集中实施了农村社区建设“十个一”工程：每个社区建设一条商贸大街、一处集贸市场、一处便民超市、一个为民服务中心、一处小学或幼儿园、一处中心警务室、一处中心卫生室、一处文化广场、一处工业及养殖项目区、幼儿游乐中心、一处现代农业示范项目区。各社区都按照“十个一”工程实施意见，切实加强了社区基础设施建设，积极兴办各类服务项目，得到了社区民众的一致认可和高度赞扬。

5. 坚持有效的管理原则，为社区提供良好秩序环境

管理与服务是社区组织的主要职责。没有管理，社区不可能有一个良好的秩序环境。通过有序有效的管理，达到优化社区发展的目的，创造幸福安逸的生产生活环境，促进了社区和谐发展，为社区政治、经济、社会、文化、党的建设创造有利的条件。相沟乡通过积极探索新时期社区管理的新方式，加强社区管理与强化为民服务的结合，将社区行政化管理与居民自治管理相结合，把社区管理融入为民服务的工作之中，通过做好为民服务、加强居民自律意识，促进管理工作的确切落实。

6. 选好社区班子，是建设农村社区的保障基础

社区班子是社区建设的直接组织者及实施者，社区建设的好坏、发展的快慢都与社区班子的整体素质有着不可分割的关系。在社区班子中，社区党组织及社区居民委员会组织是两个最重要的组织。社区党组织在社区各组织中发挥着核心领导作用，其他社区组织在各自行业和领域发挥着带头作用。社区班子建设坚持高效的原则，精干高效的社区班子是农村社区重要的组织基础及保障。①

① 财政部政权司：《一场农村管理体制的深刻改革》，http：//zqs. mca. gov. cn/article/ncsqjs/llyj/200803/20080310013036. shtml，2008 -03 -31。

第五章
中国社区经济市场需求分析

要了解中国社区经济的需求，首先要把握影响社区经济需求的因素有哪些，只有了解和控制好这些因素，才能更好地了解和满足社区经济的需求。在社区经济的需求方面主要包含了两个层面，第一是全国层面的公共需求，这一需求是中国社区经济中普遍存在的需求，另一个是特定社区的特殊需求，是针对某一特定人群而提出的需求，是这一个群体显著的特殊需求。

一、社区经济需求的影响因素

对社区经济需求影响因素的探讨离不开社区需求这一基础概念，从社区建设及承担经济职能、社会职能的角度来讲，对二者做出区分是必要的：首先，社区需求指的是从宏观上来看，影响一个国家整体社区需求的普遍因素和规律。其次，社区经济需求是从某一个具体的社区概念上而言，影响某一社区经济需求的因素。总的来说，社区经济需求的影响因素主要包括经济发展的水平、总人口与年龄、城市化水平、民族文化与教育水平、社区居民的支付能力与服务产品价格、社区所提供的产品、禀赋及社区居民的偏好、社区居民预期等六个方面。

（一）经济发展水平的高低直接影响居民对社区服务的需求

经济发展水平是一个国家经济发展的规模、速度和所达到的水准，常用指标有国民生产总值、国民收入、人均国民收入、经济发展速度、经济增长速度等。一般来说，一个国家经济发展水平越高，对社区需求量越大，社区需求水平层次越高。当国家处于经济发展不足和资源短缺时，人民群众的需求集中在生存需要。这正如我国在1986年才正式引进社区这一概念，在此之前的三十多年里，国家经济一直处于恢复与徘徊的时期，因为经济发展水平落后，社区制一直由单位制代替进行居民管理。1978年，我国经济停止徘徊22年之后，以十一届三中全会为转折点，提出了改革开放的新思想、新政策。1979年，邓小平在与日本首相大平正芳会晤时，根据我国经济当时发展的实际情况，第一次提出了“小康”概念以及在20世纪末我国达到“小康社会”的构想。从此，我国经济沿着改革开放—小康社会—社会主义—共产主义的道路快速发展。

在新中国成立到20世纪90年代中期这段时间，人们物质生活水平普遍低下，日用消费品短缺，尤其是生活必需品和住房最为短缺；在消费结构上，吃是人们的主要消费支出，大部分收入用以满足最基本的生存需要。1978年我国的恩格尔系数（人民的食品支出在总消费支出中的比例）高达60%以上，城镇居民也高达57.5%。面对我国当时经济发展的现状，国家有关部门参照国际上常用的衡量现代化的指标体系，在20世纪末从十个方面形成了全面建设小康社会的十项基本标准（图5－1），并按照十项基本标准有重点的发展经济。三十年后的今天，我国的经济水平发生了翻天覆地的变化。

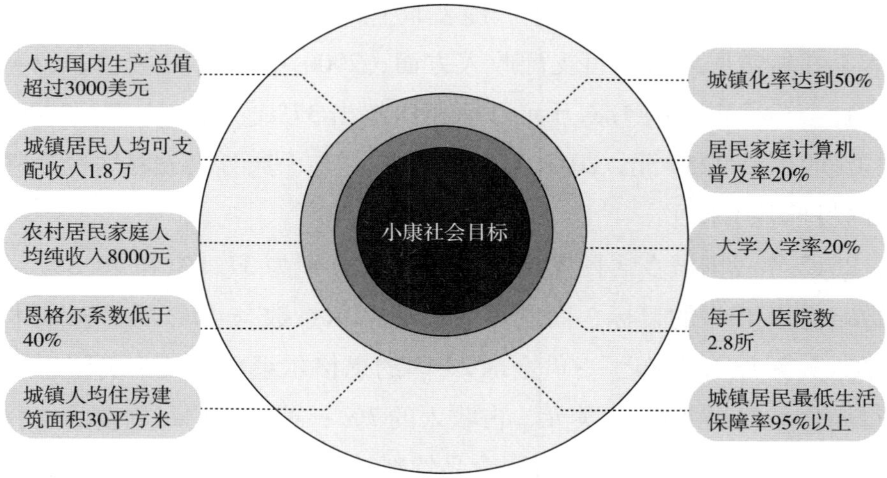

图5－1　小康社会十项基本标准

首先，截至2012年，全年国内生产总值519322亿元，约合8.3万亿美元，从横向比较来看，中国全年国内生产总值稳定在世界排名的第二位，与排名第一的美国相差7.53万亿美元，超出排名第三的日本3万亿美元。从纵向比较来看，2012年国内生产总值比1978年高出9172%，比2000年高出581%，从人均国内生产总值来看，2000年为854美元，2012年为6100美元，这两项指标都已经超额完成了20世纪末定下的翻两番的目标；比2010年高出130%，按照7.8%的增长速度，有望在2020年前达到翻两番的新目标（表5－1）。

表5－1　　经济现状与小康目标对比

比较项目	小康目标	经济现状	完成额
人均国内生产总值（美元）	3000	6100	203
城镇居民人均可支配收入（万元）	1.8	2.46	137

续表

比较项目	小康目标	经济现状	完成额
农村居民家庭人均纯收入（元）	8000	7917	99
恩格尔系数（%）	40	37.1	低于目标 2.9
城镇人均住房建筑面积（平方米）	30	34.45	1.15
城镇化率（%）	50	52.57	超出目标 2.57

注：城镇人均住房建筑面积中的经济现状数值为城乡人均住房建筑面积均数。

其次，城镇居民人均可支配收入与农村居民家庭人均纯收入是反映居民生活质量的重要指标。城镇居民人均可支配收入是指居民家庭全部现金收入能用于安排家庭日常生活的那部分收入。而农民纯收入按照国家统计局规定的指标，是指农村居民家庭全年总收入中，扣除从事生产和非生产经营费用支出、缴纳税款和上交承包集体任务金额以后剩余的，可直接用于进行生产性、非生产性建设投资、生活消费和积蓄的那一部分收入。在城镇居民人均可支配收入方面，2000 年为 6280 元，2012 年为 24565 元，与小康社会标准定下的 1.8 万元目标相比超出 37%。另一方面，2000 年农村居民家庭人均纯收入为 2253 元，2012 年为 7917 元，与小康社会农村居民家庭人均纯收入 8000 元的目标基本持平。

再次，2012 年我国城乡居民家庭恩格尔系数分别为 37.1% 和 40.8%，城镇居民恩格尔系数略低于 40% 的目标，而农村居民恩格尔系数与 40% 的目标基本持平，另据《经济学人》2013 年公布了一份全球 22 国的恩格尔系数，其中美国恩格尔系数最低，人均每周食品饮料消费 43 美元，占收入的 7%；英国人均每周食品饮料消费与美国相同，占收入的 9%。中国人均每周食品饮料消费 9 美元，占人均收入 21%[①]。

又者，据住建部消息，2011 年我国城镇人均住房建筑面积 32.7 平方米，农村人均住房面积 36.2 平方米，与 30 平方米的设想基本持平并略有超出。

最后，城镇化率（又称城市化率、城市化度、城市化水平、城市化指标）是一个国家或地区经济发展的重要标志，也是衡量一个国家或地区社会组织程度和管理水平的重要标志。2012 年我国城镇化率为 52.57%，超过城镇化率 50% 的目标 2.57 个百分点，与世界平均水平相当，但质量问题还尤为突出。[②]

总体来说，当一国的经济发展水平较高、技术较为先进、生活水平较高时，人们最基本的生存需求都得到了满足，人们的需求结构也会随之发生相应的变化：首先，较高的需求层次替代了较低的需求层次；其次，多样化需求代替单一需求；第三，精神需求超过物质需求。人们需求结构的变化对私人产品以及公共产品的品种、质量都提出了新

① 资料来源：网易 http://money.163.com/13/0313/16/8PS3DI2200253G87.html。

② 资料来源：国家统计局 http://www.stats.gov.cn/。

的、更高的要求。例如美国学者罗斯托指出，当社会进入高额群众消费阶段时，人们追求的是安逸，包括舒适的环境、精神上的享受，人们要求旅游、家务电脑化等。[①]

（二）总人口数量与年龄结构影响社区的规模与需求重心

无论国家大小，也不管何种社会制度，社区服务的对象最终都是各国的居民，因而总人口的数量会影响一个国家对社区的需求。总体上来说，人口数量增多，对社区的需求量就会增加。但是这种影响并不是绝对的，例如美国、印度、中国三个世界上的人口大国，美国人口为 3.0721 亿人，印度人口为 12.1019 亿人，中国人口为 13.5382 亿人，但美国的社区数量与人数比远大于中印两国。从以上数据对比来看，人口总数对于社区需求的影响不是绝对的。究其原因有以下两点：第一，经济因素对社区需求的影响会冲击人口对社区需求的影响，由于中国、印度的社区经济发展不完善，不论是财力还是结构方面都不足以支撑庞大的社区需求与社区体系；相反，美国社区经济发展之所以优于中印两国，是因为有强大的经济后盾作为支撑。第二，社区经济体制影响着总人口对于社区需求的影响，中国的社区经济体制是“条”与“块”相结合，但是条块结合不均衡，甚至依然是条形管理而不是块形发展，也就是本应该社区居民自治的社区管理依然由政府的派出机构进行政府化的管理，这在一定程度上阻碍了社区的市场化发展；而印度是一个地方自治的分权制国家，对于基础的社区建设并不是十分重视，由于体制问题，印度的社区管理还停留在比较原始的阶段；而相对应的美国社区经济体制完善，居民自治程度高，能够承载美国的庞大人口对于社区的需求。所以从以上两点来看，总人口对美国社区需求的影响比总人口对于中印两国的影响大。

另一方面，社区居民年龄的差异也是影响社区需求的一个重要因素，会造成对社区产品和服务需求的明显不同。一般来说，在社区中，老年人偏多对医疗设施的需求就会增加，按全国现有的半自理或不能自理的老人占 9.4% 的比例进行估算，全国 1.94 亿老年人中生活半自理或不能自理的老人约为 0.182 亿人。从一项对老年人的基本需求的调查中可以发现，超过一半的老人愿意接受社区卫生服务站的医疗服务；有近 20% 的老人表示将来需要老年护理院的服务；有 20% 的老年人希望社区提供入户护理服务，可是，只有不到 5% 的老人表示社区能为其提供入户护理服务。尽管老年人对社区医疗有这么大的需求，但是从事老年医疗护理的机构和服务能否承载这样大的需求也是一个值得深思的问题。总的来说，老年护理机构和服务整体呈现出“三多三少”的特点：第一，参与部门多，专业化部门少。在全国来说，以为老人提供医疗

---

① 陶文达：《发展经济学》，四川人民出版社 1992 年版，第 44、48 页。

服务的机构有很多，但是真正针对老年人医疗护理的专门机构却很少；第二，需要的费用多，可报销的费用少。这一点集中体现在医疗护理收费偏高，护理费用不能报销，有许多老人都有入住医疗机构的愿望，但是往往因为经济条件制约而不能实现；第三，一般服务多，特色服务少。老年人对社区医疗护理的需求在日益扩大，而医疗护理工作还处在一个极为难的位置，社区医疗服务与老年人的需求尚有一定的差距。另一方面，儿童在社区人口所占的比重也比较大，所以对婴幼儿照料、少儿上、下学接送、午餐制作与配送等具有明显的需求。

（三）城市化水平影响社区的需求量

社区从某种意义上可视为一种人口集中居住的生活方式，而这种方式在城市具有更明显的体现，农村社区则多出现在经济发展水平较高的地区。因此，城市化水平就成为影响一个国家或地区社区需求的重要因素。城市化水平是衡量城市化发展程度的数量指标，一般用一定地域内城市人口占总人口的比例来表示。从国内来看，我国城市化较高的城市有上海、北京、深圳、天津、成都、广州等地（表5－2），而这些城市恰恰也是社区数量较大、社区质量较高的的城市。因此，可以得出一个结论：城市化水平越高，社区需求量越大；反之，城市化水平越低，社区需求量越小。

表5－2　　中国各城市城市化水平排名

排名	城市	排名	城市	排名	城市
1	上海	18	烟台	35	威海
2	北京	19	唐山	36	南昌
3	深圳	20	长沙	37	中山
4	天津	21	郑州	38	昆明
5	成都	22	济南	39	呼和浩特
6	广州	23	南通	40	太原
7	苏州	24	哈尔滨	41	南宁
8	重庆	25	长春	42	乌鲁木齐
9	杭州	26	石家庄	43	贵阳
10	无锡	27	大庆	44	桂林
11	东莞	28	西安	45	兰州
12	南京	29	福州	46	银川
13	青岛	30	温州	47	海口
14	大连	31	包头	48	西宁
15	武汉	32	合肥	49	北海
16	宁波	33	厦门	50	拉萨
17	沈阳	34	洛阳		

（四）民族文化与教育水平影响社区个性化的需求

我国是一个多民族的国家，同时也是一个各民族文化大融合的国家。据2010年第六次全国人口普查统计，少数民族11197万，占全国人口的8.40%，比2000年的10499万增长了6.65%。其中人口在一千万人以上的少数民族有两个主壮族与满族其他少数民族的人数都在千万以下，甚至只有几千人（表5－3）。现在各少数民族与汉族杂居，但是由于历史、社会及风俗文化等原因，一些少数民族又分别形成了各自的聚居区，例如壮族、维吾尔族、藏族、朝鲜族、回族等。在这些聚居区内，本民族人口也相对比较集中。社区的建设与改革是社会发展的必然趋势，但改革中也要充分考虑到民族问题，在这方面要将民族团结、民族平等、各民族共同繁荣作为社区改革的主要思想。在社区建立以前，居民委员会是城市的基层组织，职能单一，管理单一，仅仅表示由居民组成的基层组织，而这些居民又同时隶属于自己的单位。所以居民委员会没有地域性，更没有经济联系，城市民族工作也就无从谈起，更不用说发展少数民族聚居区的经济问题。然而，新型社区的改革与建立使少数民族的社区经济发展提到了城市民族工作的议事日程。首先，新社区将原来几个居民委员会合并在一起，使居民总户数增加；其次，为了增加社区内部的经济资源和经济联系，将社区内的各类单位与组织、个体私营企业纳入到社区管辖范围之内。与之相适应的，社区承担了部分城市管理职能和建设职能，成为一个经济文化综合的区域组织。这样，社区发展就具备了发展少数民族经济的基本条件，少数民族聚居的社区不仅仅是居民间的族缘联系，也具有了共同地域和经济联系。而对于少数民族社区需求问题起到关键作用的是各民族的民族文化。民族文化是各民族在其历史发展过程中创造和发展起来的具有本民族特点的文化，具有相对稳定的特征，并显示着该民族的行为特征。无论是物质文化还是精神文化，都是对该民族历史发展经历的一种提炼。因此，民族文化影响着一个国家居民的聚居方式、性格特点和体制管理模式等，因而也是影响社区需求的重要因素之一。

表5－3　55个少数民族人口数分组　　单位：万人

民族	人数	民族	人数
壮族	1617.88	仫佬族	20.74
满族	1068.23	锡伯族	18.88
回族	981.68	柯尔克孜族	16.08
苗族	894.01	达斡尔族	13.24
维吾尔族	839.94	景颇族	13.21
土家族	802.81	毛南族	10.72

续表

民族	人数	民族	人数
彝族	776.23	撒拉族	10.45
蒙古族	581.39	布朗族	9.19
藏族	541.60	塔吉克族	4.10
布依族	297.15	阿昌族	3.39
侗族	296.03	普米族	3.36
瑶族	263.74	鄂温克族	3.05
朝鲜族	192.38	怒族	2.88
白族	185.81	京族	2.25
哈尼族	143.97	基诺族	2.09
哈萨克族	125.05	德昂族	1.79
黎族	124.78	保安族	1.65
傣族	115.90	俄罗斯族	1.56
畲族	70.96	裕固族	1.37
傈僳族	63.49	乌孜别克族	1.24
仡佬族	57.94	门巴族	0.89
东乡族	51.38	鄂伦春族	0.82
拉祜族	45.37	独龙族	0.74
水族	40.69	塔塔尔族	0.49
佤族	39.66	赫哲族	0.45
纳西族	30.88	高山族	0.45
羌族	30.61	珞巴族	0.29
土族	24.12		

影响社区需求的另一个文化因素就是受教育水平。据教育部《2012 年全国教育事业发展统计公报》的数据表明，我国高等教育入学率达到 30%，受过高等教育的人数约占总人数的 9%；另外东部、中部、西部受教育的水平也不同，不论从受高等教育的人数还是效率来说，都存在着很大的差异。社区居民的受教育水平会对社区经济需求产生影响。

第一，不同的教育水平多带来收入不同，消费水平也会具有很大的差异。一般来说受教育水平越高，收入越高，对社区的基础设施要求也就越高。受过高等教育的社区居民希望社区周围多一些高档的购物中心、休闲中心等高消费、高服务水平的消费场所，而未受过高等教育的社区居民则希望社区周围多一些农贸市场、小吃铺等低消费、性价比高的基础消费场所。

第二，不同教育水平的社区居民对于社区的精神、文化建设有着不同的需求。教育水平越高的社区居民越希望所居住的社区能够拥有高度的人文气息与人文关怀，同时希望社区能够举办更多的文化活动，例如多举办高水平的讲座、交流会、文化角等活动；而教育水平相对较低的社区居民则对社区的精神、文化建设没有过多的要求，能够满足一般的精神娱乐需求即可，例如现在普遍流行的广场舞、扭秧歌等民俗娱乐活动。

第三，不同教育水平对于文化多元性有着不同的要求，教育水平越高的人越希望所居住的小区拥有更多不同国籍的人，能够带来多元文化的冲击，从而满足对于多元文化的渴求；而相反的，教育水平越低的社区居民越希望所居住的社区能够文化单一化，因为文化单一的社区能够使他们不感到拘束，并且生活方式能够相统一。

第四，不同教育水平的人对于社区服务管理机构及人员有着不同的需求。由于受过高等教育的人群所处的交流圈基本都是相同教育水平的人，而这一类人群相对来说素质较高、生活的环境较好、平时消费的场所与办公的场所也较为高档，所以这一类人群对于物业或其他社区服务管理机构的服务水平有着极大的要求，不论是服务态度还是服务技能都有着较高的评判标准；相对应的，没有受过高等教育的社区居民则没有这样高的要求，对于社区服务管理机构的需求是能够满足日常所需与紧急情况求助，同时服务态度不是很恶劣等基本要求。

（五）社区居民的支付能力与服务产品价格影响居民的购买需求

经济需求都是针对居民支付能力而言的，社区居民的支付能力表现了社区居民的收入水平。一般来说，收入与需求是正相关的，即在其他条件不变的情况下，社区居民的收入水平越高，对商品的需求越多。这不仅表现在对产品和服务的数量上，而且表现在对产品和服务更高层次的需求上。社区居民的支付能力对于社区经济的需求影响主要体现在以下几个方面。

第一，社区居民的支付能力决定居住条件。住房自从分配货币化改革后，从传统的福利分房已经转变为商品买房，而房价飙升的今天，社区居民对住房的支付能力将决定社区居民对于社区的需求与选择。支付能力越强的社区居民将会选择离市中心更近、房屋面积更大、交通更便利、基础设施更完善、服务水平更高等更具优势的社区；而支付能力相对较弱的社区居民则会选择地理位置相对偏远、房屋面积较小、交通能够满足基本出行、基础设施满足一般需求、服务水平中等的社区。如果支付能力更弱的社区居民则会选择能够支付得起的社区居住。

第二，社区居民的支付能力决定其在社区周围的消费能力。社区居民在非节假日时一般生活用品及消费都会选择在所居住的社区周围解决，而支付能力的高低直接决定其消费水平的高低。支付能力较高的社区居民会选择较为高档的场所消费，主要表现在消费金额大、消费次数频繁。而支付能力较弱的社区居民，相对来说消费水平也较低，在选择消费场所时会选择一般档次或者低档次的，其特点为消费金额小、消费零散。

第三，社区居民的支付能力决定其购买社区业务的多少。支付能力较高的社区居民会尽可能多的购买社区的服务项目，而且购买档次都为较高档次，例如社区宽带、停车位、净水器、家政服务等都会选择较高甚至最高档次。而支付能力较弱的社区居民则会选择当前最需要的服务购买，而且购买的档次也会有所降低，其他能够代替的服务都会选择替代品。

第四，社区居民支付能力的高低将决定其为社区捐助的多少。社区的财政收入一部分来自政府拨款，一部分来自市场所得，还有一部分则来自社区居民的捐助。支付能力较强的社区居民会在社区需要资金的时提供一定的援助，相反的，支付能力较弱的社区居民没有能力援助社区的资金需求。另一方面，服务产品的价格也会影响社区经济的需求。经济学中的需求理论中提到价格上涨，购买需求会下降，相反的价格下降，购买需求则会上升，当然这些都是在一定的局限条件下的。经济需求如此，社区经济也如此，社区经济的需求也是由服务价格影响的，在一定的局限条件下，服务价格升高，社区经济需求会降低，相反的，服务价格降低，社区经济的需求也会上升。

（六）社区所提供产品及社区居民偏好双向影响社区与居民的需求

在市场经济条件下，某产品的价格和与该产品相对应的互补品的价格上涨，该产品的需求会下降，而与该产品相对应的替代品的价格上涨，会增加该产品的需求。在经济学中互补品是指相互依赖提供效用的产品，比如说，汽车是现代家庭的主要交通工具，而汽油又是汽车的互补品，当汽油价格上涨的时候，居民则会考虑推迟购买家用汽车或是少用现有家用轿车。再比如说，空调是现代家庭必备的家用电器，特别是在冬天与夏天的使用率极高，而空调使用必备的便是充足的电，所以电是空调的互补品，当电价变高时，居民则会考虑少用或是不用空调，以节省电，从而减少经济支出。替代品是指能够为消费提供同样效用的产品。还拿汽车来说，当少使用或不使用家用轿车时，居民则会考虑近处步行、中距离骑行、远距离采用公共交通的方式代替家用汽车以产生同样的效能。社区所提供的产品有很多，有家政、宽带、维修、咨询、金融等服务，而这些服务也都存在着互补品与替代品，例如社区居民家中的马桶、水管、煤气、电路经常都会遇到损坏的时候，所以社区一般都会提供维修服务；但是当社区提供的维修服务价格过高时，业主会考虑不购买社区所提供的维修服务，而是寻找收费较低的私人服务或是直接更换新的用品。

社区居民的偏好也是社区经济需求的影响因素。这一因素是指消费者按照自己的意愿对可供选择的商品组合进行的排列。偏好实际是潜藏在人们内心的一种情感和倾向，它是非直观的。引起偏好的感性因素多于理性因素。一般情况下，在价格不变时，对商品偏好的上升会增加该商品的需求量。偏好既与个人爱好有关，也与整个社会风俗、时尚有关。有时即使价格不变，由于时尚流行的变化，也会引起需求量的改变。在社区经济中，社区居民的偏好会影响对社区产品和服务的需求。比如，有些社区居民喜欢体育运动，对社区健身器材等的需求明显；而有些人喜欢养宠物，对社区提供的有关服务的需求量就会增加。另一方面，社区的禀赋与社区居民的偏好也是不可分割的。埃莉诺·奥斯特罗姆认为：公民们对城市工艺物品和服务的偏好不同。生活在相对贫困小区的公民的偏好截然不同于生活在较富裕小区的公民。请想一下娱乐服务方面的差异。在私人居住空间比较拥挤的小区里，就有强烈的偏好把城市街道和公园等公共空间当作聚集场所，或从事体育锻炼的场所。而居住在富裕小区的公民却对安静的公共空间有强烈的偏好，他们把私人空间当作娱乐场所。在公益物品和服务方面具有偏好相对类似的人，倾向于聚居在一起。在居住小区里人们偏好的类似程度大于整个大城市地区。社区禀赋是产生社区公共问题和影响社区需要结构的自变量。由于社区禀赋差异，导致不同类型社区对社区公共产品有不同的需要。例如，以老式住房为主的低收入社区，居民们的住房面积狭小，可能缩小绿化面积，扩大休闲活动场所面积；而以商品房为主的高收入社区，由于居民们住房面积较大，居民可能更希望扩大绿化的面积，缩小公共场所面积。

（七）社区居民预期水平影响一定时期内社区经济的需求

社区居民的整体预期对社区经济需求具有一定的影响，而且不论这种预期是否正确。如果社区居民普遍预期某一产品（往往是社区居民对该种产品的需求受价格因素的影响较大的产品）价格普遍上涨，就会出现现时的消费增长。有时候，预期效应会导致价格普遍升高、需求量增大的反常现象。例如，2011 年 3 月 15 日，由于日本核电站泄漏事故，有谣言称日本核辐射会污染海水，导致以后生产的盐都无法食用，而且吃含碘的食用盐可防核辐射。这一消息误导社区居民，引起了对于食盐的虚假预期，认为 3 月 15 日以后生产的海盐将会受到污染，并且现在多吃带碘的盐还能够防辐射，使得居民对于食盐疯狂抢购，造成食盐价格飙升，供不应求。

二、全国层面的公共需求

全体社区居民的社区经济需求是指排除特定人群的特殊需求，一般社区居民共有的普遍需求。从大的方面来看，全体社区居民的社区经济需求分为一般家居生活服务需求、社区环境综合治理服务需求、社区医疗卫生服务需求、社区少年儿童服务需求和社区生活服务需求等五个方面[①]（图5－2）。

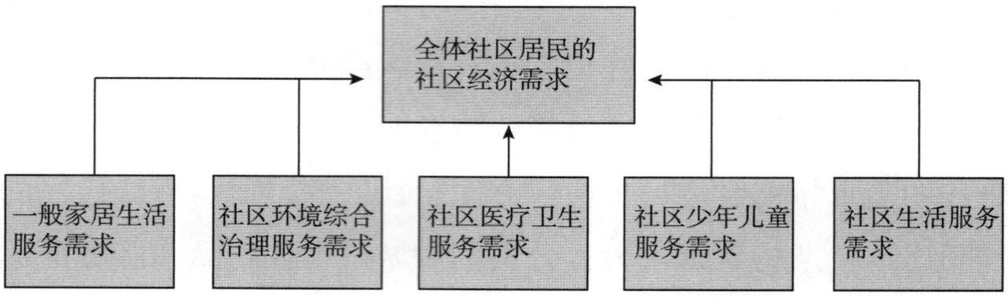

图5－2　全体社区居民的社区经济需求

（一）一般家居生活服务需求是社区居民生活的基本需求

一般家居生活服务需求是指社区居民在日常生活中对于生活服务与劳务帮助的需求。按照生活服务与劳务劳动两个方面可以将一般家居生活服务需求划分为日常生活服务和家务劳动两个部分。日常生活服务是指社区居民在日常生活中对于生活用品等的购买、维修、配送等的需求，如日常生活用品的购置与配送和家用电器维修等。家务劳动是指社区居民在日常生活中对于家居环境的清理、生活用品的清洗和制作等找人代工的需求，如卫生清理、服装制作拆洗与熨烫、代收公用事业费等。为了使社区的日常生活服务与劳务劳动能够正常的运转并提供更完善的服务，可以建立与之配套的便民商店、早点铺、家电维修部、服装加工部、干洗店、理发室、钟点工介绍所等服务设施与场所。

（二）社区环境综合治理服务是社区居民对生活环境的普遍需求

社区环境综合治理服务需求是指社区居民对于自己所居住的社区区域的卫生环境、治安环境、素质环境等社区环境的综合治理需求。而社区环境综合治理服务是居委会、街道办等基层社区管理班子为了满足社区居民对于社区环境综合治理服务需求而提供的相对于居住环境、治安环境和素质环境综合治理的服务。针对社区卫生环境、治安环境和素质环境的综合治理主要包括绿化面积的维护和扩大、“四害”治理、环境噪声的控制、垃圾的袋装与分类、居民楼道及门前环境卫生的保护、违章搭建的控制、民事纠纷的调解、火灾隐患的消除、辖区内刑事案件的防范、外来人口的管理等。

（三）社区医疗卫生服务需求是社区居民的健康需求

生老病死是每一个人都会经历的，是无法改变的，但是人的生活质量以及健康程

① 李雪萍：《城市社区公共产品供给研究》，中国社会科学出版社2008年版。

度在一定程度上是可以控制的。社区居民对于疾病的防治与病人的护理有着极大需求，而这一需求总的来说就是社区医疗卫生服务需求。社区基层管理班子一方面为了满足社区居民对于医疗卫生服务的需求而尽量提供方便、快捷、完善的医疗服务，另一方面，也是顺应我国城市医疗服务改革，合理配置卫生资源。总体来说，社区医疗卫生服务需求包括疾病预防、医疗诊断、病人护理、健康咨询、卫生宣传和防疫等，可以建立与之相配套的社区医疗诊所、便民医疗服务信箱、家庭病床、家庭医生全程服务、居民健康资料信息库等服务的设施。

（四）社区少年儿童服务需求集中在教育与托管等方面

少年儿童是祖国未来的希望，少年儿童成长的环境以及成长的健康程度直接影响着祖国的未来。同样的，少年儿童对于一个家庭来说更是重要，特别是在计划生育普遍流行的当今中国，少年儿童几乎成了一个家庭的唯一希望。也正因为如此，社区居民对于社区儿童服务的需求是巨大的，也是高要求的。社区少年儿童服务需求包括婴幼儿照料、少儿上、下学接送、午餐制作与配送、课外看管、假期托管、智力开发、兴趣与特长的培养等。托儿所、幼儿园、学前班、学生小饭桌、儿童阅览室、少年之家、校外特长培训中心等，都是与社区少年儿童服务需求相配套的服务设施。

（五）社区生活服务需求体现出社区居民对于精神生活的追求

社区居民作为自然人与社会人的综合体，具有对于全身心的放松、自我修养的提高、对外部世界了解的渴望的需求，这些需求综合起来成为社会生活服务需求。社区生活服务需求与一般生活服务需求最大的区别就在于，一般生活需求是对于生活层面的服务需求，而社区生活服务需求是对于社区居民身心方面的服务需求。在一定程度上可以说，一般生活服务需求是物质性服务，而社区生活服务是精神性服务。社区生活服务包括文化、教育、科普、咨询、培训、体育、娱乐、健身服务等。相应需要的组织和设施有文化活动中心、市民学校、科普实践基地、各类知识讲座班、业余特长培训班、图书阅览室、法律咨询室、运动场、健身房等。

三、特定社区的特殊需求

特定社区的特殊需求是指在社区中存在一些特殊人群，而这些特殊人群对于社区经济生活具有特殊的需求。一般来说，社区当中的特殊人群包括老人、残疾人、优抚对象和特困家庭，而他们的需求就是特定社区的特殊需求（图5－3）。

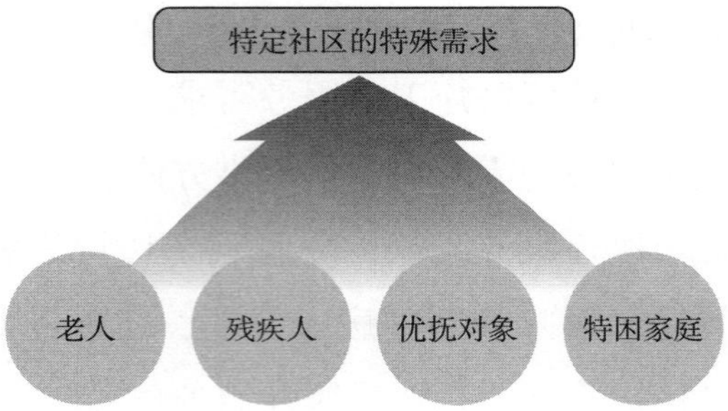

图 5-3 特定社区的特殊需求

（一）社区老年人的服务需求集中在养老方面

养老问题伴随着我国老龄化的趋势而成为人们热议的话题，社区养老也成为现代人养老的主要趋势。但是，现在人们在设计、建设居家养老的模式时，往往更注重居家养老的社会经济效应，而没有考虑到老年群体的自身意愿，这样就会造成养老模式与老人意愿相脱节的现象。因此，要建立一个完善的社区养老体系必须要兼顾社会经济效应与老年群体的意愿。

1. 老人特殊性分析

据调查，2012 年我国 60 岁以上的老人数量为 19390 万人，占总人口的 14.3%，比 2011 年提高了 0.59 个百分点，由此可见，我国正在步入老龄社会，老人的需求问题也越来越突出。对于老人的特殊性，从以下五方面进行分析。

经济方面。改革开放三十年是中国经济发展最快的三十年，但也是物价飞涨的三十年，但这一现象对于从计划经济转型市场经济这个特殊时期走来的老人们来说未必是件好事。我国老人退休后主要经济来源是单位发的退休金，而退休金的额度是与退休前的工资挂钩的。老人退休前的工资与现在的物价就出现不相称的现象，更何况是比工资还少的退休金。所以在经济方面，很多老人处于劣势。

健康方面。健康是老人最关注的问题，体质衰弱、器官衰退等问题几乎发生在每一个老人身上，所以，老人更需要他人的协助，不论是在医疗护理还是在日常生活方面，只有关注老人的健康问题，才能使老人更好的安度晚年。

精神方面。老人退休后，或多或少都会出现心理的反差，加之空闲时间大幅度增加，很多老人出现了不同层面的心理问题，所以文化娱乐活动对于老人来说是丰富晚年生活的必需品。

日常生活方面。许多老人由于丧偶、子孙不在身边等原因，在日常生活的很多方面难以自理又无人帮助，所以老年人群在日常生活中需要得到特殊的照顾。

亲情方面。老年人的情感在某些方面要比年轻人脆弱，特别是在亲情方面，子孙满堂无疑是每个老人都希望的，然而由于种种原因，很多老人并不能和自己的子孙生活在一起，这就造成了老人的亲情缺失。

2. 老人特殊需求

经济需求是老年人日常生活中最基本的需求。大多数城市老年人的经济来源是基本的养老金收入，而养老金仅仅能够满足老人的基本生存需求。在经济方面，老人需要得到国家、社区更多的关注与扶持，使老人们在经济方面能够得到一定的提高。

健康需求是老年人生活保障的需求，没有好的身心健康，就不能安度晚年。健康需求除了指身体上的健康，也包括心理方面的健康。老年人在退休后，会因为从习惯的忙碌生活一下安逸下来而形成心理落差，往往会造成一定程度上的抑郁，造成身心方面的负担。因此，社区的管理机构不仅仅要满足老年人生理健康方面的需求，更应该针对老年人的心理状态进行疏导，使老年人从心理上开始新的生活。老年人的健康状况从总体上可以分为完全自理、相对自理、相对依赖和完全依赖四种情况来衡量。

日常生活照护需求。老人群体处于身体机能逐渐衰弱、疾病高峰期，特别是一些生活自理能力较低的老人们，在日常生活中需要更多的日常照护帮助，诸如洗澡、进食、换衣服等。首先，老人需要适当的居家日常照护，分为自身和家务两个方面。一是起居和穿脱衣服。随着年龄的增长，高龄老人因年龄与身体原因导致自己穿脱衣服成为一件很困难的事，尤其是在冬季，高龄老人如果没有他人的协助很难穿脱较多的衣服；二是饮食照顾。老人由于身体和精力的缘故，做饭、吃饭都成为一种负担，很多老年人由于缺乏营养知识或是过于节俭，往往会因为食物不当而造成身体伤害，而由于记忆力的衰退忘记关煤气等也会给自己及周围邻居带来伤害；三是个人卫生方面。对于老人来说，洗漱、洗头，尤其是洗澡，是一项很费体力的事，一般情况下，如果没有他人的协助，他们不愿意清洁自己，也因此会影响身体的健康。其次，老人具有日常家务的照料需求。一是在被褥、衣物清洗等方面，老人体力差，无法使出很多的力气来清洗衣物，同时由于习惯问题，老人一般不爱使用洗衣机等电器设备；二是物品整理、居室清扫方面，工作看似简单，但对于老人来说却十分困难，不仅需要大量的时间与精力，还具有一定的危险性；三是维护、修理家用物品等方面，由于家用物品的损坏对于老人来说是十分无奈的事，甚至会造成老人的心理恐慌，时常对老人的家用物品维护和修理就是十分有必要的。最后，老人具有日常外出陪伴照顾的需求。老年人既需要日常外出陪伴的照顾也需要代办方面的服务，也就是在老年人户外活动时陪伴、照顾以及帮助老年人外出购物。[1]

---

① 张广利、瞿枭："城市高龄空巢老人特殊需求分析"，载于《华东理工大学学报（社会科学版）》2011 年 01 期。

精神及文化生活需求。老年人在退休后会因为角色的转换而形成落差，甚至因此导致一定的心理疾病。从中医的角度来说，心理疾病往往是由“神伤”、“脏寒”等原因引起，所以在老年人角色的转化过程中应该给予老年人更多的人文关怀，帮助老年人“调神”，达到心理自愈的效果。“调神”不仅仅能够解决老年人心理的落差，更重要的是能够预防因“神伤”而导致的心脏病、肝病、肺病等脏腑疾病，从而更好地安享晚年。而“调神”最好的方法就是让老年人重新回归到社会当中，培养一种良好的爱好。

亲情需求。中国社会自古就是伦理社会，父慈子孝一直是中国人生活的理想模型。时至今日，亲情依然是中国人最大的需求。对于老年人来说，三代同堂往往是安享晚年的写照。老年人的亲情需求不仅仅表现在父子、爷孙方面，同时也表现在兄弟姊妹和配偶方面。不难发现，老年人退休后往往会和老伴走得更近，即使常有口角，也是越大越亲，另一方面，对于兄弟姊妹的感情也会比以往都更加强烈。

社会参与需求。由社会角色向家庭角色转换，往往是造成老年人加速衰老的原因。大部分老年人在退休后身体健康、精力充足，依然有参与社会工作的意愿与需求。

“居家养老”、“社区养老”成我国老年人主要选择

央广网北京10月14日消息（记者车丽、江苏台记者华晓青、河南台记者翁春柳）据中国之声《新闻和报纸摘要》报道，昨天（13日）是重阳节，也是《老年人权益保障法》修订后我国第一个法定的“老年节”，记者调查发现，目前在我国，“居家养老”、“社区养老”是绝大多数老年人的选择。

走进河南省安阳市北关区12349为老服务信息平台的办公区，工作人员唐永静的电脑中装着一套“居家养老信息服务平台”软件，上面详细记录了辖区5万多名老人的详细资料和联系方式。只要求助电话一打来，立刻显示这位老人的基本情况和健康状况。唐永静介绍说：之前给社区一部分老人发放过一键通电话，他们按一键就直接拨打到咱12349信息平台了，那么我们可以帮他们转接110、120、生活帮助、家政等一些服务。

在江苏无锡滨湖区月秀社区居家养老服务中心的“幸福餐厅”采访时，记者见到30多位正在用餐的老人，这里6块钱可以吃到肉菜、蔬菜和汤。据老人介绍，今天的菜我们特别喜欢，云块鱼，番茄味道的，特合胃口。一个人在家不会自己去炒几个菜，在这里，今天吃这个菜，明天吃那个菜，换换口味蛮好的。

民政部曾提出到2015年，我国居家和社区养老服务将基本覆盖我国100%的城市社区和50%以上的农村社区。民政部社会福利与慈善事业促进司司长詹戌付坦言：在农村，从今年开始，我们与财政部使用中央集中的彩票公益金，一年10亿，3年30亿，准备在10万个村建立幸福院，实际就是农村日间照料中心；在城市，我们进一步与社区建设相结合，在布点养老服务设施，推动制定出台政府购买养老服务的政策，培育专业化的养老服务团队，这些服务都上去就可以使生活在城乡的老人在家里养老。

资料来源：中国广播网2013－10－14，http：//china. cnr. cn/news/201310/t20131013_ 513813043. shtml。

（二）社区残疾人的服务需求需要足够的保障措施

根据《中华人民共和国残疾人保障法》第二条的规定：残疾人是指在心理、生理、人体结构上，某种组织、功能丧失或者不正常，全部或者部分丧失以正常方式从事某种活动能力的人。残疾人包括视力残疾、听力残疾、言语残疾、肢体残疾、智力残疾、精神残疾、多重残疾和其他残疾的人。我国在新中国成立前几乎没有关于残疾人的保障与机构，新中国成立后，国家开始重视残疾人的保障措施。十一届三中全会后国家有关部门组建了中国残疾人联合会，并制定了《中国残疾人事业五年工作纲要》，通过了《残疾人保障法》。在社区建设过程中，为残疾人提供福利服务也成为社区工作的一项重要考核指标。不过，从中国残疾人社区服务的现状来看，中国残疾人社区服务至少还存在着三个问题：一是残疾人社区服务的主体主要是政府和社区居委会，其他社会组织和人员很少参与；二是残疾人社区服务的内容主要是生活保障，而很少注重残疾人的政治权益和社会权益保障；三是十分注重残疾人的生理康复，而忽视了残疾人的心理矫正。正是因为中国当前残疾人社区服务存在着上述问题，所以加强残疾人社区服务现状与发展公共政策研究，不仅十分必要，而且具有重要的理论意义和实践意义。①

1. 残疾人特殊性分析

残疾人由于身体和心理的原因，在生活、就业、教育等方面遇到的问题往往比常人要多。这些特殊问题主要集中在以下几个方面。

身体方面。残疾人由于生理功能或者心理功能的部分或者全部丧失，会对正常生活带来很大的不便，甚至是毁灭性的。因此，残疾人往往因为自身限制的缘故而较少

---

① 李金红：“残疾人社区服务：问题与对策”，载于《汉江大学学报》（社会科学版）2011年05期。

的参与社会活动，使一些该获得的平等权利出现了障碍。

文化教育方面。残疾人受教育程度普遍偏低。尽管国家高度重视残疾人教育问题，但是因为残疾人教育开展的困难程度远大于健全人，所以推行还处于缓慢阶段。截止到2012年底，全国有未入学适龄残疾儿童少年9.1万人，其中视力残疾儿童0.6万人，听力残疾儿童0.6万人，言语残疾儿童0.6万人，智力残疾儿童2.8万人，肢体残疾儿童2.8万人，精神残疾儿童0.3万人，多重残疾儿童1.3万人。已开办特殊教育普通高中班（部）186个，在校生7043人；其中聋高中121个，在校生5555人；盲高中22个，在校生1488人。残疾人中等职业学校（班）152个，在校生10442人，毕业生7354人，其中5816人获得职业资格证书。全国有7229名残疾人被普通高等院校录取，1134名残疾人进入特殊教育学院学习。但从全国来看，我国现有各类残疾人达8000多万人，15岁及以上残疾人文盲人口（不识字或识字很少的人）将近4000万人，文盲率为半成。[①]

劳动就业方面。据统计，我国非就业的残疾人为470万人，就业的残疾人为297万人，就业残疾人约为非就业残疾人的一半。而在非就业的残疾人中，也分为两种，一种是由于自身残疾的影响完全丧失了就业的能力；另一种是有劳动能力的残疾人，但因为种种的原因而没有就业。但是，即使已经就业的残疾人，也还不够稳定、合理，甚至一部分人因为产业结构调整和优化组合而会再次待业。

社会地位方面。残疾人由于身体或心理的不健全导致就业困难，生活和社会地位往往处于社会最底层，甚至远远低于社会平均水平。从已就业的残疾人来看，从事简单体力劳动的比较多，诸如售票员、维修工等，从事管理类、技术类的很少。尽管现代社会对残疾人的认识提高，但是一些固有的思想和限制依然使残疾人处于社会的底层。

生活状况方面。残疾人的生活状况虽然较以前相比有了很大的改善，但从整体来看，仍然落后于社会平均水平。2008年时，全国残疾人家庭人均总收入城镇为8970.5元，农村为4836.7元。

社会环境方面。2008年以来，全国各地无障碍设施的建设有了很大的进步，但总体来说大部分地区依然处于无障碍设施缺失的状态，这使的城镇残疾人出门难、进商店难、求医难、娱乐难，甚至上厕所也难。相对的，农村残疾人遇到的困难则更大，处于出门难、行路难、探亲难、访友难、开会难、娱乐难、购物难等艰难处境，一部分残疾人只好闭门不出。另外，残疾人的生活用品也具有特殊性，交往方式也异

---

① 资料来源：中国残联发布2012年中国残疾人事业发展统计公报。

于常人，需要借助大量的特殊手段和工具来完成正常的生活，然而这些手段与工具也存在巨大的缺口。

2. 残疾人需求分析

残疾人康复需求。康复服务不仅能帮助残疾人恢复或补偿缺失的部分功能，培养起自立、自强精神，敢于融入社会，而且还可以减轻一定的社会和家庭负担。因此，康复服务是残疾人最普遍的需求。第二次全国残疾人抽样调查数据显示：残疾人需求的前四项及比例分别为：有医疗服务与救助需求的有 72.78%；有救助或扶持需求的有 67.78%；有辅助器具需求的有 38.56%；有康复训练与服务需求的有 27.69%。从以上数据可以看出，医疗康复对残疾人来说具有很大的需求，同时，为残疾人提供康复服务将成为发展残疾人事业的重要组成部分。但是，我国的残疾人康复事业还处于滞后阶段。根据全国第二次残疾人抽样调查资料的显示，我国残疾人曾接受过的扶助、服务的前四项及比例分别为：曾接受过医疗服务与救助的有 35.61%；曾接受过救助或扶持的有 12.53%；曾接受过康复训练与服务的有 8.45%；曾接受过辅助器具的配备与服务的有 7.31%。我国残疾人康复事业滞后还表现在康复服务处于分割状态，也就是一些地方的工伤保险康复机构与残疾人康复事业是分离的。这对于已经有限的康复资源与服务供给来说，更容易造成新的浪费。

残疾人教育需求。残疾人教育主要包括三个部分：基础教育、特殊教育、职业教育和成人教育。基础教育是针对有学习能力的残疾学龄儿童和青少年，社会应保障他们享受完成九年义务教育的权利。特殊教育是指为了弥补残疾人身体的残障，克服残疾人在受教育方面存在的不利因素和特殊困难，根据各类残疾人的特点，通过盲聋哑、培智等学校以及在普通学校开设特教班等对残疾人开展特殊教育。职业教育和成人教育的目的是使残疾人拥有一技之长，拓宽他们的就业渠道，以此来增加其社会生存能力。根据第二次全国残疾人抽样调查显示：我国现有各类残疾人达 8296 万人，具有大学程度（指大专及以上）的残疾人为 94 万人，高中程度（含中专）的残疾人为 406 万人，初中程度的残疾人为 1248 万人，小学程度的残疾人为 2642 万人（以上各种受教育程度的人包括各类学校的毕业生、肄业生和在校生）。15 岁及以上残疾人文盲人口（不识字或识字很少的人）为 3591 万人，文盲率为 43.29%。可见，残疾人的文化水平普遍偏低，这也直接影响了残疾人的生活水平以及社会地位的提升。

残疾人就业需求。对于残疾人来说，由于身体和精神方面存在着一些障碍，而且受到了历史和社会经济发展水平的限制，使得残疾人在劳动就业和生活保障上有很大的特殊性。首先，由于受到残疾人残疾的约束，以及受到残疾类型和残疾程度的影响，能够适合残疾人的工作类型比较少。无论是肢体残疾、听力障碍、语言障碍、精神残疾还是多重残疾，对于残疾人的工作能力来说都有着不同的影响，残疾程度和独立生活的能力也会对残疾人工作有所影响。其次，由于残疾的影响，残疾人的文化水平普遍偏低，劳动技能也比较单一，其从事的都是一些可替代性较强的职业，大多数残疾人只能从事一些单一类型的工作，收入便很不稳定，而且所能适应的工作范围也比较狭窄。这都极大地限制了残疾人的就业机会，严重地影响了残疾人在就业上的选择性和多面性。再次，残疾人的就业与外部带来的因素有着极强的相关性。例如大众对于残疾人就业的态度、公共设施的建设状况、残障人士的设备、无障碍环境的构建以及残疾人用品的配备等，都会对残疾人的就业有直接的影响。再次，残疾人的就业需要得到企业更多的帮助和照顾。该企业除了要为残疾人员工缴纳社会保险和发放工资之外，还要为其提供特殊的工作用具以及安全无障碍的工作、生活环境。最后，与健全人相比，劳动力市场的波动和变化会对残疾人的就业造成更大的影响。随着社会的发展和科技的进步，社会上劳动密集型产业逐渐减少，导致工作岗位也随之慢慢减少。而就业岗位的减少便带来了在劳动力市场中一场更加剧烈的竞争，这就将残疾人在就业市场中推到了一个极为不利的位置上。实际上一直以来，残疾人在社会中都处于较为弱势的地位，如果将上岗竞争放在同一标准下的话，对于残疾人来说是极为不公平的。如果对残疾人没有一定的保障措施、没有必要的保护手段的话，残疾人将被孤立于社会的边缘，便会出现“起点上的不公平造成了结果的不公平”，完全谈不到“平等竞争”。这不仅仅是违背了人道主义精神和人人平等的原则，而且还有悖于社会公平原则。所以解决残障人士的就业问题，就必须通过全社会的力量，由国家出面，借助立法保障，在各个方面展现对残疾人的就业照顾。

外部环境保障需求。在现今社会当中，公共设施、建筑等都是按照健全人的尺度和人体活动的空间参数来进行规划、设计和建设的，无形中形成了一个仅适合于身心功能完好的人生活的社会环境，因此给残疾人造成了许多的障碍，也直接影响了残疾人与外界交流的机会。从某种程度上来说，这是对残疾人平等参与社会生活权利的剥夺。因此，建设无障碍环境不仅是社会进步的重要标志，更有助于促进老弱病残等社会成员的社会参与和融合。无障碍环境是创造社会财富的重要条件，因其能够保证残疾人参与社会、平等地享受生活，进而发挥他们的潜能。因此，建立完善的、无障碍的外部环境保障无论是对于残疾人自身发展，还是对于社会整体发展，都有着重要的积极意义。

残疾人的基本生活保障需求。残疾人的基本生活保障是指国家和社会对残疾人在由于特殊状况产生的生活困难的时候给予物质性帮助。我国主要是通过救济、供养、扶贫、社会保险和特别照顾等多种福利保障措施，对残疾人的基本生活进行不同程度的改善。而对于那些无劳动能力的、无生活来源的、无法确定扶养人的残疾人，国家将会采取国家供养、集体救养和社会援助等多种保障措施，来保证其基本的生活。残疾人因肢体、语言等方面的障碍，导致从事生产劳动有诸多的不便，为家庭带来了沉重的负担应建立生活保障措施以保障这些残疾人最基本的生存、生活需要。妥善地解决残疾人的基本生活需求，是各级政府部门义不容辞的责任。残疾人基本生活保障的目标不仅仅限于改变残疾人生活贫困的状况，应该更加广泛。保障的最根本宗旨是使残疾人能够和健全的人一样平等地参与丰富的社会生活，一同享受经济发展和社会进步所带来的物质、精神文化成果，使得残疾人本身及其家庭不会因为残疾人的残疾和社会经济中的不确定事件，导致生活水平受到极大的影响。这要求我们不仅能够在不测事件发生时或者发生之后去解决困难，而且更要做好防范工作，帮助残疾人本人及其家庭加强防患于未然的能力。

（三）社区优抚对象服务需求应该物质与经济并重

优抚是“优待”和“抚恤”的统称，它是国家和社会依据法律，对那些为保卫国家的安全和保护人民的利益而做出贡献和牺牲的人及家属在物质上给予优待和抚恤的制度，包括妥善安置复员退伍军人，并对他们的生活给予补助。“作为优待措施，包括政治、经济方面的优待；作为抚恤措施，包括抚慰和贩恤，抚慰即给予政治荣誉和精神上的安慰，贩恤即给予钱款货或物质帮助”。

1. 优抚对象特殊性分析

由于优抚对象是因家中有人立功或是牺牲而形成的，所以大多数优抚对象有过失去亲人、亲人受伤或是自身受到安全威胁等的经历，在分析优抚对象特殊性方面主要从以下三个方面进行。

心理创伤。心理创伤是优抚对象普遍具有的特征，由于亲人的离去或是受伤，或是自身曾遭受到威胁，这些都会使优抚对象在心理方面造成极大创伤。

安全威胁。由于优抚对象的特殊身份，在其亲人执行任务时往往会给他们也带来极大的安全威胁，即使亲人不幸在执行任务中牺牲，他们依然存在安全威胁。

生存危机。优抚对象可能由双职工家庭变成单职工家庭，也可能从单职工家庭变成无劳动力家庭，这就给优抚对象带来很大的经济困难，从而面临生存危机。

2. 优抚对象的特殊需求

经济需求。抚恤金是指国家机关、企事业单位、集体经济组织对死者家属或伤残职工发给的费用。工人、职员因工负伤被确定为残废时，完全丧失劳动力不能工作退职后，饮食起居需人扶助者，发给因工残废抚恤费，至死亡时止。完全丧失劳动能力不能工作退职后，饮食起居不需人扶助者，发给因工残废抚恤费，至恢复劳动力或死亡时止。工人、职员因工死亡时，按其供养的直系亲属人数，每月付给供养直系亲属抚恤费，至受供养人失去受供养的条件为止。我国还规定有革命伤残军人抚恤费、革命军人牺牲或病故抚恤费、国家工作人员伤亡或病故抚恤费等。抚恤金标准为：因工死亡的一次性抚恤金为本人20个月的基本工资；因病死亡的一次性抚恤金为本人10个月的基本工资；丧葬费标准：因病4000元；因工（公）5000元；遗属生活困难补助费标准：非农户一人月补助210元；二人以上的每人月补助190元；农业户口一人月170；二人以上的每人月150元。对上述对象中，确定因工死亡的遗属增发65元，抗日战争的增80元（不含配偶）；红军的（不含配偶）增发100元，遗属系孤独一人的可增发70元。2011年8月1日，国务院公布施行的《烈士褒扬条例》和国务院、中央军委公布施行的《关于修改（军人抚恤优待条例）的决定》，调整了一次性抚恤金标准。一次性抚恤金发放标准调整为：烈士和因公牺牲的，为上一年度全国城镇居民人均可支配收入的20倍加本人生前40个月的基本工资或基本离退休费；病故的，为上一年度全国城镇居民人均可支配收入的2倍加本人生前40个月基本工资或基本离退休费。我国抚恤金标准对于大多数优抚对象来说是不足以满足生存的，如果优抚对象没有额外的收入将很难生存，所以优抚对象的经济需求很大。

安慰需求。由于亲人的离世、受伤或是自身曾经或现在依然受到威胁，优抚对象的心里往往有创伤，而这种创伤往往会使优抚对象性格变得孤僻、心理变得脆弱。在社区工作中，要针对这样的优抚对象投入更多的精力，让他们尽可能地参与到社区的活动当中，在活动中逐渐弱化甚至消除心里的创伤，从而走出心中的阴影。

安全需求。很多优抚对象是烈士家属或是立功人员的家属，而烈士或是立功人员在工作中往往是与恶势力斗争。在这个斗争中，恶势力往往会将矛头转向其家属，从而威胁或是报复那些与恶势力斗争的人。而在这一过程中，很多优抚对象都受到极大的人身安全威胁。社区治安管理方面应该加强对这些优抚对象的安全保护。

（四）社区特困家庭需求从“授鱼”逐渐转向“授渔”

特困家庭是指人均年收入处于特困线以下的家庭。贫困是物质生活困难和生产手段匮乏的整体性状况，一般由生活水平来衡量。当某个人、家庭乃至群体的生活水平比所在地区的平均生活水平低时，即为处于贫困状态。量化的测定标准即是贫困线，具体的指标各国相异。中国以年人均最高收入为线，它随物价的变动而调整。中国民政部20世纪80年代中期曾将人年均收入200元定为中国的贫困线。由于物价的上涨，新的贫困线已被调整为300元。

1. 特困家庭特殊性分析

特困家庭由于经济基础的原因，往往是处于社会最底层的人群。这部分人群不仅在物质方面处于弱势群体的地位，在心理上也或多或少地受着影响。

物质上的弱势群体。特困家庭的同一特点就是人均年收入处于特困线以下，这就说明特困家庭的物品购买力极低，也就代表着特困家庭还仅仅处于生存线的边缘，所以收入可能仅仅能够维持生存，甚至都达不到生存的基本要求。在这样的情况下，特困家庭在物质方面无疑是最弱势的群体，从而对于经济扶持与就业扶持有着较大的需求。

心理上的弱势群体。特困家庭由于物质方面的不足，往往会渗透到心理方面。物质的匮乏，可能导致特困家庭成员出现自卑、恐惧、仇富等心理，甚至由于物质匮乏而得到政府补助更加导致了特困家庭的懒惰思想。针对这样的情况，社区应该加大对特困家庭的教育、培训、心理辅导等思想上的工作。

2. 特困家庭需求

救济需求。救济需求包括两个方面，经济救济与医疗救济。首先，物质匮乏是特困家庭最突出的表现，社区应该加大对特困家庭的经济救助，以缓解这些家庭在生存线上的压力。除了政府政策的补贴以外，社区管理机构应该发动社区其他居民和社会团体向特困家庭提供一定的经济援助。其次，由于经济条件所限，特困家庭往往在生病时没有经济能力去看病，只能靠吃便宜的药物来“自我医治”，而这种方法往往不能好好地治疗疾病，甚至会适得其反加重病情。所以社区管理机构一方面要加大社区医院对特困家庭的医疗扶持力度，同时要呼吁更多的人与团体帮助特困家庭渡过生命的红线。

教育、培训与就业需求。解决特困户贫困问题最好的办法就是解决特困户的就业问题，一旦特困家庭中有一两个成员有了一个较好的工作机会，就会在很大程度缓解特困家庭的经济困难与生存危机。而解决就业问题的根本就是提高特困家庭子女的教育水平与文化程度，培养特困家庭成员独立生存的技能。只有拥有高水平的教育或更好的就业生存技能，才能让特困家庭真正地走出特困的局面。

心理辅导需求。除了物质、教育与就业方面的需求之外，特困家庭的精神需求也是巨大的。由于物质匮乏而导致的自卑、恐惧、仇富、懒惰等思想是阻碍特困家庭脱贫的关键因素之一。正确引导特困家庭拥有正确的世界观、人生观与价值观是十分重要也是必要的。只有特困家庭的成员真正意识到自己贫困的根源是什么，才能真正去走一条适合自己的脱贫道路。

第六章
中国社区经济市场供给分析

对于中国社区经济供给来说，政府和市场扮演着不同的角色；同时对于城市社区和农村社区，政府和市场对于他们的重要性是完全不同的。在城市社区中，政府只是处于引导和辅助的位置，一切的发展和建设都是市场在扮演着主角，政府所要做的就是监督和支持；而对于市场经济发展程度不高的农村社区经济来说，市场只能起到一部分作用，主要要靠政府的支持。在社区经济建设发展的时候，会有很多的因素影响着社区经济的供给，有促进的也有拖延的，正确地处理好各方面的关系才能使得社区经济良好有序的发展。

一、影响社区经济供给的因素及发育状况

（一）政策因素对城市社区和农村社区的影响不尽相同

政府的政策目标对社区的供给起着决定性的作用。如果政府要最大限度地追求某些产品、服务和设施的供给效率，实现社区福利最大化，就会对这一供给品实行免费或者补助供给；而如果政府按照通常的成本——收益原则进行决策，政府就会考虑选择用相应的政策引导私人部门或者市场化的形式进入这个领域进行供给。

对于城市和农村，政府在政策上的作用是不同的。对于城市社区来说，政策主要是在大方向上进行引导。城市的社区发展相对成熟，市场化的程度很高，并有完整的运作模式，在实物供给方面基本上可以满足城市社区居民的需求。在城市基础设施建设基本完善时期，政府在政策上主要进行引导和规范，限制社区物品的供给类型，即规定哪些物品是能够进行供给的，哪些是不能够进行供给的。而对于农村社区来说，市场化程度不高，市场对社区供给的影响不占主要地位，政策是影响供给的一项重要因素。政策上能影响供给产品或者服务的倾向，帮助农村在供给上提供更好选择，政府在政策上对农村有很大的帮助。

第一，在农村社区中持续地实施各种支农和惠农政策，不断地增加中央财政对农村发展的支持力度，扩大基层政府的公共供给和公共服务的资金来源。农村社区建设

可用资金总量在很大程度上决定了农村社区能够提供公共服务和公共供给的实力。政府应提供多样的政策支持农村社区提高供给能力、完善供给模式、解决供给问题。

第二，在政策上支持在农村社区优先供给与农民生产、生活相关的公共物品。对于政府而言，民生问题是大问题，政府需要考虑农村社区居民对特定公共物品和公共服务的真实需求及其优先次序，而后针对其需求对应地进行物品供给和政策支持，双管齐下，在发展社区经济和建设时就能达到事半功倍的效果。

第三，实施分类推进、重点突出、因地制宜的公共物品供给政策。根据各地区经济发展水平和农村社区居民需求情况，实施有层次、有重点、差异化的农村社区建设政策。对于经济发展水平较低的、依然以农业为主要收入来源的农村社区，要加大与农业生产和农民生活有关的公共物品的供给，发挥地区的特殊优势，发展当地特色农业，提高农业生产效率，提高农民的生活质量，增加农民的平均收入；对于农村社区中同时依靠农业和非农业获取收入的地区，在改善农业生产条件的同时，要注意提高城市就业培训的质量，以满足农村转移劳动力对信息和技能的需求；而对于经济发展水平高、农村社区中以非农收入为主要收入来源的地区，社区建设的重心在于社区文化建设，满足社区居民的多样化需求。

第四，政府应对农村社区建设和供给的专项资金使用加强监管，保证资金的使用效率和资金分配的公平性。在农村社区的经济发展、整体建设、公共物品供给方面，政府都给予了相当的政策支持，为基层组织能更好地提供公共服务创造了有利条件，使得农村社区具有了很大的优势。但是，农村公共物品供给资金的合理使用和公平分配，却没有得到充分的关注。这些因素是会影响到农村社区居民的满意度评价的。因而，加强政府在农村社区建设资金上的监管是对社区发展的全方位的保障，是对农村社区居民的关心，也是对政府资金的负责。

（二）经济发展水平会对社区供给产生很大的影响

对于社区供给来说，与经济的发展因素是比较直接的关系，经济问题将会直接影响到供给的情况。在经济发展中，很多因素可以影响到供给，如社区整体经济发展程度、社区市场化程度、社区所在区域经济发展程度等。

社区所在区域的经济发展程度将会影响到这片地区的商品流通的活跃度和市场需求量的大小，会影响当地企业的生产力大小，也会影响所提供商品的价格高低等诸多问题。若社区所在地区的经济发展程度不高，而社区的经济发展程度高于社区所在区域的经济发展程度，便会导致需求无法得到满足或者是需求无法尽可能得到满足的状况出现。

社区整体经济发展程度将会决定社区整体和社区居民的供给需求。无论是政府的公共供给还是市场层面的普遍供给，只有在满足需求的情况下才能够进行。社区经济发展程度高，所需的供给的种类便会多，价格就会相对低廉一些；相反，社区经济发展程度低，所需的供给的种类便会少，价格就会相对昂贵一些。

社区市场化发展程度是影响社区自身供给能力的重要因素。社区市场化发展程度高，在社区内部，一些社区居民的基本需求甚至较高一点的需求，就能在社区范围内得到满足，反之，便不容易得到满足。

（三）社区地理位置的影响体现在交通和地区文化上

地理位置对于社区供给的影响不能算是决定性因素，但是对于供给是很重要的，是不得不考虑的因素。地理位置对于社区供给的影响主要体现在社区所在地的交通便利程度和地区内文化的特性。

交通便利程度会影响到社区供给的物品的价格和种类。在交通不便利的地方，供给物品的运输成本便会增加，会导致供给时物品的单价提高。交通便利程度会影响到供给物品的种类，对于一些交通不便利的地方，一些运输上存在困难的供给物品会很少出现。

地区文化的影响主要是在供给的物品种类上体现的。在我国一些地区，很多物品是不能进行供给的，会与当地文化产生严重的冲突，如信奉伊斯兰教的地区，猪肉制品是不能进行供给的。所以，根据地区文化，选择供给物品和供给服务的类型是很重要的。

二、公共层面的公共供给

一直以来，肩负着社区经济公共供给的重要任务的是我国政府。在政府的努力发展之下，社区的基础设施建设、政策支持、财政支持和公共服务都在按部就班地进行，在这样努力营造出来的环境中，社区经济在不断地吸取着经验，并持续地发展着。

（一）为社区提供规划性的总体建设

对于社区的建设来说，政府是站在全局的角度对整个区域进行有规划性的建设，政府对社区的周边状况按照规划来安排建设。这是社区在选址时不可忽视的因素，而且这个因素不同于社区内部建设的因素。政府会尽量使得同一大区域内的各个社区享有基本相同的公共设施建设，主要表现在以下四个方面。

1. 属于同地区的社区享有同样的公共基础设施

在我国，公共基础设施一般包括交通运输、机场、桥梁、港口、通讯、水利及城市供排水供气、供电设施和提供无形产品或服务的部门所需的固定资产。但是对于社区而言，公共基础设施主要是教育设施、医疗卫生设施、文化体育设施、商业服务设施、金融邮电设施、社区服务设施、行政管理设施和市政公用设施。社区的基础设施建设对于一个社区的发展是尤为重要的，所以在这方面政府应给予更多的重视。由我国的国情决定，各地的社区发展水平不可能在同一个层面上，呈现出参差不齐的状况。有的社区发展迅速，可以跻身世界先进水平，而有的社区连最基础的设施建设都没有完成。所以不同的地区，情况便是不同的。

2. 交通情况由所属地区的整体交通规划而定

社区交通情况是否便利，主要是看社区选址地的交通情况。社区内部的通畅情况是社区建设时的布局问题，但是交通、道路是政府整体交通规划中的一部分。

3. 政府为社区提供的相关场所是基本一致的

社区居民所需的相关服务场所，政府在建设规划中进行了统一建设，如医院、图书馆、体育馆等。根据社区所在地的不同，设施的条件也是不相同的，但是处于同一地区的设施条件是基本一致的。

在医院、医疗卫生方面，政府进行了完善城市社区的补助政策，对社区卫生服务机构基本建设、房屋修缮、基本设备配置、人员培训、公共卫生服务及离退休人员费用等提供补助；加强社区卫生服务人才队伍建设。加强对医学院校临床医学、护理专业在校生的全科医学、社区护理素质教育，加大对社区全科医师、护士的在职培训力度，完善任职资格和聘用制度，在晋升职称、工资福利等方面实行适当的政策倾斜，吸引医学人才进社区为居民服务；促进医疗保险参保人员充分利用社区卫生服务。积极扩大社区卫生服务机构定点范围，符合条件的社区卫生服务机构都可以申请医疗保险定点服务，符合规定的社区卫生服务项目都纳入支付范围，适当拉开医疗保险基金对社区卫生服务机构和大中型医院的支付比例档次；加强对社区卫生服务机构的医疗服务和药品价格管理。对社区卫生服务机构实行政府指导价，降低药品加价率，逐步弱化药品收益对社区卫生服务机构的补偿作用，鼓励药品生产经营企业在保证药品质量的前提下，通过简化包装、定点生产、统一配送等方式降低社区用药的成本和价格。

在文化设施供给方面，政府逐步加强了建设力度。胡锦涛总书记在党的十七大报告中指出：坚持把发展公益性文化事业作为保障人民基本文化权益的主要途径，加大投入力度，加强社区和乡村文化设施建设。所以各级政府对此加大了重视，对于居民的精神文化需求，政府在社区的发展建设上，鼓励建设更多的阅览室、艺术馆、广场、图书馆、俱乐部、舞厅等文化娱乐设施，给予社区居民更丰富的文化生活。在政策上给予更大的支持，调动社区居民的积极性。

4. 政府会根据居民最基础的需求提供公共服务

政府的公共服务职能就是政府满足社会大众的公共需要，提供公共产品的服务行为的总称。对于社区，政府会为社区居民提供充足而优质的公共产品，提高社区生活的质量，加强社会保险、社会福利、基础设施和公用事业等项目的发展。1978 年以后，我国政府不断地对公共服务进行改善，并在公共服务质量方面取得了显著提高。但是对于社区公共服务的供给直到近些年才有所改善。2011 年 12 月，国务院办公厅印发《社区服务体系建设规划（2011—2015 年）》，民政部表示中国社区服务内容不断拓展，政府公共服务事项逐步向社区覆盖。政府在国家整体的公共服务方面取得了不错的成绩，接下来转而加强社区公共服务的建设，我国社区公共服务仍然属于比较落后的阶段。

首先，社区服务设施需要不断地进行完善。中国城市社区服务中心作为一种综合性、公益性社区服务设施，是伴随社区服务和社区建设事业的发展而出现的。政府增加社区服务中心的数量，是加强社区公共服务供给的基础。截至 2011 年，全国共建成街道社区服务中心 3515 个，社区服务站 44237 个。

其次，社区服务的内容不断地进行拓展。政府公共服务事项逐步向社区覆盖，社区志愿互助服务蓬勃开展，便民利民服务项目及服务网点逐步进入社区，方便了社区居民生活。逐渐地向全国社区以“点—线—面”的形式不断地扩展，在此过程中，政府在不断完善和改进社区公共服务的形式和内容，不断地为民众创造更优质的生活环境。

再次，为了加强公共服务的质量，政府需要对社区服务队伍进行扩充。对于社区服务人员的培养和招募是公共服务的重要内容，优秀的服务性人员能够更彻底、更到位地落实政府的公共服务职能。截至 2010 年底，全国共有社区居民委员会成员 43. 9 万人，社区公共服务从业人员 105. 9 万人，507. 6 万社区居民注册为社区志愿者，成为推动社区建设和社区服务的重要力量，为我国社区公共服务事业的发展作出了卓越的贡献。在社区服务队伍的人员选择上，政府会更倾向于社区内的人员，既是考虑到对社区情况和需求的了解程度高，同时也为社区内部的人员提供一个就业的岗位。

最后，政府需要建立一个良好的社区服务制度环境。政府围绕老年人、未成年人、残疾人的权益保护工作出台了很多相关的法律法规，围绕社区卫生、社会救助、劳动就业、文化教育和社区服务设施建设等出台了相关政策，强化了社区服务体系建设的政策保障。在社区公共服务的建设上形成了初步的服务体制，并不断地实践、完善社区公共服务环境。

（二）政府在产品上的供应会面对所有居民进行

政府在产品供给上面对的对象是城市、集镇和农村的全体居民，不会为少部分人的需求进行大规模的供给。

政府会根据居民最基础的生活、生存需求进行整体的生活必需品的供应。居民的生活、生存的最基础需求的产品便是“吃”，对于吃的产品的供给，政府会通过一些直接的渠道，在城市、集镇和农村内建立便于居民进行采购的菜市场和相关的能够购买到食用产品的农贸市场。

政府在部分地区的多个社区建立一些综合性服务商铺。在解决了居民的基础问题之后，为满足居民其他需求，政府选取若干社区中间的位置建立能够为这些社区提供其他生活用品的综合性的服务市场，物品的种类多样，并且十分齐全。

宁夏因地制宜创新养老服务模式，扩大养老服务供给

近年来，宁夏因地制宜发展养老服务业，养老服务机构数量不断增加，服务规模不断扩大，已初步建成“以居家养老为基础、社区服务为依托、机构养老为支撑”的社会养老服务体系。宁夏于2009年进入人口老龄化社会，目前60岁以上老年人口已达80.7万人，养老形势日益严峻。围绕人口老龄化实际，宁夏采取有效措施，不断加强养老服务基础设施建设，扩大养老服务供给，健全完善扶持政策，推进了以居家为基础、社区为依托、机构为支撑的社会养老服务体系建设。数据显示，截至目前，全区共有各级各类养老服务机构93所，设置床位1.12万张。其中，全区五保供养机构61所，床位5693张，集中供养率32%。

在加强政府投资发展养老机构的同时，宁夏积极引导社会力量兴办养老机构，在土地、税收、用水、用电等方面给予优惠，同时对按标准建设的非营利性民办养老服务机构，按照核定的床位数给予每张床位5000元的一次性开办补助和每年1200元的运营补贴，极大地调动了社会力量参与的积极性。目前，全区民办公助养老服务机构12所，建筑面积76056平方米，设置床位2579张。与此同时，宁夏还充分整合各类资源，创新发展模式。一方面宁夏利用社会现有的多种资源，建设了一批具有日间托管、医疗保健、文化娱乐等功能的居家养老服务中心（站），探索多种形式的服务模式，为老年人提供日托、就餐、洗衣、保健、休闲等多种服务，目前全区已经建成社区养老服务站445个；另一方面，采取社会力量投资、市场化运作、政府和慈善公益组织资助并监管的方式，委托宁夏援通众合信息科技有限公司投资900余万元、自治区资助418万元，建设了集为老服务热线、紧急救援系统、数字网络系统和“一键式”呼叫服务为一体的宁夏智能化社区居家养老服务信息平台。

据悉，目前该平台已为7100多名享受政府购买服务的困难老人免费安装了固定型和移动型“一键式”呼叫器，与700多家家庭服务商签订了服务协议，为居家老人提供日常生活照料、家政服务、心理咨询、超市免费送货、生日及吃药提醒、走失老人卫星定位等74个服务项目。通过政府购买服务和慈善资助等形式，宁夏已累计为7000余名困难老年人购买服务，为9万多名老年人提供了多种形式的服务。

资料来源：新华社2013年10月10日，http：//www. nx. xinhuanet. com/newscenter/2013 -10/10/c_ 117656670. html。

三、市场层面的特定供给

在社区供给的建立和服务的过程中，政府不可能是面面俱到的，出于政府的性质和职能，只是在整体上和大方向上给予一些帮助和支持，单纯在社区供给层面上政府是有很多缺陷的；而且对于一些成熟的社区而言，将社区供给的任务交给市场，不仅减轻了政府的负担，同时也加强了社区供给的效率。社区的经济服务既是一项事业，又是一种产业。作为事业，它具有福利性质，是不以营利为目的的专业性社会服务；作为产业，它又有自己的利益要求。因此，要针对社区经济的不同内容，采取不同的运营模式，以维护和保障社区特殊群体和大多数居民的基本生活权益为出发点。在社区中按照市场的经济规律，经济会自由的运行，政府只在其中起到了引导的作用。在市场规律的运行之下，社区周边会根据居民的需求产生更多的相关商铺。

（一）市场化的社区建设更加贴近居民的心意

市场化的运作模式是根据买方的需求进行产品的供给和商铺的成立与建设的。根据社区居民的相关需求，政府在总体规划层面无法满足的，便会由市场来完成这些任务，在形式上会弥补政府供给上的很多不足之处，同时更加贴近民意，更好地满足居民的需求。

1. 根据自身情况和居民需求建设基础设施

在政府整体规划建设的基础上，社区会根据其所处的位置和特点，对社区进行一定加强建设，使得社区居民得到更多的便利。如部分较大的社区建立了区间的巴士车，方便了居民的出行；部分社区的老年人较多，社区便会对进出社区的车辆类型和进出的时间进行一定的限制，以免打扰老年人的休息；部分社区的残障人士比较多，社区便会在社区内建立很多路障、栏杆、扶手和便于休息的地方，方便残障人士的生活。

2. 社区内部的相关场所由于不同的居民需求和社区定位而不尽相同

社区的内部建设有很大一部分设施和建设会迎合居民的需求、本社区的自身定位和自身条件，如对于高端定位的社区来说，整个社区内部的设施和环境一定是进行过细心布置的，让人感到高端的氛围；对于基层群众的社区来说，社区会将幸福舒适的氛围带给居民，使居民从中感受到更强的舒适感和幸福感。

（二）市场化的产品供应更符合市场规律

社区发展到现今，市场化的程度越来越高，政府在其中的作用只能体现在整体上，在市场规律的运作中，居民生活越来越便捷。

1. 市场化的供应弥补了政府产品供应中的不足

市场化的社区服务为政府所没有涉及的地方提供了补充，为政府全面服务但质量不高的地方进行了提高。在社区周边的地方社区和企业建立超市和购物中心，方便了社区居民对生活、生存必需品的购买。

2. 餐饮业相对发达，类型众多，企业和个体工商户针对不同人群进行供应

现代生活中，很多家庭对于厨房有了逐渐远离的态度，使得餐饮业逐渐发展起来。对于社区来说，逐渐地被越来越多的餐厅、饭店包围了。

面对不同消费能力的居民，企业和个体工商户根据自身能力分成了两种类型的服务商。个体工商户主要是消费能力较多的基层人群，而企业在服务、装修等方面投入了更多，将消费人群提高了很大的档次，面对较高消费能力的人群。

3. 商铺的建立要求市场化程度较高，企业起到了主导作用

企业在社区经济中扮演着很重要的角色。在市场化的社区经济体系中，企业是最重要的一个。企业在社区经济中扮演着绝大多数商业性的服务点的角色，为居民提供着便利，如超市，医院等第三产业服务型的经济形式。社区企业还面向社区家庭，开设了钟点工、中介、搬家公司等多个服务项目；面向企业单位，提供幼儿教育、餐饮等服务。企业在社区经济中是一个比较全面的经济体。企业在社区之中根据市场的规

律，解决了政府所不容易解决的问题，这也是政府愿意将社区市场化的一个原因。

企业为社区建设各项事业提供了强大的经济支持和物质保证，是社区建设和社区发展目标得以实现的根本保证。通过发展城市社区经济，可以改善社区内部的社会关系和经济关系，促进第三产业飞速发展，提高国民经济和社区经济的整体效益，对于解决我国社会经济发展的深层次问题具有十分重大的意义。

对于社区居民更高层次的需求，更多的是由企业所建立的大中型的商场等购物中心供给的，这个方面企业是主导着消费方向的，而个体工商户只能够满足部分中低端消费人群的部分需求，起到一个辅助作用。

哈尔滨将在388个社区建立直营店，每天可供应4000吨果菜

2013年9月24日零时，一辆辆装载着南方产新鲜水果的车辆驶进雨润农产品全球采购中心，标志着黑龙江省最大的果菜交易基地在双城正式运营。

雨润农产品全球采购中心是黑龙江省首家一站式新型农产品采购市场，坐落于哈尔滨市南大门的双城新兴经济开发区，总占地面积200万平方米，日客流量3万人次，日吞吐量万余吨，年交易额达百亿元以上。中心采取“基地直供、厂家直销、终端配送、电子结算”的经营模式，是省内首次采用“一卡通”制度实现农产品现代化运营的大型市场，与全国各主产区产销直接对接，同时与果菜进出口公司联合，确保各种优质新鲜果菜第一时间运抵雨润全球采购中心。

据采购中心总经理王健介绍，中心运营后将在哈尔滨市388个社区建立直营店，每天可供应4000吨果菜。价格会比以往同类市场价格低1/3以上，个别品类价格会降至70%，让百姓在家门口就可以用批发价格买到实惠的果菜。

资料来源：食品产业网2013年9月26日，http://www.foodqs.cn/news/gnspzs01/201392693239870.html。

第七章

中国社区经济管理模式分析

随着工业化、市场化、信息化、城镇化、国际化的发展，我国城乡基层也在不断地变化，单位体制逐步被打破，大量的单位人转变为社会人，社会人转变为社区人，社区逐渐发展演变成为城乡居民生活的家园，同时也成了社会管理的基本单元。社会管理的各项法规政策、制度措施、社会互动都离不开社区这个管理层次。社区经济建设成为我国社会主义市场经济体制建立、现代城市高度发展以及社会转型期间提出的一个迫在眉睫的问题，对于促进经济发展、社会进步、维护社会稳定和提高居民生活水平都有十分重要的作用。一般而言，社区管理也被称为社区行政，主要是指一定的社区内部各种机构、团体或组织，为了维持社区的正常秩序，促进社区的发展和繁荣，满足社区居民物质和文化活动等特定需要而进行的一系列的自我管理或行政管理的活动。社区管理模式则是指为了达到社区管理的目的而采取的各种管理体制、机制、手段、方法的有机结合体。

一、构建社区经济新型管理体制急需解决的问题

我国城市社区组织治理结构一直都是以单一的纵向联结为主，权力使用为自上而下的直线制治理结构。但随着市场经济的逐步发展，这种治理结构已经不能为社区组织治理带来成效，反而严重地阻碍了我国社区经济的发展。因此，社区经济结构的创新迫在眉睫。从社区组织与政府的关系来看，应由过去的典型行政直线制转变为相互协作的伙伴关系，从而构建成为一种新型的社区经济组织网络模式。随着工业化、城市化和现代化的迅猛发展，社区经济发展逐渐变成了各国社会发展的主要任务。经济体制改革以来，我国社会经济模式也发生了重大变化，单位管理模式趋于失效，城市基层社区组织作用加强。但社区经济组织结构仍是以单一的纵向联结为主，权力使用为自上而下的垂直式行政隶属关系的组织管理体系。而作为准一级政府的街道办事处和被纳入到政府体系中的居委会管理结构的设置与行政机构的设置相联系，并按照行政系统划分为不同的等级层次，上级管理部门的行政指令成为各级管理结构运行的动

力。当前，我国城市社区经济体制改革第一阶段的任务已经基本完成，下一步主要发展目标就是进一步推进社区经济新型管理体制和建立及完善运行机制。但从一些地方性社区经济新型管理体制建构的实践来看，仍存在很多新问题有待解决，而这些问题主要在以下方面中体现。

（一）人们的社区意识淡薄，对社区事务参与程度低

受我国过去计划经济体制的长期影响，政企不分成了一种常见的社会现象，这在行政机关、企事业单位承担社会自治组织的职能中便显得更加明显。这种单位办社会造成居民过多地依赖单位，却忽视了对社区的关注，尤其在利益冲突时，居民对居委会的无视和对单位的强烈认同感，致使居委会得不到居民的有效参与和长久支持。居委会在居民的生活中已渐渐地缺乏了权威性。另外，虽然社会处在转型时期，但人们的思想观念并非会随着体制的转变而快速地适应新的理念，对于社区的工作者来讲，旧理念、老习惯早已根深蒂固，甚至对社区的含义、运行机制都是茫然无知。久而久之，居委会便对政府机构过于依赖，而漠视了居民生活中实际经受的问题。因此，人们对社区意识的淡薄和居委会在居民心中的形象不佳、地位偏低就成了正常的现象。居委会越是依赖政府，居民越不认同居委会，恶性循环下的疏离感，使得居委会功能必然弱化。

（二）社区经济管理体制仍未理顺，社区管理条块分割状况依然严重

社区居民委员会运行机制是在计划经济体制下形成的。当前，部分城郊社区居民委员会的服务对象仍然比较狭窄，主要面对的是当地的农业人口和农转非人口，而驻区单位和居民小区管理部门都有各自的上级主管部门，让日常的管理与服务工作存在着管理不清、各自为政的现象。社区内的各种资源难以整合来推动社区发展，已经城市化的农村仍然没有相应的办事处进行管理，造成了部分“空白”地带。

（三）社区居委会的工作方式需进一步改进，社区功能有待完善

目前，还有一些社区的工作者在旧思想的指导下仍习惯于上至下派的工作模式和上评下效的运行机制。此种带有一定行政化倾向的工作方法，使得社区居委会在自身建设和工作的开展上，不能准确地定位，距离真正的自治还存在一定的距离。此外，在社区功能方面，资源整合和多元化投入体系仍未形成，存在功能不健全、设施不完备、资源整合力度不够等问题，同时，大量的重复建设、资源浪费现象，也给我国社区经济带来不少的负面影响。

（四）居民小区管委会代行政府职能产生诸多问题

第一，企业行使政府职能使政府的权威性受到了影响。现阶段，新建小区的直接

管理集中在物业管理公司手里，然而物业管理公司本就是管委会委托为业主及住户提供有偿服务的。这种以盈利为主要目的的经济实体代替执行政府职能，本就与政府为人民服务的非营利性、公益性的宗旨相冲突，因此，社会上普遍不能接受小区管委会代替行使的政府职能。第二，管委会并未真正履行政府赋予的社会管理职能。实际工作中，由于政府只授予了权力，而没有拨给相应的管理经费，面对小区内居民人户分离、居住分散、成分复杂等问题，小区管委会只起到了物业管理的作用，而政府赋予的社会管理职能并未能得到充分的体现和有效的发挥。第三，居委会的消极管理。政府把社会管理职能赋予了小区管委会，居民委员会便放弃了对小区事务进行管理，而小区管委会又不能真正履行政府赋予的职能，因而在小区内普遍形成了社会管理方面的“真空”和“空白”。

（五）社区内诸多服务业呈现多头审批、多头管理现象

不具体落实各级政府职能部门的权责是当前社区文化设施建设的主要问题。服务行业若是过于注重经济利益，那么势必会忽视它的社会效益。现阶段，在社区文化设施的建设上，各部门都过于注重自身的利益，不讲行业布局，不讲统一规划，致使此类设施过滥过多，进而导致恶性、无序竞争的现象愈演愈烈。同时，文化设施带动下的体育、卫生、计划生育等行业的管理上，也没有明确具体的职能机构来统一加强管理，造成了有利的事情抢着管，而一旦出了问题，便无人问津。

（六）社区的公共管理和公共服务功能未能得到充分发挥

目前，由于尚未形成有效的综合管理机制，加之原本辖区的警力不足，群防群治力量较弱，使得犯罪率呈上升的趋势。尤其是暴力性犯罪，已经在局部地区形成了“治安乱点”。此外，户籍制度的严重滞后、城市基础设施的不配套、服务功能差和网点布局不合理等，使得大量的流动人口出现了一种居住在社区却不能行使权利的尴尬局面。这种现状让他们对参与社区建设产生了消极态度，很难实现真正意义上的居民自治。

二、我国社区管理模式现状

从新中国成立以来，我国的社区管理模式一直在变革、创新，如今，逐步形成了社区管理的“三二模式”。基本架构也由过去单一的单位体系发展成社区党支部、社区居委会和社区服务站三足鼎立的架构模式。另一方面，社区组织体系也在不断健

全，基层社会格局正在进一步形成。要更好地了解社区管理模式，离不开对当前几种社区管理模式的分析和比较。本报告主要对五个典型的社区模式——行政主导型管理模式、半行政半自治型管理模式、自治型管理模式、“居站分设”管理模式、“邻里中心”管理模式进行分析比较。

（一）“三二模式”构成我国社区管理的体制基础

我国社区建设的提出和发展产生于城市基层管理体制改革的过程中，而城市基层管理体制指的是城市基层的组织架构、功能地位及权责利等相互关系间的综合，并且基层管理主要处理的是与社区居民日常生活相关的事务。目前，我国城市的行政级别大致分为省级、副省级、地级、县级四个级次，组成城市社区行政系统，与省、县、乡广大农村区域的行政系统一道，构成具有中国特色的城乡双轨制地方社区行政体制。根据我国宪法规定，区是城市的基层政权机构，街道一级是区政府的下属机构，而居委会便是群众基层自治组织，在政府的授权和指导下承担一定的社会管理职能。这里所提及的社区，是传统意义上的社区居委会。在城市生活的每一位居民群众，都必然与社区居委会、街道乃至区政府产生关系，直接或间接地受城市基层组织的管理。其大致模式如图 7－1 所示。

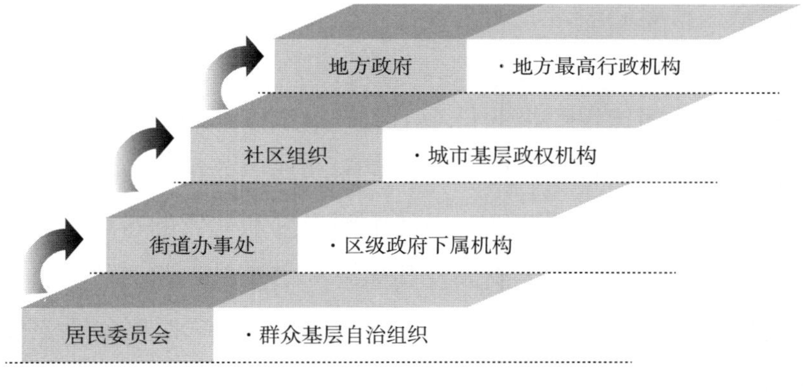

图 7－1　地方行政机构模式

具体到社区层面而言，目前，我国城市社区存在着各类组织，它们是推动社区建设和经济发展的主体，是社区中具备不同职能和利益诉求的行为主体，在社区经济建设和发展中相辅相成，并依托社区的存在而发展。中国社区组织的类型可以概括为“三二模式”，即三个核心、两个中心，如图 7－2 所示。

领导核心——社区党组织是执政党最基层、最直接的体现，它的设立与存在与新时代背景相符合。社区党组织在开拓新领域、增强凝聚力、提高号召力方面发挥了最基础的作用。它突破了以传统单位的党建工作为主的局面，转向以单位党建和社会党建共同发展的局面。总而言之，社区党组织是社区的领导核心，在社区中处于政治领

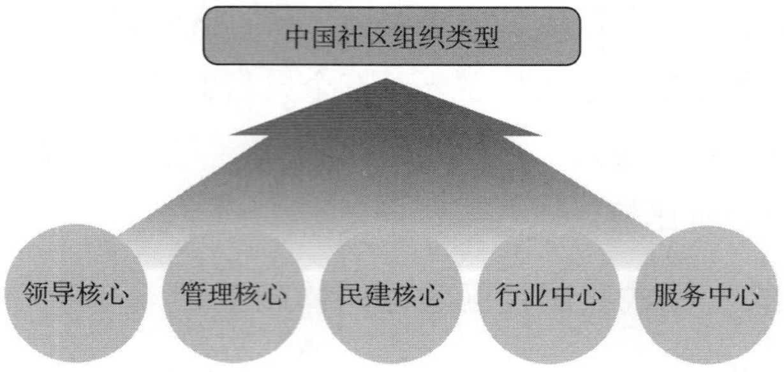

图 7－2　“三二模式”

导地位。

管理核心——社区行政组织指的是街道办事处，它不仅依法行使政府的社会管理职能，还充当着综合协调和具体指导辖区内社区居委会工作的角色；它不仅是政府职能部门落实社会管理的各项职能的载体，也是有效促进、配合、指导社区居委会工作的执行者。街道办事处发挥着“条与块”工作的协调作用，是各社区最直接的管理者。

民建核心——群众自治组织即指社区委员会，是社区民主建设的核心，是按照党的路线、方针、政策发动群众参与社区各项事务的重要群众性组织；更重要的是，它是联系政府和群众的桥梁和纽带。从某种程度上而言，社区居委会既是社区群众的议事中心，也是推进基层民主的最有效组织方式。

行业中心——社会团体组织指的是除了政府组织以外的中间组织和机构，包括各类社区行业协会、社区工作者专业协会等。它的功能主要是承接从政府管理中剥离出来的社会功能，是今后政府推动社区建设的中间力量和社区的行业中心。

服务中心——民间非营利性组织以及其他公共事业组织或团体，是社区中共同承担公益性、慈善性的实体服务者，也是社区建设中各类任务和各项工作的具体实施者。它的基本特征是围绕以人为本服务的非营利性，也是今后政府采购服务、财政补贴和资金救助的重点对象。这类群众公益性实体组织是社区服务中心。

（二）社区党支部、居委会和服务站构成社区组织基本架构

我国社区建设主要依托街道和居委会来开展相关工作，《中华人民共和国宪法》和《中华人民共和国城市居民委员会组织法》中规定，街道是政府的一级派出机构，居民委员会是城市基层群众性自治组织。这一规定清晰地界定了街道和居民委员会的性质。具体来看，我国的社区管理组织主要由社区党支部、社区居委会和社区服务站三部分构成（如图 7－3）。其中，社区党支部领导社区的整体建设；社区居委会是居民自我管理、自我教育、自我服务的居民自治组织；社区服务站担负着开展社区公共

服务的职能。目前，我国社区建设工作实行的体制和机制是党委和政府领导、民政部门牵头、有关部门配合、社区居委会主办、社会力量支持、群众广泛参与。这种体制安排体现了我国经济转型大背景下的特殊国情，具有一定的过渡性质，但对于城市社区的有序发展比较有益。

图7－3 社区组织架构

（三）社区组织体系不断健全，基层社区格局进一步形成

我国基层社区的组织体系主要包括社区党组织、社区自治组织及民间组织。其中，社区党组织是社区的政治核心；社区自治组织主要指居民代表大会、社区居民委员会及其他按照居民的意愿设立的补充性、监督性组织，而居委会是社区基层群众自治组织和社区成员的法定代表；社会民间组织主要指各种志愿者组织和社会组织，它们是社区组织中重要的中间力量。据有关部门统计，到2008年底，全国城市“一社区一支部（一个社区一个党总支）”的覆盖率已达到99.6%。在多年的发展和实践中，突出社区党组织的领导核心地位，健全社区党组织的各项功能，使得社区党组织成为一个有创造力、战斗力以及凝聚力的坚强集体。在社区组织规模上，“我国共有68.7万个基层社区自治组织，其中村委会60.4万个、社区居委会8.3万多个（表7－1）；全国共有社会组织41.4万个，业务范围涉及民政、科教、文卫、体育、环保等各个领域，吸纳社会各类人员就业475.8万人”。“全国城镇社区服务设施已达12.2万个，城镇便民利民服务网点74.8万个，社区文化中心（室）3.4万个，社区劳动保障工作机构6.7万个，社区警务室6.1万个，社区人民调解委员会7万个，法律援助工作站5.5万个，消费者投诉站、消费维权联络站4.9万个。社区志愿者组织43万多个，注册人数2600多万人，参加社区志愿服务的人数已累计达到3000多万人次，成为推动和谐社区建设的重要力量。”截至2009年，我国社会团体22.9万个，吸纳就业人数286万人，从中央到地方各个级别组织涉及科、教、文、卫等各个领域（表7－2）。以上种种数据显示，社区组织体系的不断健全和完善，必将在推动和谐社区建设中发挥更加重要的作用。

表 7－1　　2008 年全国基层社区自治组织数量　　单位：万

全国基层社区自治组织	村委会	社区居委会
68.7	60.4	8.3

表 7－2　　社团情况　　单位：个、人

地区	单位数	年末职工人数	受教育程度		职业资格水平		按活动区域分的单位数		
			大学专科	大学本科及以上	助理社会工作师	社会工作师	省级社团	地级社团	县级社团
全国	229681	2855858	427749	178318	3501	54	22810	62004	143086
中央级	1781	46733							
北京	3106	27740	14105	7065			1143		1963
天津	2013	8231	2303	2500			833		1180
河北	9000	66978	8618	3026	48	1	765	2561	5674
山西	5675	99372	22725	3659	1		847	1979	2849
内蒙古	4876	41486	7862	4921	82		542	1584	2750
辽宁	9303	73706	11958	5339	165	3	617	3818	4868
吉林	5062	68271	11379	2453	707		538	1718	2806
黑龙江	5223	130200	23100	8687	12	12	846	2038	2339
上海	3409	35900	1399	1045	388	2	1076		2333
江苏	17678	108194	17557	9259	80	3	837	4719	12122
浙江	13743	269401	42896	14215	49	5	879	3691	9173
安徽	8613	250214	20051	6097	27		812	2989	4812
福建	9997	96948	17271	5424	430		850	2476	6671
江西	6152	74157	4194	1517	3	1	585	1777	3790
山东	16719	125419	30881	26895	3	4	933	4324	11462
河南	9844	59773	11966	4315	126	4	896	4000	4948
湖北	9305	84770	13207	5101	105		783	2758	5764
湖南	9610	84178	19556	7614			720	3091	5799
广东	11553	67194	9735	3539	348	1	907	5020	5626
广西	8658	130410	7048	2027	9		617	1821	6220
海南	1363	6512	1004	348	20		590	238	535
重庆	4243	83749	11326	5101	28		828	42	3373
四川	15679	278139	70728	30433	27	10	982	3631	11066
贵州	4512	65918	8129	1728	18		562	889	3061
云南	7778	61999	9247	3603		1	718	1698	5362
西藏	288	1248	377	136	456		157	112	19
陕西	6375	69044	5996	1740			736	1532	4107
甘肃	6836	171575	13032	4172	355	6	547	1317	4972
青海	1757	62795	1680	647	9		459	331	967
宁夏	4356	44027	1145	435	4		543	324	3489
新疆	5174	61577	7274	5277	1	1	662	1526	2986

（四）传统型管理模式特点显著，具有较大的局限性

行政主导型管理模式、半行政半自治型管理模式、自治型管理模式是我国传统性质的管理模式，具有典型的地域特点。哈尔滨市是我国东北的城市，经济结构单一、政治生活稳定，其经济发展速度比较缓慢，与我国过去的社区管理体制基本相同。上海市是我国沿海开放城市，经济发展水平较高，政府民主化意识较强，其社区体制改革在保证政治经济生活稳步发展的同时，也同样注重政治民主生活的改善。沈阳市是东北老工业城市，国有企业占有大多数，因此，沈阳市从计划经济转向市场经济的过程中，所承受的阻力极大；而沈阳市的大胆创新，是城市社区基层民主自治建设的重大突破。

（五）创新型管理模式更适用于社区经济的持续发展

深圳社区“居站分设”的管理模式以及苏州工业园区“邻里中心”的社区商业模式属于创新型管理模式，相对于前三种模式有了很大的进步。苏州工业园区的成熟经验值得社区商业水平较低的国内社区借鉴。一方面，政府主导建立高端社区模式，可以为居民提供生活福利配套设施，用以满足社区居民的品质生活需求；同时，也带动了社区服务能力提升，大大加强了社区居民的归属感，从而推进社区建设。通过分析深圳社区“居站分设”管理模式以及苏州工业园区“邻里中心”社区商业模式的成功案例发现了以下几点。

第一，要发挥政府的主导作用，采取合理规划，有序建设。社区商业模式的选定不能单单看成是市场作用，也是政府社区建设的职责，管理模式改革中政府应起到主导作用。而苏州工业园区从一开始就被纳入到了政府制定的总体规划中，由政府起到主导作用。政府投资 2. 84 亿元成立了邻里中心发展有限公司，负责苏州工业园区的开发及运营。在统一的规划下，根据社会发展需求进行工业园区的合理设置。而深圳社区“居站分设”管理模式则是政府经过长久的发展摸索之后，分析得出来的切合实际的一种发展模式。政府在深圳社区发展中扮演着必不可少的主体。这告诫其他社区，在学习过程中要坚持政府主导，按照各行政区自身社区的发展情况，制定各地区特有的发展规划。

第二，要尊重市场规律，建立成熟的经营模式。在政府主导的同时，也要尊重市场规律，合理运用现代企业化的经营管理模式。深圳社区“居站分设”的管理模式经历了三个时期，是在得到大量的市场经验后经过分析采取的管理模式，而苏州工业园区则是吸取了新加坡经验，采取连锁方式经营的，是主要以招商和建设为经营基础、以市场需求作为功能定位、以所有者身份进行综合管理的区域性、综合性的社区

模式。苏州工业园区在管理运营过程中着重体现了其企业化、专业化的特点，将商用产业和服务设施集中起来，并对服务范围、服务设施标准化，做到了对市场资源的合理搭配。

三、行政主导型管理模式

（一）模式内涵及特征分析

行政主导型管理模式以政府为核心，目前主要以市区人民政府下派的街道办事处为主，在社会团体、团体组织、居委会等各种社区主体的积极参与配合下对社区的社会公共事务进行管理，目的是强化基层政府的行政职能，通过对政治、社会资源的掌控进而实现整体的社会整合。

此发展模式的优点在有坚实的政治、经济资源做后盾，充分采取条块结合、以块为主的方式，让行政管理网络在社区建设中发挥重要作用，以当下北京、上海等城市为例。缺点在于政府职能过于全面，社区有趋于单位化的嫌疑，抑制了民间的活力，降低了政府的工作效率，增加了政府的财政负担，政府机构有膨胀的趋势；长远来看，对一些经济基础发展相对较弱的中小城市会形成制约。

（二）案例：哈尔滨市南岗区

以哈尔滨市南岗区为例。哈尔滨市南岗区在改革中所建立的社区组织是以加强党委、政府的统一领导为核心，以强化民政部门的主管职能为主体、以加强各部门的协调合作与社会各界的参与为客体的行政主导型模式。

南岗区社区组织管理体制按纵向可分为区、街道、居委会三个级别。在区一级，成立了南岗区社区建设指导委员会，区委书记任委员会主任。委员会是社区建设组织的领导机构，全面负责南岗区社区建设的统一部署、统筹规划、督促检查和综合协调。委员会下又设有“社区建设办公室”和“社区建设指导中心”，前者为协调机构，协调社区建设指导中心及其他相关的工作；后者为日常工作机构，由民政局局长兼任中心领导。在指导中心内部，根据社区建设的不同内容，由相关的委、办、局组成7个工作指导部。它们均为实质性工作机构，其业务工作、人员编制和工作经费等分别由相关的政府部门负责。同时，这一管理工作系统也将自上而下地延伸到居委会一级，从而能够实现民政部门对社区工作强有力的领导和管理。

四、半行政半自治型管理模式

（一）模式内涵及特征分析

半行政半自治型管理模式即通常我们所说的“物业管理模式”。自 1981 年 3 月全国第一家物业管理公司——深圳物业公司成立以来，物业管理行业在中国迅速发展壮大。虽然其结构体制和运行机制仍存在许多不完善之处，但从整体发展情况来看，它已经成为现在城市居民日常生活不可或缺的组成部分。

这种管理模式的优点是社区的建设和管理有一定的生命力，缺点是当前物业管理仍不规范，亟待加强。这种市场化运作的管理模式毕竟不能完全覆盖小区中的社会管理和行政管理，所以整体来看，还不能说是一种完全意义上的社区管理，其地域范围一般也只为封闭性的小区。

（二）案例：上海市卢湾区五里桥街道

以上海市卢湾区五里桥街道为例。五里桥街道从社区不同的行政事务和目标出发，建立了三个层面的组织管理系统。

行政组织领导系统分为街道办事处及城区管理委员会。街道办事处是社区最基本的单元，其在社区行政管理中处于主导地位。城区管理委员会由街道办事处、环卫所、工商所、房管所、派出所、街道医院、市容监察分队等单位组成，主要职能是商量、协调、督察城区管理的各项事务。

然而行政组织执行系统分为四个工作委员会，即市政管理委员会、社会治安综合治理委员会、社区发展委员会和财政经济委员会。社区发展委员会主要负责社区的精神文明建设和社区福利、劳动就业等；社会治安综合治理委员会主要协助街道党工委、办事处领导治安工作；市政管理委员会主要负责对辖区内市政市容工作实行综合管理；而财政经济委员会则是对街道企业负责，扶持和引导街道经济的发展。

社会组织支持系统为一种中介组织，由社区内企事业单位、居民群众、人民团体及自治性组织组成。对社区内各事务进行商议、指导、协调、监督和咨询，对社区行政提供支持，并促进社区行政管理的社会化。

以五里桥的经验作为分析点，社区管理委员会属于半行政半自治的组织。它一方面承担着协调行政管理系统条块分工的职能，另一方面又对整个社区的各种资源进行合理分配。社区事务咨询委员会是社区社会化的议事组织，主要负责议事、协调、监督和咨询。以此作为基础，五里桥街道还创建了社区事务调解协商制度，对社区内的重大工作进行通报，以充分发挥街道企事业法人、政府机关法人、社团法人等多种角色的作用。

五、自治型管理模式

（一）模式内涵及特征分析

自治模式是指以社区居民为核心，联合社区内各种团体组织机构共同参与社区事务的管理，实行真正的民主自治的管理模式。以沈阳市社区体制创新——自治型模式为例。

这种模式的优点是能够调动社区内大部分居民参与社区事务的积极性，有社区主人翁意识，有利于社区居民对社区产生认同感和归属感，形成良好的社区风尚，避免政府职能过高产生的市场间或“失效”。从经济的角度来看，社区居民自治还是一种管理成本相对较低的管理模式；从政治的角度看，社区居民自治有利于推进基层的民主建设，鼓励公民政治参与，促进新一代公民成长。不足之处是从现阶段社区管理实践看，没有政府的引导、法律的规范，社区自治空有口号，有纸上谈兵之嫌。①

（二）案例：沈阳市春河社区

以沈阳市春河社区为例。沈阳市在社区体制改革中勇于创新实践，建立了特有的“沈阳模式”，即自治型模式。沈阳市春河社区创建了一套新的社区组织体系，从制度上保证社区民主自治。

春河社区由原来的 5 个居委会、2700 多户居民共同组合而成，打破了原来由街道行政区所划分的社区界限。社区成员代表大会是社区最高权力机构，讨论及决定社区的重大事项；社区管理委员会代替原有的居民委员会，主要负责社区教育、服务、管理和监督工作，对社区成员代表大会负责，对社区管理委员会提出建议，进行监督管理；社区党委主要是保障和支持社区自治。

在沈阳市春河社区的组织模式中，重点改革“居委会”。这一模式下的社区具有鲜明的特点，自主性强，且具有法定地位，拥有相应的权力，这使得社区机构在社区建设和发展中更具有主动性和创造性。此外，这一模式的鲜明特色在于公众参与。社区组织机构由居民选举产生，社区内权威人士和代表人士还能通过专业咨询机构表达社区的社情民意，以此对政府的决策产生影响作用。

① 张立荣、李莉：“当代中国城市社区组织管理体制：模式分析与改革探索”，载于《华中师范大学学报》（人文社会科学版）2001 年 03 期。

六、"居站分设"管理模式

（一）模式内涵及特征分析

所谓"居站分设"，就是在社区党组织、社区居委会以外，独立设立社区工作站。这样，社区内主体组织发生了结构性变化，从而以社区组织的多元化来满足社区需求的多元化。

深圳社区关于"居站分设"的管理模式既达到了加强政府的目的，也能达到加强社会的目的；同时，经过长时间的发展研究及分析也具有可操作性，是符合当前我国城市基层管理迫切需要的一种体制创新，具有非常重要的时代意义。

（二）案例：深圳市社区发展

2005 年 1 月，深圳市南山区委、区政府率先出台了《南山区设立社区工作站实施方案》，明确规定了设立社区工作站的目的和意义、社区工作站的职责等。同时，在所辖 96 个社区全部设立了社区工作站。此后，罗湖、福田、盐田三个区也先后设立了社区工作站。到目前为止，深圳市内四个区已全面实行"居站分设"，共设立社区工作站 320 个。另外，宝安、龙岗两区正在调研，以便做好设立社区工作站的准备工作。同年 2 月，深圳市委、市政府在总结自身和其他城市社区建设成功经验的基础上，发布实施了《深圳市社区建设工作试行办法》，该办法第九条明确规定："设立社区工作站，在街道党工委和街道办事处的领导下开展工作，其主要职责是：承办政府职能部门在社区开展的治安、卫生、人口、计生、文化、法律、环境、科教、民政、就业、维稳综治、离退休人员管理等工作，以及其他由各区政府确定需要进入社区的工作事项；积极配合、支持和帮助社区居民委员会依法履行职能，支持社会力量开展便民利民社区服务"。这一规定具有四层含义：一是在社区内新增了一个主体组织，即社区工作站；二是社区工作站主要承担政府行政职能；三是社区工作站与社区居委会并列而设；四是社区工作站与社区居委会之间的关系是相互支撑与配合，二者各司其职，各自责任各不相同，性质也有所不同，一个是群众自治组织，一个是政府工作机构。由此，形成了一种新型的社区管理体制，称其为"居站分设"。这种新型的社区管理体制，在深圳市社区建设发展中，具有里程碑的意义，并逐步显示出了它的作用。[①]

---

① 祖玉琴：《浅论深圳市社区管理体制的改革与发展》，广东民政信息网 2006 年 3 月 3 日。

七、"邻里中心"管理模式

（一）模式内涵及特征分析

"邻里中心"管理模式是苏州工业园区从新加坡引进的社区商业服务理念，就是在户与户之间设立一个功能比较齐全的集商业、服务及娱乐为一体的中心，使之妥善解决城市居民生活质量和环境的很多实质性问题，对社会经济发展及人群素质提高起到根本的保障作用。

社会管理体制改革其实就是在党委、政府的主导和推动下进行的。这样的格局使得在推进社会管理体制改革中能更注重对自身职能的修正，推进管理重心逐步下移，让社会更多承担原来由政府承担的管理和服务工作。因此，社区建设往往着力点就在于居委会功能强化、社区医疗养老、社区文化环境建设等。一个社区分布多少商业网点、提供的商业服务的水平如何，一直被划分为市场的职能。但苏州经验表明，社区商业涉及的其实是社区群众生活最直接的利益问题，决定了社区生活的品质。它的完善和繁荣其实是政府的责任，必将成为社区建设，乃至社会管理体制改革的重中之重。

如何改革社区商业模式，引导当下粗放型社区商业形态逐步向高端转变，通过科学的规划及定位，形成综合性、区域性的社区商业服务新模式，将是政府、社会体制改革中的重要任务。苏州工业园"邻里中心"的社区商业模式在这一方面堪称是一个优秀的典范。

（二）案例：苏州工业园

以苏州工业园为例，其设定的总体规划是在 70 平方公里的园区内按住宅区分别建设 17 个"邻里中心"，1 公里左右的半径辐射范围拥有一个邻里中心，以建筑群的组合形式布置在临近干道的独立地块内，每个邻里中心服务 6000 至 8000 户，大约 2 万至 3 万人。以业态组合来体现社区的商业功能，拥有书店、药店、超市、银行、餐饮店、文体活动中心、邮政、维修店、洗衣店、生鲜市场、卫生所、美容美发等基础商业业态。用较完善的商业组合和优雅的购物环境，在满足人民生活基本需求的基础上，更侧重于为现代人提供个性化的消费服务，营造优雅、恬适的生存空间，创造高品质的居住环境，从而将消费模式向更高基准发展，逐步演变成一种新型的商业服务模式。[①]

---

① 王春兰："苏州工业园区邻里中心商业模式发展研究"，载于《中国商贸》2011 年 32 期。

第八章 中国社区经济发展建议

一、发达国家社区经济发展启示

（一）社区经济要顺应国家经济发展的基本趋势

社区作为社会的基本人居单位，在社会发展中处于最初级，但是社区对整个地域及国家大环境的发展现状具有非常强的地域性和敏感性。在世界上社区发展较成熟的地区和国家，从社区的历史演变中可以看出，社区建设与社区经济的发展都是以国家、地域的整体演变为蓝本，以民生改善、社区稳定、经济发展作为社区改革、建设的直接切入点。顺着各国的社区经济发展追溯，我们不难发现，社区建设与社区经济发展在社会的大背景下，悄然地发生着改变。这与社会大经济体的发展密切相关，而且发生着日益重要的作用。展望未来，社区经济将逐渐在国家经济发展中发挥至关重要的作用，同时社区经济在某种程度上正从基层互补的角色逐渐转换为以社会经济体为主体的单位元素，占据经济发展的主导地位，也为社会维持稳定和平的发展奠定基础。

以美国为例，社区经济特征与当时美国社会的大背景密不可分。自殖民地时期美国社区开始萌芽起，直到 19 世纪中期以前的这一漫长时期，美国的社区更多地分布在乡村，农业生产和经营是当时社区经济的主要形态，并伴随有为数不多的低水平加工业和商品贸易业。

美国社区经济发展充斥着更多的政治诉求。社区经济起步时期，美国正在经历着被殖民和被压迫的痛苦生活和改变美国历史的“西进运动”，还有轰轰烈烈的最终赢得独立和自主的内战。为摆脱贫穷和压迫，在北美大陆建立新的交往规则成为新移民构建社区的根本目的。

北美移民心中对于社区的概念或许更多源于对家乡的思念，英国乡村整齐的村社、村公所、学校、教堂和露天集市等都成为他们心中挥之不去的情结。“尤其在经过长期的努力奋斗取得独立之后，他们希望生活在一个有宗教凝聚力的互相帮助的社区里”①。移民们在西部开拓的过程中，便自发地成立起各式各类的社团，相互约定将某种更广泛意义上的治国理念牢牢建立在社团内部，并以此为基础，发展起了所谓“多数人决议”原则和“权力来自于人民”的概念等。这也是美国现代社区民众社区价值观念的来源。

美国内战结束后，由于社会结构的变化和工业化程度的加深，社区经济意识形态登上了历史舞台。从美国内战结束到第一次世界大战的近半个世纪，美国从一个农村化的共和国变成了城市化的国家，与之相对应，美国社区建设也从农村社区逐步扩展到城市社区。换句话讲，美国社区经济发展是伴随着工业化和城市化的深入而不断发展的。随着第二次工业革命的爆发，美国国内工业化进入深入推进时期，经济形态迅速由农业经济向工业经济转变，进而带动美国在这一时期快速崛起，政治经济实力全面增强，但在创造社会巨大财富的同时，也造成了美国社会贫富分配不均，社会差距不断加大。此时，自由放任主义的政策已经不再能够应付工业化所引发的各种挑战和一系列社会问题，美国国内对社区问题的研究重视起来，社区理论得以较快发展。社区经济意识形态凭借这个契机登上了历史舞台，推动了实践中美国社区经济的充分发展。

第一次世界大战后，一场最为广泛的社区睦邻运动在美国悄然展开。这场社区改造运动引导人们将注意力投向研究解决社会问题的有效方案方面，更加注重基层社区的发展和建设，更加注重小社区的改造对于整个社会的意义，为社会去除弊病、和谐稳定发展提供了启示。到 1937 年，全美国已经有社区睦邻服务所五百多个。这些社区睦邻服务所充分利用社区人力、物力资源，培养社区居民的自治与互助精神，动员社区成员齐心协力，在本社区创造更好的生活条件。它强调和宣扬“人人平等”的思想，增进社区福利，即无论贫富都应享有政治平等和民主，而且可以享受基本的教育权和文化权。此次运动为社区服务向专业化迈进奠定了基石，完善了社会工作的基本方法。

1929 ~ 1933 年所爆发的历史上最惨重的经济危机对这种社区管理方式提出了重大挑战，人们逐渐开始质疑生产的无政府状态和垄断资本主义的矛盾，以及极端放任自由的市场经济。在此时机，美国社区经济进入了新的转型时期。20 世纪 30 年代以前的美国社区经济形态已经覆盖了整个工、农、商三大产业，但在社区经济运作模式上还是以民间的社区内自发管理为主。由于时任美国总统胡佛仍坚持“最好的政府干涉最少”的理论，将失业救济的责任推给市场，导致失业、贫困、通货膨胀等经济社

① 谢芳：《美国社区》，中国社会出版社 2004 年版，第 14 页。

会问题同时出现，极大地威胁到社会稳定，社区经济也遭到重创。此时社会各界已经逐步认识到，社会保障成为当时非常现实和紧迫的问题，为老人和失业者等特殊群体制定福利方案势在必行，否则将会演变成一场社会革命。换句话讲，在大萧条时代的美国推行国家干预经济已成为刻不容缓的需求。此时，美国社区经济发展也进入转型时期，即从社区睦邻服务所这样的民间组织或者是私人机构进行社区救济和社区帮助到国家政府广泛干预社区经济发展，尤其是在社会保障和社会福利事业方面。美国社会保障制度作为美国社区的重要组成部分也开始和发展于这一时期，其他服务社区经济发展的国家制度和政策也纷纷出台，从社区的层面治理贫困和失业问题，进而缓解社会矛盾。直到20世纪六七十年代，美国联邦政府通过了《社会保障法》《立法补充》《瓦格纳·斯特高全国住宅法》《公平劳动标准法》等一系列立法，颁布和实施了残疾福利金、联邦医疗保险、生活补助金等诸多优惠制度和政策，不仅奠定了社会保障制度的基础，也促进了社区经济发展和稳定。从这一点来说，美国社区经济的转型时期实际上是社会保障制度逐步建立的时期，社会保障制度作为社区的基本组成部分和服务内容，标志着美国社区经济服务实力迈上了一个新的台阶。

20世纪80年代后，美国的地方政府越来越淡出社区管理和社区干预的领域，只是为社区提供行政规范和少量的资金支持。社区发展逐渐成为全球现代化进程中的普遍趋势，美国也不例外。80年代后的美国缓慢地摆脱滞胀的困扰，并迎来新一轮由自由化主导的信息经济时期，被称为“后工业化社会”（此概念由美国社会学家D.贝尔提出）。经过一个多世纪的发展，美国已经迅速崛起成为政治经济军事大国，美国社区也发展到成熟并不断完善的阶段。社区自治成为20世纪80年代以后美国社区的管理特色，社区经济规模日渐扩大，在国民经济中的重要性不断提升。与欧亚等经济发达国家相比，美国的壮大被认为是更多奉行自由竞争的结果。与之相对应，在社区经济发展中社区多了自治的成分，掌握了更多的自主和民主权利，相应地开展了“社区运动”；社区多了其他组织的帮助和支持，包括私人基金会、银行、企业和非营利机构，经济运行更加灵活；而社区非营利组织也顺应时代要求，在美国社区的舞台上得到充分发展，它们承担着社区大部分的管理和服务工作，在沟通政府和民众之间的联系、缓解社会冲突方面起到润滑剂的作用。总体来看，在后工业化时代，美国人重拾了社区价值观念，即充分利用社区内一切可用资源，依靠企业、社区、个人的努力达到社区福利的目标，并使社区经济发展计划得以顺利实施。即便是在互联网泡沫破灭和金融危机爆发的巨大打击之下，美国社区经济仍旧因为其先进的信息化管理手段和完备的市场运作方式而稳健地前行，在整个美国经济发展大格局中扮演着越来越重要的角色。

综上所述，美国自19世纪至今，由乡村社区为主导转型为城市社区为主导，从低水平的农业生产加工和小规模的市场商品贸易到高度工业化、信息化，从起初的对家乡的思念到完善的社区经济与社区服务体系，社区经济的发展路径是随着社会大环境发生变化而变化。一定程度上，社区建设与社区经济发展弥补了社会发展的不足，同时社会大背景的变革也促进了社区经济的发展与社区建设的完善。

（二）社区经济的发展以政治、经济实力为依托

社区经济是国民经济发展的缩影，直观地体现了国民经济中一些基本问题，同时，社区经济快速发展的背后是整个国家政治发达和经济实力的体现。所以，对于社区经济而言，政治、经济实力很大程度上起到了支撑和依托的作用。

作为西方发达国家的典型代表之一，美国依靠其高度发达的政治、经济实力，为国内社区建设创造了其他国家和地区无法比拟的条件，并形成了独特的城市社区自治组织管理体系。美国通过资本原始积累、三次工业革命、世界霸权等历史积累，使其工业化发展到登峰造极的程度，并在世界上形成“一超多强”的格局。美国联邦政府有足够的资本可以投入社区，发展社区经济，为社区发展提供资金支持。社区经济的快速发展反过来为社区的建设奠定了坚实的基础，美国社区的成功管理离不开最重要的一条就是有良好的社区经济为保障。从联邦政府到社区自治管理机构，都有发展社区经济的优惠政策，并且行之有效地运用于扩大就业、发展经济、提高居民生活质量。

与美国相比，虽然在经济实力上相形见绌，但日本的建国时间相对较长，其传统文化对社区发展的影响也要深许多。日本社区居民都具有十分浓厚的社区意识。日本政府通过高度的组织化模式植入到社区的公共事务之中，再对社区进行经济上的支持，从而使日本社区经济在有条不紊地增长。日本政府将自身优势转化为民众思想层面上的动力，从而完善社区建设，加快社区经济发展。

焦点放到北欧。当地社区居民收入水平和生活水平在全球遥遥领先，社会福利的覆盖面相对财大气粗的美国更为广泛，而这样的经济成果，是由于政府的宏观调控，通过对企业和公众征收较高额度的税收。在企业层面，有的企业收入一半都用来缴税；在个人层面，北欧各国政府对收入最高的阶层所征税率甚至高达84%。所以，这种经济成果属于社会而不是部分人。政府的高税收加大了对社区经济的投入力度，更为客观的是，数据显示，高税收在大多数时候对经济发展的作用是正向的，尽管存在着劳动投入率下降的局部问题，但整个社会运转的有序性得到了较好的保障。换句话说，北欧社区经济发展的模式正是通过税收杠杆调节社会分配，进而保障公民在创造社会财富的同时更好地提高生活品质。这说明一个地区政府的经济实力对社区的影

响是非常大的，并对促进经济、社会发展是必不可少的。

（三）高度自治、多方合作是社区经济的有效推动力

由于社区经济利益更多体现出社区主体差异化需求，更加符合市场运作规律，因而政府将其主要职能定位为，通过制定各种法律法规协调社区利益主体之间关系，同时通过有效措施为社区成员更加有效地民主参与提供制度保障。美国的地方自治制度是社区自治模式的基础，在社区建设和发展过程中，政府行为与社区行为是相对分离的。具体来讲，各城市社区之间通常具有明确的地理界限，在这一区域内实行高度的民主自治，并不存在政府的基层组织或者派出机构，社区管理职能主要由社区居民自选产生的社区自治组织来行使和实现。在美国的绝大多数州，这些自治组织有权制定社区发展规划与目标，对于社区公共事务以及社区文化活动等都享有充分的管理权与决策权；不仅如此，它们还有权对政府的社区管理方式、其他专业机构的社区服务工作进行监督，并给予改进的建议。美国听证会制度十分完善，应用也较为普遍，在社区民众行使自治权方面有着重要体现，从而能够确保社区经济发展的出发点和归宿都照顾更多社区居民的利益，成为社区经济持续、稳定、高效发展的润滑剂。高效的民主自治模式和发达的听证会制度使主要的社区参与主体——政府、公民、企业、社区董事会和非营利组织能够各司其职，为美国社区经济稳定发展提供重要保障。

一是政府的大力支持。西方经济学和经济实践的发展都充分表明，政府与市场的有效结合是提高资源配置效率不可回避的路径。尽管美国的社区自治组织在社区经济发展中处于主导地位，但政府也并非社区外的看客。作为宏观经济调控的主体，政府的扶持同样是不可或缺的。从美国社区建设和发展的实践来看，各级政府通常在宏观层面对社区的资源利用进行管理和疏导，更多的工作内容是制定社区发展的相关政策，同时对社区组织工作进行监督和指导，在财力许可的范围内给予社区发展更好的经费资助。此外，美国各级政府还根据社区经济发展的实际需要，有针对性地制定了相关的社区法律法规，为社区经济和社区事务依法进行提供良好保障。

二是公民的广泛参与。参与性是美国社区发展中的重要特征，其社区居民参与社区建设和社区管理最直接的方式便是参加社区会议和社区听证会。一方面，美国社区利用报纸、电视、告示等媒介对社区相关事务进行广泛宣传，为社区居民更加广泛地参与社区会议或社区听证会提供了良好的保证。社区居民在会上不仅可以了解社区发展近况，也可以对会上的议题和讨论提出自己的立场和观点；另一方面，美国社区居民对于自己所处社区具有较强的奉献意识。在美国随处可见社区义工的身影，他们不计报酬，不求回报，将热心公益、参加社区活动作为在社会中发挥和扩大影响、体现自身价值的重要途径。而在社区环境问题上，美国公民尤其表现了极大的建设和参与

热情。除此之外，志愿者服务对社区建设意义重大，不少美国社区中心的志愿者人数甚至超过了全职社区工作人员的数量。有了这些志愿者的积极加入，不仅大大节约了社区经费开支，更为重要的是拓展了社区服务的资源，大大提高了社区服务的质量。

三是企业的积极参与。美国也曾出现过企业参与社区建设的争论。美国作为资本主义国家，市场机制下的私营企业以赢利为目的，造成社会贫富差距，若指望私人企业对社会弱势群体（如残疾人、老年人、城市贫困人口等）实行救助，无异于缘木求鱼。而美国企业界正逐渐形成并较快发展一种新的价值观——回报社会。诸如花旗银行、百事可乐公司、巴恩斯·诺博连锁书店、沃尔玛等大型企业，支持和参与社区建设，为社区建设提供资金来源。

四是非营利组织参与。非营利组织参与社会管理在美国有着较长的历史，相关统计表明，“21 世纪之初，美国非营利组织的数量超过 150 万个，在美国各类组织总数中的比重达 6%，换句话讲，美国平均每 12 个就业人员中就有 1 个人在为非营利组织工作”。① 事实上，美国的非营利组织所提供的社会服务在所有社会服务中的占比更高，几乎可以达到全部社会服务的 50%，甚至更高。这些组织主要包括社区发展合作组织、志愿者组织、社团、基金会等，其特点是具有正式组织的、独立于政府之外的、非营利性的、自律性的和志愿性的组织。在美国的社区建设中，非营利组织扮演了具体实施者的角色，它们的工作有效地推动了社区经济发展，同时也获得了社区民众的广泛好评。具体来看，这些非营利组织不仅为社区经济发展争取到了更多的经费支持，还利用所拥有的社会资源、发挥其影响力参与和支持社区工作，同时也为社区服务提供了一批优秀的志愿者队伍。此外，一些非营利组织从事社区相关研究，为社区服务水平的提升提供具有创建性的工作方案和设想。总体来看，这些非营利性服务组织给社区居民生活带来极大的方便，在政府优惠扶持政策帮助下，它们的工作为促进劳动力就业和缓解社会矛盾发挥了极其重要的作用。

实践表明，有效地公私合作可以很大程度上解决社区经济发展中的实际问题，欧洲的高失业率困局就是通过这一方式寻求解决之道的。自 20 世纪以来，不少欧洲国家的失业率长期保持在 10% 以上的水平，经济危机期间的失业率甚至高达 30%。而欧洲的一些国家在这一问题上通过在城市社区经济发展的同时大力发展公共部门，创造更多的就业机会来解决这一问题。20 世纪 70 ~ 90 年代，公共部门正逐渐成为北欧重要的劳动力市场。公共部门投资，如政府发展医疗保健等社会服务领域，必然要投入资金到医疗设备、公共卫生等基础设施建设中，这样便为社会提供了不断增长和开

---

① 张波：“浅谈国外社区建设及其启示”，载于《黑龙江对外经贸》2007 年第 8 期。

发的市场，也创造了大量的就业机会。此外，由于高等教育具有很大的正外部性，加大对高等教育投入，可以为社会创造大量的就业机会。值得一提的是，公共部门的发展并不是对市场的绝对替代，相反，政府公共服务与私有制为主体的市场经济制度有机结合还是北欧经济发展的重要特色之一。北欧的国有经济主要集中在教育、铁路、医疗、航空和能源公司等公共服务部门，各国国有经济所占比重并不高。将公共服务引入市场机制，最主要形式是代理机构和引入私人资金，这样不仅缓解了政府的财政压力，而且通过实现公共产品和服务的市场竞争，提高了公共服务的质量。在芬兰，电话、电信等传统的基础部门不由政府提供，政府只规定一定原则并监督，从而在这些领域建立了经济高效的公共部门来确保实现普遍服务，分散化的生产和集中化的收入再分配构成了北欧社会的一个显著特点。

在政府干预与多方合作方面，亚洲社区经济建设典范日本也在处理社区问题上另辟蹊径。日本社区具有明显的半自治特征，其社区内部往往形成一个相对独立的小经济系统，“小政府、大社会”的治理模式确保了这一系统的有序运转。一方面，政府对社区经济活动的管理较为宽松，除了制定发展规划、指导并提供必要的经费支持和审计监督外，很少直接介入具体活动之中；另一方面，社会和民间力量在社区管理和建设中扮演着极其重要的角色，社区的具体事务主要由社区自治组织和非政府非营利社会团体、组织负责，如管理社区福利事务，为老年人、残疾人提供服务；再比如收集居民对社区管理和政策的意见，对社区文艺活动给予支持等。可以看出，这种官方色彩与民间自治特点的有机结合，不仅节省了政府行政部门的精力，使其能够在一个宽松的环境中有序地引领社区建设工作，而且充分调动了民间力量，更好地完成了那些政府部门难以有效完成的事务，同时还可培养社区组织与居民积极参与社区建设的责任意识。

多渠道资金筹集。从社区经费筹集渠道来看，社区董事会的部分工作人员的工资和维持社区日常工作的开支是由市政府拨款的。以纽约市为例，1994 年，纽约市政府拨给下属 59 个社区的经费约为 961 万美元。若平摊到 59 个社区，每个社区大约能分到 16.3 万美元。按现在的物价计算，这笔经费只够社区董事会聘任社区主任和 1 ~ 2 位工作人员。由于纽约市政府提供的社区经费与社区董事会的实际支出相差太远，因此社区发展需要的其他资金只能由社区董事会通过其他渠道，如通过向联邦政府、州政府、银行、私人团体、慈善基金会、非营利组织等募集。

所谓多元化发展，通常是指政府将公共产品的供给或者生产交由私人部门或者非营利组织，将私人部门纳入公共设施和公共产品的供给和生产的机制，可以充分发挥市场经济的激励作用；而非营利组织是社会弱势群体或边缘性群体的代言人，由他们建设公共设施和提供公共产品，可以真正体现他们的需求，达到社区经济发展的目标。所以这也是一种区别化对待的政策，利用比较优势，体现了低成本和高效原则。其具体方法是：第一，联邦政府加大科技投入，特别是公共科技产品的投入，尤其是对卫生、环境安全、社会弱势群体的救助等社会公益研究的政府投入。2001 年美国用于医疗保健的研发支出达到197.09 亿美元，占政府民用支出比例的51.9%。第二，采取合同承包制。即政府在确定好公共服务的数量和质量后，通过公平的市场竞争来选择私营部门或非营利部门来提供，政府仅仅充当幕后管理者。如果这些部门提供的公共服务是合格的，政府就用纳税人的钱来予以偿付。第三，特许经营是政府公共产品供给的另一种制度安排。它与合同承包制的不同是在特许安排制度下，消费者向生产者支付费用。第四，由非营利组织提供公共设施和公共产品。

与欧美社区经济发展具有的另一个类似特征是，日本的城乡社区中都存在着各类不同的群体，包括政府、町内会、各类社区民间组织、企业和居民等都是日本社区的重要组成部分。这样使得日本社区形成了多个分散的权力中心，但这些权力在管理上的角色是可以相互独立、相互协作的：政府主要功能是帮助居民实现其社区管理目标；町内会主要协调居民参与社区活动和社区管理；居民是社区民主权利的享有者而不是消费者。尽管社区权力出现多元化特征，但是在社区管理的过程中，政府、町内会、社区民间组织之间可以形成一个协作机制，各司其职，发挥自身比较优势，达到社区效益最大化的发展。

社区经济发展既是国家的事情，同时也是居民自己的事情，这一点在日本社区建设中具有充分的体现。日本国内对于社区的管理十分注重参与性，尤其社区民间组织在其中扮演着十分重要的角色。一方面，日本社区实行居民自治和民主共管，而其有效实施的重要载体便是社区民间组织。它们大多致力于对居民诉求的有效表达，并通过切实行动为居民提供高质量的生产和生活服务。它们的工作大大减轻了原先由地方政府所承担的诸多成本；另一方面，日本社区民间组织有效连接了个人与国家，作为一个不可或缺的中间环节而存在和开展活动，换句话讲，社区民间组织已经成了社区居民与政府官员之间的沟通桥梁，在培育社区居民自治意识和调动居民社区参与意识方面发挥着积极作用，同时也保证了社区居民参与社区公共事务的常规化、制度化和组织化。

（四）优厚的社会福利制度是社区稳定发展的必要因素

一个社区建设的好坏，首先要看这个社区的制度是否完善，以及社区经济的发展程度。而这些在某种程度上体现在社区的社会福利水平上。

一些经济学家曾坚持，高福利会带来社会的退步和经济活力的丧失。而北欧国家坚持了走上了福利国家的路线，并被现实证明是成功的。如今，“北欧模式”被专家和学者们评价为拥有“世界上最完善的福利制度、名列前茅的人均收入水平、组织严密的社会结构、开放透明的民主制度的”社会发展模式，该模式的最突出特征就是高福利性，这种特性直接影响到其经济发展的路径。每个国家都有自己独一无二的历史，北欧国家结合自己独特的地理环境和社会、历史文化传统以及制度特点，选择了适合自身国情的发展道路，使得北欧经济发展至今处于世界骄人的地位，如被冠名为“最具竞争力的国家”、“最具发展潜力的国家”、“最廉洁的国家”等。近似的文化背景和高福利特征使得北欧国家自身就像一个大社区，而每个城市又像是个小社区。从这个角度来讲，北欧社区经济的发展史就是一部福利制度的演变史。

在北欧，城市就是社区，北欧社区或者说是北欧城市形成其独特的政治、经济、文化特色，必然与其历史有着密不可分的关系。通过对北欧社区经济发展、历史文化和现状的透析，我们可以知道所谓“北欧模式”、“福利国家”的发展的特殊性。

20 世纪前的北欧国家发展史是建立不同意识形态的历史，也是北欧各国不断争取民族独立的历史。由于身处持续的战争和动乱之中，原始的自然经济形态不断遭到破坏和重建，工业化水平相对西欧国家要低出许多，真正的社区经济还未出现，所谓北欧社区更多的是自发形态的农业社区。今天我们所讲的北欧城市社区模式可以追溯到 20 世纪 30 年代，全球性经济危机的爆发给了北欧国家迎头赶上的机会，而主战场发生在欧洲大陆的两次世界大战也给北欧诸国提出了警示。这些国家逐渐认识到早期资本主义制度的内在存在着难以克服的矛盾与弊端，尤其是资本原始积累时期所形成的巨大贫富差距对社会稳定的威胁，从而着手构建全面的福利制度，以实现经济上的发展和社会上的公正。北欧的福利制度从一开始的定位就不仅仅是辅助性、补救性措施，而是从公平原则出发，十分重视多样性和整体性，尽量照顾到每一个公民各方面的利益，试图建立一个全社会的安全网和稳定器。这就对整个国家的经济发展路径产生了深远影响，使得经济发展出现单元化的特征，也就是后来城市社区经济的萌芽形态。

在福利制度改革的推动下，北欧的社区经济在第二次世界大战后得到了持续快速的发展，并反过来促进了福利制度的建设和完善，一举奠定了全球高福利国家的地位。20 世纪 70 年代前后的主要出现在美国的“滞胀”现象对欧洲经济也产生了一定的影响，北欧各国遭遇到了不同程度的经济衰退，社区化的城市经济发展模式也遇到了一定挑战。许多人都认为，北欧国家的福利过于慷慨，从而存在福利泛滥的现象，对所谓的高福利制度提出质疑。他们的基本逻辑是：效率与公平、经济发展和社会和谐是两个相互抵触、互相矛盾的政策目标，认为高福利造成激励的不足，使人们丧失劳动的积极性，并带来社会效率的降低；不仅如此，高福利的资金来源是高税收，会阻碍经济绩效，抑制国民经济私人投资和国外投资的发展。

20 世纪 90 年代中后期，北欧各国一直对其经济政策和福利制度进行积极地调整和改革，试图提高年轻人的工作积极性和降低国家福利支出压力，如调整税收结构，下放政府权力、公共服务私有化、减少向失业人员发放福利金等。新的变化趋势综合考虑到北欧国家自身的国情和社会历史文化特点，做到了在保留了高就业、高税收、高福利的模式的同时，也使得国民经济高速发展，国际竞争力大幅提升，城市社区经济的活力重新展现出来。这些改革措施的出台意味着问题和挑战使得福利国家的基本模式正在调整和不断完善中，并最终形成自已独特的发展道路。如今的北欧模式又重新被学者们关注，并作为深度研究的课题提上日程，而北欧独特的城市社区经济道路也将更多地被外界学习和借鉴。

北欧模式的核心是覆盖所有公民的社会福利制度，其最终目的是促进经济效率和改善社会公平。北欧的社区福利制度集中体现出三个重要特征：一是广泛而全面的社会政策；二是制度化的社会权利；三是社会立法保障公民全部的社会权利和社会服务。可以说，北欧社会福利制度经过近百年的实践检验和不断完善，已经成为世界上首屈一指的高福利体系，其主要的内容不仅涵盖了病假补助、医疗保障、儿童津贴、住房补贴、养老保险、失业救济等诸多方面，同时也建立起了遍布全国的就业、医疗、住房和教育服务网，并通过提供有效的公共服务方式促进公平，通过大力发展公共部门以解决失业率。北欧的高福利社区制度之所以能够长时期运转，其核心要点在于它有着较高的转移支付和社会服务，而这些社会服务大多是按需提供，并考虑到福利对象的收入水平和对市场经济做出适宜的调整等目的。

北欧国家的福利制度的原则是使人人受益，即所有居民及不同社会群体无论身份、不分贫富都是经济发展的受众对象，都享有公平的社会保障福利。这就意味着北欧的福利是根据需要而不是能力来分配社会利益，而且社会利益应该属于社会所有人，而不是部分人。现有居民达到一定年龄均可领取养老金，而与其是否曾被雇佣没有关系；在减轻家庭抚养孩子的负担方面，政府则提供了广泛的育儿津贴；医疗方面的保障更加突出，无论社会地位、收入状况如何，所有居民均可得到良好的医疗服务。与其他欧美国家和地区相比，北欧国家的妇女在经济上无须依赖她们的丈夫，而是更为广泛地参与到劳动市场之中，这就形成了绝大多数家庭都有两个工资收入者的现状。此外，“北欧国家提供的各种社会福利范围更为广泛，几乎涵盖了单亲父母津贴、儿童津贴、家庭和儿童保护、病假补助、免费医疗、教育资助、住房补贴、养老金支付、失业救济、老人照料、残疾人救助等方方面面。在北欧国家居民的生老病死，甚至教育和就业上也会由国家给予基本的保障。”可以说这是真正意义上“从摇篮到坟墓”的全面关怀和保障。

北欧模式的理念是经济增长与社会公平的平衡。北欧在制定经济增长的目标时，把提高社会福利放在重要位置。其中，芬兰经济成功的关键在于具有与积极的工业化政策相匹配的福利国家制度，是其优越的福利政策稳定了芬兰公民由于经济快速转型而带来的社会不安情绪。瑞典经济的持续增长也是建立在有限设立公平合理的制度的基础上的。挪威在保持高福利的同时也确保了经济的增长，用切实的实践验证了“福利就是生产力”的观点。所以说，北欧等国家社区经济的发展事实足以证明，社会福利和社区公共服务的供给有助于促进经济增长。并且经济的持续增长必然为提供更好的社会福利和公共服务提供物质保障和支持。不是先有快速的经济增长才有完善的社会福利，它们是可以相互加强的。总之，北欧国家的发展模式有效地兼顾了经济上的财富创造的速度与效率，很好地维护了社会上的公正与权利均衡，避免了传统社会制度各自的缺陷与不足，对中国经济和社会制度改革具有一定的借鉴意义。

（五）市场化的运营加快社区经济发展

第二次世界大战的惨痛教训让日本国内对西方市场化治理思路多了一份认可甚至崇拜，战后的日本积极向西方靠拢，并在社区建设和治理中果断地引入了市场化机制，相对于传统的科层制政府治理，这很显然是一种十分有益的进步。按照现代社会科学理论，市场机制具有传统行政机制所欠缺的诸多优点：一是市场分权引起权力制衡，从而避免了腐败；二是正常境况下的市场竞争保证了发展的永续动力；三是市场对瞬息万变的环境反应迅捷，可自主地调节内在的供求平衡；四是市场给消费者提供了较大的选择空间，同时可利用价格杠杆把资源数量和配置效果直接联系起来。可见，社区经济发展离不开政府，更离不开市场化的治理思路，正是充分利用和发挥市场竞争的优势，日本的社区治理才有效地改变了以往科层制政府治理的权力垄断，大大减少了社区治理中的设租寻租行为，并改变了社区治理中的主客体关系，使得原先的官民关系转变成新的生产者和消费者之间的关系，进而导致了公共管理向公共服务的转变，有效打破了政府对公共服务的垄断，从而扩大了社区居民的选择权。由此可见，正是借用了市场化治理的诸多优势，日本战后经济包括社区经济才得以迅速崛起。

二、社区经济活动中不同主体的角色定位

（一）政府是社区经济的主导者

政府是社区管理的主体之一，往往主导着社区经济的发展方向。与其他的社区组

织和社团的区别是管理的内容不同。政府掌握着国家、地区经济社会发展的一手信息，对社区的物质资源和其他资源进行宏观调控。从国际社区经济发展的趋势上看，社区经济建设中政府扮演着一个风向标的角色。结合本国的实际情况，我国政府应在给社区下达行政指标的地位中弱化，积极建立和培育社区管理主体，充分汲取优秀组织和个人建设社区。政府在社区经济发展中，应起到宏观规划、规范引导以及组织协调的作用。

政府行为具有强制力和公信力的特性，在社区经济建设中，起到一种“平衡器”和“导航仪”的作用。通过协调社区各类群体的利益关系，对社区资源进行整合，使社区各要素之间有机配合，化解矛盾冲突，提高资源使用效率。在政府行为中，对社区经济发展和建设进行科学的规划是主要工作内容之一。规划是对国家发展战略的具体分解与落实，指引着社区发展的总方向，健康高效的发展需要有科学的规划作保证。对社区的规划是根据社区的地缘地域情况、历史发展特色、社区拥有的资源以及社区对未来社会发展的作用，对社区功能、规模以及结构布局等进行通盘设计。这就要求政府统筹全局，放眼长远利益，从整体的思路制定社区发展的战略和目标，为社区经济发展指明方向。

此外，信息是政府引导社区经济主体的一种重要的行为方式。在当今大数据时代，信息是任何一种经济形式发展所需要的重要战略资源。所以，信息对社区经济的发展有着直接的影响。社区经济主体在从事生产、流通、消费、分配的各个环节都需要信息，通过对信息的筛选分析，进行最优的选择，从而达到经济利益的最大化，加快社区经济发展。而政府作为新的来源者，掌握着大量的政策信息和经济数据，对社区经济起到了引导和推动的作用。

总体来看，在社区经济发展和社会管理中，政府不仅起着宏观规划、规范引导、组织协调和财力支持等方面的作用，而且还通过相关制度和政策的制定实施引导着社区居民参与社区事务的热情。广大社区居民的参与热情是社区建设和发展的动力。而由于我国人民的传统观念，他们对社区的认识度和满意度还不高，社区的“行政化影子”使他们对社区存在着误解和偏差，导致社区居民的社区参与意识不强。所以政府要在这一方面进行努力动员、引导和培育。从社区经济发展“依靠谁”的角度而言，坚持“以人为本，服务于民”的基本原则，是指“既相信群众、依靠群众、联系群众，又领导群众、组织群众、教育群众，”[①] 最大限度地激发居民群众的机智和干劲，使他们积极参与到社区建设和社区发展的实践中来，集思广益，团结协作，解决好困

---

① 屠春友：“关于和谐社会的哲学思考”，载于《求是》2006 年第 6 期。

难和矛盾，推进社区经济的快速发展。

（二）社区是整个社区系统的纽带和桥梁

自20世纪中期至今，我国的社区从刚开始的不完善的雏形，步履蹒跚地朝着国际化现代社区靠近。尽管我国社区依然存在很多的问题，但不能否认我们近几十年的努力，带来的是社区建设和经济发展的突飞猛进。随着社区发展的日益拓展和深入，各界关于社区的概念、职能以及自我定位，也在悄然发生着变化。作为一项综合性很强而又贴近百姓生活的工程，社区建设一直以来都承担着社会各个主体的纽带作用。它联结着政府、企业以及社区居民。而社区的职能又由行政任务的承接者转变为社会综合体下真正的社会的主人。所以，社区的主体主要通过结合政府的信息政策、企业的资源和非政府的资源，对所在居民进行服务。

（三）企业是社区经济发展的助推器

在现代市场经济环境下，企业无疑是经济活动的核心主体。同时，相当数量的企业也生活在社区之中，社区的建设和发展是一个包括企业在内的各主体之间互动的系统工程。而企业在这个系统中充当着一个参与社区经济建设的角色。美国管理学家彼得·德鲁克指出："企业的目的必须在企业本身之外，事实上，企业的目的应当在社会之中。"因此我们可以说，社会才是企业利益的真正来源，社会的根本利益就是企业的长远利益。同样，社区作为"小型社会"，也需要与企业"深入共生"。越来越多的企业认识到良好的社区环境是企业自身持续发展重要保障，市场经济让企业发展与社区建设更加密不可分，企业主动承担起社会责任，积极参与到社区建设之中，是市场经济发展的内在要求。

进一步来讲，企业发展与社区经济建设相互制约又相互促进。当不同类型的企业开始参与社区经济建设，履行其应有的社会责任，这也成为社会文明进步的重要标志之一。一方面，企业作为一个经济组织，具有"经济人"特点，"求生存"是第一位的，这也是衡量企业自身市场行为和价值取向的根本标准。然后才是"图发展"，而企业又必须以一个"社会人"的身份将其自身行为、目标、利益置于社会的约束和限制之中。只有建设好企业生存的社区环境，企业的发展才有可能一帆风顺。在治安混乱、风气恶劣的社区环境中，企业也很难做到"独善其身"，企业的有形和无形资产都难以避免地受到损失，无形中降低了企业的市场竞争力。[①] 另一方面，社区建设是一项庞大的系统工程，各主体都应当承担不同的职责，企业同样需要有自己的承担。如果企业能为社区提供尽可能多的人才、物质资源和资金支持，就是为社区经济

---

① 吴迪："企业发展与社区建设探索"，载于《煤炭经济研究》2011年04期。

的发展雪中送炭，弥补社区起步晚、底子薄等先天的短板。综上来看，企业的成长与社区发展有着直接的内在联系，二者共生共荣，企业为社区建设提供充足的物质支持，社区为企业的壮大提供稳定的社会根基和环境。

除了以上讲到的企业责任，企业活动还是强化居民社区参与意识的重要方式。随着一个地区市场经济的持续发展，社区居民的个体意识将会上升，往往造成以自我为中心的现象悄然出现，进而导致社区居民之间的交往趋于淡化，成为构建和谐社区的明显阻力。如果能够借助企业丰富的活动和突出的渗透力，积极增加职工和社区居民彼此接触和交往的机会，促进相互间的了解和沟通，便可以拉近社区居民间的距离，形成热爱生活、积极向上的良好社区风气。因此，企业积极参与到社区经济发展和建设的活动中来，利用自身优势扶持社区各项事业，尤其是从事社区公益活动，能够实现社区建设和企业长远发展的共赢。

（四）社区居民是社区经济发展的本源

我国大部分社区缺少居民参与，就某种程度而言，我国社区的发展路径是“无公民社区”。社区意识淡薄是我国大部分社区普遍存在的问题，现代公民的基本标志是关心社会事务、关心公益事业、有社会责任感等。“社区意识”也是“公民意识”的体现。每个人都是社区的一个组成部分，只有大家真正地认识到社区意识的重要性，才会对社区有归属感和认同感。所以居民要培养社区意识，从“居民”走向“公民”。而社区居民意识培养最好的方式是使他们参与到社区管理和建设上来，居民全方位、多角度、无障碍地接触到社区、了解社区。从社区公共的管理机制到社区居民服务平台，居民作为参与者有权利、有责任，而不是以往的只顾个人权利而忽视了整体的利益。

社区管理与服务首先要建立在政府领导之下，进行社区自治活动，而社区活动的主体是社区的居民。要培育和发展政府与社区之间的良好的信任合作关系，就要实现社区管理主体与客体的统一，在这个基础上，居民的积极性才能得到极大的调动，组织建设社区的热情才得以高涨，也在一定程度上降低了政府管理的成本。在社区的整个组织构架中，居民是最基本、最核心的单位，社区经济发展离不开社区居民对社区的参与度和认知度，更需要的是大量专业的社区服务人才。目前，我国社区经济的从业人员多是下岗失业人员和农村进城务工人员，平均文化程度偏低，并且缺乏专业技术技能，大大地制约了社区的服务职能，并限制了社区经济的市场开拓能力，无法适应市场经济竞争。所以，努力吸引和加快培育社区人才，是社区走向良性发展的必经之路。

社区是社区居民的社区，社区居民共同生活在一定区域内，他们具有一些共同的文化价值观念，是一个彼此影响的社会生活共同体。“社区作为市民社会的主要组织形式，它是一种基层自治性组织，是以社区居民的自愿授予权威为存在和运作基础的，活动的开展具有自下而上的性质，成员之间是建议、协商和协调的网络型互动关系”①。我国目前的社区建设大多以法定社区为操作单位。社区组织作为社区建设的重要也是首要主体，实践和历史见证了其在社区建设中的巨大作用。但是由于社区的地位尚未完全转变，并且社区组织缺乏培育的经验等原因，使得我国社区组织发展缓慢，效率低下，效能发挥有限。再者因为社区组织的不健全，以及其自治权利的弱化，进一步导致社区组织缺乏吸引力和凝聚力，这样就造成了恶性循环。社区组织的重要主体作用未能得到有效发挥，社区建设也就步履维艰。原来单位制的管理模式深入人心，单位包管着居民的大部分生活所需，致使居民“只知单位，不知社区”。而当单位制趋于解体之时，社区建设与发展大势所趋并没使社区居民们完全转变过来。如今，社区经济发展需要社区内的各主体相互配合、共同协作，为更好地建设和繁荣社区而履行自己的职责。

三、完善社区法律制度，加强经济体制建设

（一）加快完善社区法律制度，使社区法律落实于民

要使社区经济得以平稳发展，不仅要得到国家政策的支持，更需要健全的法律制度作保障。法律作为平衡政府、社区以及社区其他组织的利益的重要工具，使社区经济发展具有法制化的特性。目前，我国社区方面法律制度和体系的滞后和缺失导致社区的经济发展存在着多方面的问题。只有通过法律来明确政府与社区居委会的权、责、利的关系，对社区进行角色的准确定位和保障，才能促进政府的有效管理和社区自治的良好运作。

建立完善的法律体制首先就要从政府对社区的管理行为和社区自治入手。法律作为社区的管理行为和社区自治的权限范围之间的界定依据，要明确政府对社区的管理的职责范围。政府作为社区的直接管理者和督导者，对社区的作用主要应该体现在对社区的发展规划、对社区的规范化管理和激励社区中介组织发挥作用等。政府在处理社区相关事务时，应从过多地直接干涉具体事务，转化为引导和促进。在明确社区自

① 张丽曼、方涛：“从行政管理新社区到公民自治性社区——论中国城市社区民主治理体系的转型”，载于《中国农村研究》2008 年第 5 期。

治的真正内涵和外延的同时，法律上仅仅提到社区居委会是一个基层群众自治组织。但什么是自治、自治的范围、如何自治、如何保障自治等基本上没有一个明确的规定。这些问题应是政府迫切要去解决的，只有这样，社区的公共事务管理才会更有效，社区经济的增长才会更稳定。

在法律体系中的权责关系也一直是大家比较关注的。同样，在政府与社区之间，也存在着权利关系。如何才能明确这种关系，也是一个比较重要的问题。一方面，政府要充分重视和尊重社区自治，改变将社区居民委员会作为街道派出机构的传统思维，真正实现社区的权利自治和事务自主。另一方面，社区组织在政府的指导下展开工作，依法、监督、协助、落实政府各职能部门的工作，以及及时对上级部门进行社区工作动态的反馈，反映居民诉求。只有社区居委会积极协助政府完成相关行政事务，才能够为政府依法行政、实现管理目标打下坚实的群众基础。

在过去几十年的社区经济发展历程里，有关社区组织的相关法律法规也在不断更新，为社区经济的健康发展发挥了积极作用。但不可否认的是，这些法规的确还存在着诸多亟待解决的问题，比如部分内容过于抽象，在理解上存在分歧；有些规定不够具体，与实际脱节等。尤其是考虑到我国城乡和区域发展不平衡的实际情况，只有制定出具体化和差异化的法律法规，才有望弥补社区自治管理的漏洞，真正理清各主体之间的相互关系，从而确保社区组织快速成长和成熟，并对政府行为进行有效监督。因此，加快社区建设相关立法，确保社区居委会的地位，明确政府职能与组织形式，规范政府对社区管理的方式及程序，打通社区各个主体之间有效沟通的渠道，对于理顺社区发展脉络，推动社区经济持续稳定发展显得意义非凡。

（二）加强建立社区服务体系，让服务体系造福于民

社区服务反映了社区居民的生活现状，便民利民的社区服务是与社区居民联系最密切、最迫切的需求，同时也能反映社区服务体系的广度和深度。主要可以分为：居民日常生活服务、环境治理服务、医疗卫生服务、少年儿童服务、社区特殊服务等。社区特殊服务是对特殊群体的服务，是带有社会福利性质的社区服务体系。虽然这种特殊群体的人数非常少，但它直接反映了一个社区的服务质量，应受到社区服务者的高度重视。社区特殊服务包括社区老年人服务、社区残疾人服务以及优抚对象和特困家庭服务。具体而言，针对老年人的社区服务项目有家庭照料、文化娱乐、日常生活照料、精神安慰、医疗保健等，可以建立的配套服务设施包括老年公寓、老年人照料中心、保健站、老年法律咨询、老年人婚姻介绍中心、老年文化服务中心等。其次，针对社区残疾人的服务项目有医疗康复、生活保障、权益保障、就业安置、恋爱婚姻以及文化生活等，而与之相配套的服务设施可以是康复中心、福利工厂、残疾人法律

咨询、生活照料中心、婚姻介绍所和残疾人文化活动中心等。最后，针对社区优抚对象和特困家庭，可以开展的服务项目有节日慰问活动、子女入托和上学问题解决、定人定期上门包户提供服务、辖区内商业网点一条龙服务等。

我国的社区建设正经历着"大政府、小社会"的管理目标转变，即从单一政府向多元社区转变，由计划管理向科学治理的方向转变。前者是通过运用政府的政治权威实现着自上而下的规范，而后者是一个"通过实现各主体间的合作协商和平等参与"实现上下互动的管理过程。从当前的现实情况来看，我国的社区治理基础和架构仍不可避免地要以政府为核心，但强化政府服务意识、确保其与其他参与主体平等参与社区治理却不能有丝毫马虎。在社区治理信息化成为未来社区管理一个基本趋势的情况下，实现社区治理方式与服务方式的转变显然更加关键。目前，在我国城市社区信息化程度相对要好一些，大多数基本上建立了社区服务中心管理系统、社区门户网站等社区服务网络，但是在农村地区，社区信息化的建设就比较薄弱了。与此同时，集约化管理与信息化社区管理并存，在缩减办事机构和部门的同时，应加强有限人员的管理，积极推进"一站式"服务。在这方面，北京市西城区德胜街道公共服务大厅在全区率先建成了街道网络平台，构建起"区—街—居"三级服务体系，居民和单位登录"街道网上服务大厅"，足不出户便可完成政务信息咨询、表格填报等前期工作，达到24小时随时受理业务，提高了办事效率。服务大厅按照统一标准、统一流程、统一办事依据和统一办理时限的要求，对街道各部室的业务进行全面细致地梳理，将直接面对居民及企业的79项服务事项从原有工作程序中剥离开来，明确了承办部门、办事程序、受理条件、办事依据、办理时限、所需材料等办事要求，通过街道内部沟通协调机制和信息平台与后台科室形成联动态势，减少办事环节53个，实现了"一窗式办理、多窗口服务"。

随着中国社会转型步伐的加快，社会主义市场经济改革日益深化，社区经济在整个国民经济发展中的地位越来越重要和突出，而社区服务又在社区建设和社区经济发展中起着关键的作用。随着社区建设规模扩张和加速创新，社区经济活动将更加注重服务质量和水平，进入内涵式发展阶段。首先，社区服务对象将由传统特殊人群（残疾人、老年人等）逐渐向全社区人群覆盖；其次，社区服务的内容将从单一的便民利民和社区福利向构建全方位、多层次、多样化的社区服务体系方向发展（包括社区就业、社会保障、社区救助、社区文教体、社区卫生、计划生育、社区流动人口管理、社区安全等诸多方面）；再次，社区服务形式将不断由传统面对面的供需形式向更加人性化和专业化方向发展；最后，"社区供给主体将由以政府为主要的供给主体向多元化方向发展，包括社区居委会、社区民间组织、社区企业单位、居民等都将参与其中，而社区自治组织和民间组织的作用将会不断凸显出来”①。

一个完善的社区服务体系不可能一蹴而就，它的建成需要多方面条件的配合与实施。首先应理顺社区服务管理体制，适应“小政府、大社会”的改革发展的目标要求。建立以块为主、“条块结合”的社区服务领导协调机制，具体是由社区居委会主要领导班子成员挂帅，包括社区各企事业单位及居民代表在内的成员体系，主要负责对社区服务进行规范、指导、决策和协调。要充分发挥街道的行政力量，在基层党组织领导社区的基础上，发动志愿互助力量，并借助市场的作用，建立起社区组织和驻区单位相结合、社会化和产业化相结合、无偿服务和低偿服务相结合的一系列社区服务体系，实现全覆盖的社区服务。积极推进以社会保险、社会福利、社会救助、人口计生、社区就业、医疗卫生、社会治安、教育、文化体育、环保等为主要内容的全方位社区公共服务，重点解决社区居民住房、上学、就业、看病养老等问题。要倡导“开放式办公、一站式服务”，建立好社区服务站，不仅包括社区公共服务设施的建设，还包括对社区公共服务岗位的有效设置，努力为居民提供方便快捷的社区服务。同时，社区服务也需要人员的良好配置，这就需要大力培育和发展社区志愿者组织，加强社区志愿者注册登记制度，并保障志愿者工作的落实，不断探索和创新志愿服务机制。此外，群众实际需求才是社区服务的真正价值体现，应积极开展多样、务实的社区服务活动，不仅可以发挥社区党员志愿者队伍的特长和优势，也可以增强党组织的凝聚力和影响力，更重要的是，提高社区服务工作水平和居民群众生活质量。其二，建立专兼职相结合的社区服务队伍，提升社区服务的专业水平，扩大社区服务的影响力。最后，通过多渠道获取社区服务的资金，如政府拨款、社区企事业单位的支持，也可以是社区自身所创造的经济利润等。这些资金的落实可以保障社区服务有效实施。

（三）营造良好社区环境，提升社区信息化水平

提高社区服务水平需要营造出一个良好的社区环境，进而才有可能增强社区居民的凝聚力。每一位居民都向往优美的社区环境，再配备有完善的社区服务设施、能够提供高质量社区服务的地方，社区居民才能真正产生对社区的认同感和归属感，也才能发自内心地参与到社区组织的各项活动中去。社区内的单位和企业也同样如此，良好的环境与边界的设施都是赢得驻区单位和企业认可与信任的重要因素，进而也愿意将自己的部分设施向社区居民开放，这样才能真正实现“优势互补、资源共享、共驻共建”的社区建设目标。需要强调的是，社区良好生活环境的形成，与社区管理者职

① 严振书、庄立铭：“我国社区建设存在的问题及发展趋向分析”，载于《中共太原市委党校学报》2010 年第 2 期。

能转变的魄力和程度密不可分。随着我国经济结构调整和体制改革的深入，“单位办社会”和“企业办社会”的历史已经明显改变，但管理者必须尽力为社区承接部分服务功能创造良好的微观环境。尤其是随着人口老龄化趋势进一步明显、进城务工人员增加导致社区居民分化等复杂背景下，尽力实现不同群体、多种经济类型单位和平共处，发挥好社区管理、服务及教育、培训等功能，创造良好的社区文化环境显得尤为重要。

随着互联网进入千家万户，信息网络化已成为这个时代的典型特征，无论是社区建设还是社区服务，充分利用现代信息技术的必要性和紧迫性都已经不言而喻。不管是城市、集镇还是农村，在社区经济发展过程中，积极打造和利用网络平台，建立社区资源档案和居民信息库，既是实现社区资源共享的重要途径，同时也是提升对社区居民服务质量的重要手段。因此，社区建设和社区服务信息网络化也就成为社区经济发展的必然方向，充分利用信息的优势服务于社区经济发展是一项长期而艰巨的任务。各个社区都应该在充分调查、访问等基础上，全面掌握社区各类资源的数量和质量情况，对其建立详尽准确的档案材料，通过网络手段将这些社区资源分门别类地归档管理，形成一个完整有机的社区资源信息库，准确反映社区资源所在的位置、类别以及利用现状。这样一个便于操作的社区资源库的建立，能为制定和开发社区资源规划提供依据，是社区产业成长的基础，同时也是各个经济活动主体充分享用这些资源的保障，对于提高资源利用效率意义重大。[①]

四、政府的财政金融调控与政策支持

（一）关注财政收支，保持社区经济平衡

作为公共资源的主要拥有者和调配者，政府对社区物质和资金的支持是社区各项活动开展和实施的原动力。新加坡政府负责 90% 的社区基础设施建设费用和大约 50% 的社区日常运作费，这是新加坡社区居民能够安居乐业的一大保障；其他发达国家（如美国、德国、日本、英国等）也十分重视政府在社区建设中作用的发挥，转向拨出用于社区建设和发展的财政经费。在我国近些年的社区经济发展过程中，政府主导型社区明显占有更大的比重，这些社区通常是以国家财政拨款为主要社区建设和社区经济发展经费来源。如果没有资金，社区的基本建设和一切活动也就无从谈起。

① 马海燕：“发展城市社区经济的几点思考”，载于《北京政法职业学院学报》2012 年第 4 期。

尤其是我国社区建设起步较晚，社区经济发展存在先天不足，社区经济力量比之于其他领域明显薄弱，尤其是缺乏广泛的社会资金支持，还要支付社区工作人员的工资和办公经费，使得政府在这方面的财政投资尤为重要。当前看来，尽管国家提出要不断地增强社区社会管理能力，但未来较长一段时期，要继续保持社区经济平衡稳定发展，仍然离不开财政的大力支持，在财政上对其倾斜，尤其是社区的建设资金更多还依赖于政府拨款，不断增强社区软硬件实力，促进社区的综合发展。

（二）强化社区金融制度，提高经济增长效率

除了政府财政扶持外，社区经济的真正崛起还需借鉴发达国家经验，强化和创新金融运行模式，大力推进社区经济的股份制。股份制又被称为“股份经济”，是现代市场经济背景下企业资产组织的一种基本形式，能够有效地将不同形式、不同种类的资本组合在一起，形成资本积聚，以充分发挥社会资本的力量。它有其他经济形式无可比拟的优越性。既然股份制可以把不同水平、不同层次、分散的生产力迅速联合成为高层次的、集中的生产力，那么，发展社区经济就可以利用股份制的形式来实现资源的优化配置。我国的社区经济起步于政府设计、发展于政策扶持，但最终要相对独立地融入国民经济大局之中，就离不开对市场机制的熟悉和适应，通过探索和尝试股份制达到优化社区资源配置的目的就显得意义非凡。与此同时，各地要立足于以企业改制为重点，促进企业在运营机制和管理机制上的转变，加快社区金融制度改革，增强金融市场对企业的支持，提高企业经营能力和资源利用效率。

（三）引导和扶持社区非政府组织的快速发展

我国的非政府组织起步晚，力量发展薄弱，仍然需要政府的支持和帮助。资金支持是最直接也是较为有效的支持方式，资金是非政府组织得以发展的物质条件，政府的资金支持也是非政府组织发展的重要来源。建立一个完善的政府资金支持体系，可以尝试从以下三个方面来构建。第一，积极引导公众捐赠。可以由政府牵头举办一些社会性的公益活动，借助于政府的公信力和感染力帮助非政府组织获得更多的社会资金支持。除此以外，政府还可以尝试影响企业、社会团体以及高收入阶层的行为，激发企业社会责任感，引导团体和个人的善举。第二，建立专项资金。政府可以充分利用税收对非政府组织进行资金支持，每年按照一定的比例从税收中抽取适当的资金，支持非政府组织在社会服务和公益事业方面的发展。第三，建立项目支持体系。将政府采购融入非政府组织的发展中去，为非政府组织提供服务和发展的平台。具体而言是指通过对非政府组织的考核和评估，将政府采购的一些项目交给有能力、有效率的非政府组织去办，然后由政府来购买非政府组织的服务。但是要注意的是，要考察此

类非政府组织是否是真正意义上的为社会服务、为大众办事、为公益而行的组织。

（四）加大教育培训力度，优化社区人才队伍

政府部门应拓宽社区人才选拔使用渠道，不单纯采取向社会公开招聘的形式招揽新人，也要开辟新途径，比如挑选机关干部下派到社区进行锻炼，这样就丰富了社区人才队伍，实现社区工作者队伍的年轻化、知识化和专业化，无形中也形成一种人才激励机制，为推动社区的经济发展提供智力保障、人力支持。此外，要采取财政拨款、自筹等多种方式发展社区经济，逐步提高社区工作者的待遇水平。有明文法律法规来确立社区工作者的身份和工资，使他们有稳定的生活来源，消除他们的后顾之忧，让他们干得踏实、有动力。此外，政府还要加强对社区各项事业发展资金的投入力度，改善社区办公环境，不仅为优秀人才从事社区经济建设创造良好的条件，也让居民来社区办事更加方便和舒心。

政府部门应以社区服务中心、社区教育中心等机构为教育基地，将社区工作人员组成一个学习的阵营。在学习的内容上，要结合社区工作实际，并植入现代社区工作的理念和价值，使社区工作者逐步掌握社区的工作方法、与居民沟通倾谈的技巧、社区工作调研及社区资源的开发模式等现代社区工作专业技巧，努力提高他们的专业知识水平、工作技能等，以更好地服务社区经济发展和建设。此外，要建立起完善的考核机制和管理机制，条件较好的地区还可以对社区经济发展进行专项考核。每一位社区工作人员要定岗到人、定责到人，目标不能仅仅是为了年终的民主测评，而更多的是切实增强工作的责任感和使命感，更好地发展社区、建设社区。这样逐步加强社区内相关人员的专业素质和相关技能，适应社区经济发展的需要，使社区经济水平不断推上新台阶。要将社区服务与再就业结合起来，鼓励和吸收下岗失业人员进行再就业，鼓励他们兴办成本少、适应性强的便民服务实体。社区可以通过对他们进行组织培训教育，使他们提高认识，提高职能技能。

附录

部分社区经济发展法规文件

关于加强和改进城市社区居民委员会建设工作的意见

中办发〔2010〕27号（2010年8月26日）

我国城市社区居民委员会是居民自我管理、自我教育、自我服务的基层群众性自治组织。自2000年11月《中共中央办公厅、国务院办公厅关于转发〈民政部关于在全国推进城市社区建设的意见〉的通知》下发以来，城市社区居民委员会在服务居民群众、搞好城市管理、密切党群干群关系、维护社会稳定等方面发挥了不可替代的重要作用。当前，我国正处于全面建设小康社会、加快推进社会主义现代化建设的新的历史起点，城市基层正在发生新的深刻变革，社区居民委员会承担的社会管理任务更加繁重、维护社会稳定的功能更加突出，居民群众对社区居民委员会的服务需求更加迫切，但不少社区居民委员会还存在着组织不健全、工作关系不顺、工作人员素质偏低、服务设施薄弱、工作经费难以落实等问题，影响了社区居民委员会功能作用的发挥，影响了城市社区建设的整体推进。为深入贯彻落实党的十七大和十七届三中、四中全会精神，适应新形势新任务需要，进一步完善基层群众自治制度，健全城市基层管理和服务体制，经党中央、国务院同意，现就加强和改进城市社区居民委员会建设工作提出以下意见。

一、正确把握加强和改进城市社区居民委员会建设工作的指导思想、基本原则和目标任务

（一）加强和改进城市社区居民委员会建设的指导思想是：全面贯彻党的十七大和十七届三中、四中全会精神，以邓小平理论和“三个代表”重要思想为指导，深入贯彻落实科学发展观，认真实施《中华人民共和国城市居民委员会组织法》，以服务居民群众为宗旨，以提高居民文明素质和社会文明程度、促进社区和谐为目标，

着力加强和改进社区居民委员会组织建设、队伍建设、制度建设、设施建设，努力把社区居民委员会建设成为功能完善、充满活力、作用明显、群众满意的基层群众性自治组织，进一步健全完善以社区党组织为核心的城市社区组织体系，为构建社会主义和谐社会奠定组织基础。

（二）加强和改进城市社区居民委员会建设工作的基本原则是：

——坚持党的领导，把握正确方向。从社会主义初级阶段基本国情出发，坚持同完善社会主义市场经济体制相适应，坚持党的领导、人民当家做主、依法治国有机统一，推进社区居民依法直接行使民主权利，管理社区公共事务和公益事业，建立健全社区党组织领导的充满活力的基层群众自治机制，实现政府行政管理与基层群众自治的有效衔接和良性互动。

——坚持以人为本，服务居民群众。始终把实现好、维护好、发展好社区居民的根本利益作为工作的出发点和落脚点，把居民的服务需求作为第一信号，把居民满意程度作为检验工作成效的第一标准，真正把加强和改进社区居民委员会建设工作变成服务居民、造福居民的民心工程。

——坚持政府主导，社会共同参与。切实转变政府职能，理顺关系，充分发挥各级党委和政府在政策制定、工作部署、设施建设、财力投入等方面的主导作用，尊重社区居民群众的主体地位，积极动员社会力量共驻共建、资源共享，形成社区居民委员会建设的合力。

——坚持因地制宜，注重工作实效。紧密联系各地实际，区分不同情况，加强分类指导，创新工作载体，切实解决长期以来困扰和阻碍社区居民委员会建设的突出问题，力戒形式主义，使社区居民委员会建设工作始终体现时代性、把握规律性、富于创造性。

（三）加强和改进城市社区居民委员会建设的目标任务是：到2020年，努力使全国城市社区居民委员会的组织体系更加健全，社区居民的组织化程度明显提高；社区居民群众享有更多更切实的民主权利，社区居民自治范围进一步扩大，社区民主管理制度日趋完善；干部队伍结构进一步优化，社区管理和服务能力显著增强；工作用房和居民公益性服务设施能够满足社区居民群众的基本服务需求；政府投入与社会投入相结合的经费保障机制基本建立；内外关系更加协调，全社会尊重、关心和支持社区居民委员会工作的良好氛围进一步形成。

“十二五”时期是全面加强和改进社区居民委员会建设的关键时期。要着力理顺社区工作关系，强化社区管理和服务功能，充实壮大社区工作力量，建立健全社区保障机制，为实现到2020年城市社区居民委员会建设的各项奋斗目标奠定坚实基础。

二、进一步明确城市社区居民委员会的主要职责

（四）依法组织居民开展自治活动。社区居民委员会是社区居民自治的组织者、推动者和实践者，要宣传宪法、法律、法规和国家的政策，教育居民遵守社会公德和居民公约、依法履行应尽义务，开展多种形式的社会主义精神文明建设活动；召集社区居民会议，办理本社区居民的公共事务和公益事业；开展便民利民的社区服务活动，兴办有关服务事业，推动社区互助服务和志愿服务活动；组织居民积极参与社会治安综合治理、开展群防群治，调解民间纠纷，及时化解社区居民群众间的矛盾，促进家庭和睦、邻里和谐；管理本社区居民委员会的财产，推行居务公开；及时向人民政府或者它的派出机关反映社区居民群众的意见、要求和提出建议。

（五）依法协助城市基层人民政府或者它的派出机关开展工作。社区居民委员会是党和政府联系社区居民群众的桥梁和纽带，要协助城市基层人民政府或者它的派出机关做好与居民利益有关的社会治安、社区矫正、公共卫生、计划生育、优抚救济、社区教育、劳动就业、社会保障、社会救助、住房保障、文化体育、消费维权以及老年人、残疾人、未成年人、流动人口权益保障等工作，推动政府社会管理和公共服务覆盖到全社区。

（六）依法依规组织开展有关监督活动。社区居民委员会是社区居民利益的重要维护者，要组织居民有序参与涉及切身利益的公共政策听证活动，组织居民群众参与对城市基层人民政府或者它的派出机关及其工作人员的工作、驻社区单位参与社区建设的情况进行民主评议，对供水、供电、供气、环境卫生、园林绿化等市政服务单位在社区的服务情况进行监督。指导和监督社区内社会组织、业主委员会、业主大会、物业服务企业开展工作，维护社区居民的合法权益。

三、不断健全城市社区居民委员会组织体系

（七）加快社区居民委员会组织全覆盖。社区居民委员会的设置要充分考虑公共服务资源配置和人口规模、管理幅度等因素，按照便于管理、便于服务、便于居民自治的原则确定管辖范围，一个社区原则上设置一个社区居民委员会。加快城乡接合部、城中村、工矿企业所在地、新建住宅区、流动人口聚居地的社区居民委员会组建

工作。新建住宅区居民入住率达到50%的，应及时成立社区居民委员会，在此之前应成立居民小组或由相邻的社区居民委员会代管，实现对社区居民的全员管理和无缝隙管理。社区居民委员会的筹建工作在社区党组织领导下开展。

（八）健全社区居民委员会下属的委员会。调整充实社区居民委员会下属的委员会设置，建立有效承接社区管理和服务的人民调解、治安保卫、公共卫生、计划生育、群众文化等各类下属的委员会，切实增强社区居民委员会组织居民开展自治活动和协助城市基层人民政府或者它的派出机关加强社会管理、提供公共服务的能力。选齐配强居民小组长、楼院门栋长，积极开展楼院门栋居民自治，推动形成社区居民委员会及其下属的委员会、居民小组、楼院门栋上下贯通、左右联动的社区居民委员会组织体系新格局。

（九）规范社区居民委员会专业服务机构。为更好地完成社区管理和服务任务，辖区人口较多、社区管理和服务任务较重的社区居民委员会，根据工作需要可建立社区服务站（或称社区工作站、社会工作站）等专业服务机构。按照专干不单干、分工不分家的原则，社区专业服务机构在社区党组织和社区居民委员会统一领导和管理下开展工作，以形成工作合力。社区居民委员会有足够能力承担应尽职责的社区，可以不另设专业服务机构。

四、努力壮大城市社区居民委员会工作队伍

（十）扩大社区居民委员会工作人员来源渠道。社区居民委员会一般配置5至9人，辖区人口较多、社区管理和服务任务较重的社区居民委员会可适当增加若干社区专职工作人员。社区专职工作人员面向社会公开招聘，优先安排符合岗位要求的就业困难人员，其配备比例、招聘办法及专业服务机构的设置标准由市（地）级人民政府或各省、自治区、直辖市人民政府确定。提倡社区党组织班子成员、社区居民委员会成员与业主委员会成员交叉任职，社区居民委员会下属的委员会和居民小组的负责人可以由社区居民推选产生，也可以由社区居民委员会成员或社区专职工作人员经过民主程序兼任。鼓励社区民警、群团组织负责人通过民主选举程序担任社区居民委员会成员。研究建立新录用公务员到社区锻炼制度。鼓励党政机关和企事业单位优秀年轻干部到社区居民委员会帮助工作或建立经常性联系制度，鼓励高校毕业生、复转军人等社会优秀人才到社区担任专职工作人员，鼓励党政机关、企事业单位在职或退休党员干部、社会知名人士以及社区专职工作人员参与社区居民委员会选举，经过民主

选举担任社区居民委员会成员。

（十一）加强对社区居民委员会工作人员的教育培训。根据经济社会发展和社区工作的需要，制定培训规划，丰富培训内容，改进培训方式，增强培训效果。城市基层人民政府或者它的派出机关每年至少对社区居民委员会主任培训一次，其他成员每2年至少接受培训一次。要组织社区居民委员会成员和社区专职工作人员深入学习中国特色社会主义理论体系，学习党的路线方针政策和国家法律法规，学习社会工作知识，增强他们坚持党的领导的信念，牢固树立爱岗敬业、乐于奉献、一心为民的精神，努力掌握在新的历史条件下做好群众工作的方法和本领，不断提高服务群众和依法办事的能力和水平。鼓励社区居民委员会成员和社区专职工作人员立足岗位，自学成才，支持他们参加社会工作等各种职业资格考试和学历教育考试，不断提高综合素质。

（十二）关心社区居民委员会工作人员的成长进步。积极把优秀社区居民委员会工作人员培养发展成为党员，积极推荐符合条件的优秀社区居民委员会工作人员担任各级党代会代表、人大代表、政协委员和劳动模范，加大从优秀社区居民委员会成员、社区专职工作人员中考录公务员和选任街道（乡镇）机关、事业单位领导干部的力度。对工作成绩突出、居民群众满意的社区居民委员会工作人员应及时给予宣传、表彰和奖励。

五、积极完善城市社区党组织领导下的社区居民自治制度

（十三）坚持以扩大党内基层民主带动社区居民民主。推广社区党组织班子成员由党员和群众公开推荐与上级党组织推荐相结合的办法，逐步扩大社区党组织领导班子直接选举范围。全面推进社区党务公开，健全社区党员代表议事制度，引导党员参与民主实践，积极探索扩大党内基层民主多种实现形式，带动和促进社区居民民主健康发展。

（十四）坚持和发展社区民主选举制度。进一步规范社区民主选举程序，稳步扩大社区居民委员会直接选举覆盖面。社区党组织要加强对社区居民委员会选举工作的领导和指导，提倡按照民主程序将不参与选举的社区党组织负责人推选为居民选举委员会主任，主持居民选举委员会工作。社区居民委员会选举由居民推选产生的居民选举委员会主持。居民选举委员会成员依法被确定为居民委员会成员候选人的，应当退出居民选举委员会，所缺名额从原推选结果中依次递补。在符合相关法律法规规定的前提下，各地要对居民委员会成员候选人的资格条件作出规定，引导居民把办事公

道、廉洁奉公、遵纪守法、热心为居民服务的人提名为候选人。探索社区流动人口在居住地参加社区居民委员会选举的方式方法，保障其民主政治权利。

（十五）完善社区民主管理制度。进一步健全社区党组织领导的充满活力的社区居民自治机制，推广社区党员或党员代表议事制度，深入开展以居民会议、议事协商、民主听证为主要形式的民主决策实践，以自我管理、自我教育、自我服务为主要目的的民主管理实践，以居务公开、民主评议为主要内容的民主监督实践，全面推进居民自治制度化、规范化、程序化。积极探索网上论坛、民情恳谈、社区对话等有效形式，鼓励社区居民和驻区单位广泛参与，切实保障社区居民的知情权、参与权、决策权、监督权。

（十六）健全社区居民委员会日常工作制度。社区居民委员会要把工作重点进一步转移到社区管理和服务上来，按照居民活动空间最大化、服务设施效益最优化的要求，改进社区居民委员会服务场所管理，方便居民群众使用。建立健全社区居民委员会与驻区单位协商议事制度，推行分片包块、上门走访、服务承诺、结对帮扶等做法，密切社区居民委员会工作人员与社区居民的关系。实行错时上下班、全日值班、节假日轮休等工作制度，方便群众办事。建立健全社区党组织与社区居民委员会联席会议制度，规范社区居民委员会财产、档案、公章管理，确保社区居民委员会工作有效运转。

六、切实改善城市社区居民委员会服务设施

（十七）加强工作用房和居民公益性服务设施建设。要将社区居民委员会工作用房和居民公益性服务设施建设纳入城市规划、土地利用规划和社区发展相关专项规划，并与社区卫生、警务、文化、体育、养老等服务设施统筹规划建设。地方政府应对建设资金来源、产权归属和使用管理方式等做出明确规定。新建住宅小区和旧城区连片改造居民区的建设单位必须按照国家有关标准要求，将公共服务设施配套建设纳入建设工程规划设计方案。城市规划行政主管部门要按照规定的配套建设指标对建设工程规划设计方案进行审查，对不符合规定配置标准和要求的不予批准。工程的设计、施工及验收使用，应广泛征求社区居民及所在地街道办事处的意见。未按规划要求建设社区居民委员会工作用房和居民公益性服务设施的，不能通过验收。验收合格后，建设单位要根据规定将社区居民委员会工作用房和居民公益性服务设施交给所在地街道办事处使用管理。老城区和已建成居住区没有社区居民委员会工作用房和居民公益性服务设施的或者不能满足需要的，由区（县、市）人民政府负责建设，也可以

从其他社区设施中调剂置换，或者以购买、租借等方式解决，所需资金由地方各级人民政府统筹解决。积极推动社区综合服务设施建设，提倡“一室多用”，提高使用效益。服务设施的供暖、水电、煤气、电信等费用应按照当地居民使用价格标准收取。

（十八）积极推进社区信息化建设。整合社区现有信息网络资源，鼓励建立覆盖区（县、市）或更大范围的社区综合信息管理和服务平台，实现数据一次收集、资源多方共享。整合区、街道、社区面向居民群众、驻区单位服务的内容和流程，建设集行政管理、社会事务、便民服务为一体的社区信息服务网络，逐步改善社区居民委员会信息技术装备条件，提高社区居民信息技术运用能力，全面支撑社区管理和服务工作。积极推进社区居民委员会内部管理电子化，减轻工作负担，提高工作效率。

七、逐步理顺城市社区居民委员会与相关组织的工作关系

（十九）自觉接受社区党组织的领导。社区党组织是党在社区全部工作和战斗力的基础，是社区各类组织和各项工作的领导核心。社区居民委员会要自觉接受社区党组织的领导，社区党组织要不断加强自身建设、改进工作方式，切实领导和指导好社区居民委员会工作。以“三有一化”（即有人有钱有场所、构建城市区域化党建格局）为重点，积极推进社区党组织建设，为社会主义和谐社区建设提供坚强组织保证。支持和保障社区居民委员会充分行使职权，及时帮助解决社区居民委员会工作中存在的困难和问题。提倡社区党组织班子成员与社区居民委员会成员交叉任职，健全社区党组织领导社区居民委员会开展工作的相关制度，确保社区党建与和谐社区建设紧密结合，确保党的路线方针政策和各项工作得到贯彻落实。切实加强社区党员教育、管理和服务工作，坚持和完善党员设岗定责、依岗承诺、志愿服务和帮扶结对等制度，进一步落实在职党员到社区报到的要求，拓宽党员服务群众渠道，充分发挥党员在和谐社区建设中的先锋模范作用。

（二十）支持社会组织和社区志愿者参与社区管理和服务。社区居民委员会要积极培育社区服务性、公益性、互助性社会组织，对不具备登记条件的社区服务性、公益性、互助性社会组织，要主动帮助办理备案手续，并在组织运作、活动场地等方面为其提供帮助。社区党组织要加强对社区各类社会组织的政治领导，注意培养社区社会组织负责人队伍。要通过政府购买服务、设立项目资金等途径，积极引导各种社会组织和各类志愿者参与社区管理和服务，鼓励和支持社区居民开展互助服务，使之成为推进社区居民委员会工作的重要力量。大力推行社区志愿者注册制度，健全社区志愿

服务网络，力争用3至5年的时间，实现社区志愿者注册率占居民人口10%以上的目标。

（二十一）发挥业主大会和业主委员会在社区管理和服务中的积极作用。社区居民委员会要积极支持物业服务企业开展多种形式的社区服务，业主委员会和物业服务企业要主动接受社区居民委员会的指导和监督。建立健全社区党组织、社区居民委员会、业主委员会和物业服务企业协调机制，及时协调解决物业服务纠纷，维护各方合法权益。召开业主大会、业主委员会会议应当告知所在社区居民委员会，并听取其意见。

（二十二）强化驻区单位的社区建设责任。建立社区党组织、社区居民委员会、驻区单位联席会议制度，定期研究资源共享、社区共建事项。积极推动驻区单位将文化、教育、体育等活动设施向社区居民开放。推动驻区单位将服务性、公益性、社会性事业逐步向社区开放，为社区居民委员会提供人力、物力、财力支持。探索建立驻区单位社区建设责任评价体系，推动共驻共建、资源共享。要把驻区单位履行社区建设责任的情况纳入和谐社区示范单位创建内容，有关部门在评先表优时要主动听取社区居民委员会对驻区单位的意见。

八、大力加强对城市社区居民委员会建设工作的领导

（二十三）城市基层人民政府或者它的派出机关对社区居民委员会的工作给予指导、支持和帮助。城市基层人民政府或者它的派出机关要大力推进服务型政府建设，切实转变职能，改进管理方式和工作作风，履行好社会管理和公共服务的职责。要在街道社区服务中心设立"一站式"服务大厅，为社区及居民群众提供方便快捷优质的服务。普遍推行社区公共服务事项准入制度，凡属于基层人民政府及其职能部门、街道办事处职责范围内的事项，不得转嫁给社区居民委员会；凡依法应由社区居民委员会协助的事项，应当为社区居民委员会提供必要的经费和工作条件；凡委托给社区居民委员会办理的有关服务事项，应当实行权随责走、费随事转。逐步清理和整合在社区设立的各种工作机构，规范政府部门面向社区居民委员会开展的检查评比达标活动，大力压缩针对社区居民委员会的各类会议、台账和材料报表。加快街道办事处法制建设步伐，省级人民政府要积极研究制定城市基层人民政府或者它的派出机关指导社区居民委员会工作规则。

（二十四）落实领导责任制。要把加强和改进社区居民委员会建设工作纳入党委

重要议事日程，纳入政府履行社会管理和公共服务职能的重要内容。各省、自治区、直辖市党委和政府要定期研究社区居民委员会建设工作。区（县、市）委书记要认真履行第一责任人的职责，街道办事处党工委书记要履行好直接责任人的职责，市、区（县、市）领导干部和街道（镇）领导干部要建立社区居民委员会建设联系点，要将社区居民委员会建设工作成效作为市、区（县、市）党委和政府工作目标管理和年度目标考核的重要内容。

（二十五）加强部门协调配合。在当地党委、政府统一领导下，党委组织部门在加强社区居民委员会建设中要发挥抓总引领作用，民政部门要充分发挥牵头指导作用，搞好协调服务。依托社区居民委员会开展公共服务的教育、科技、公安、司法、社会治安综合治理、人力资源和社会保障、城乡建设、文化、卫生、人口和计划生育、环保、体育等部门要强化责任意识，把支持和帮助社区居民委员会建设作为为民办实事的重要内容予以落实。各级发展改革、财政、金融、税务、工商等部门要按照各自职能和权限，采取有效政策措施，积极支持社区居民委员会建设。工会、共青团、妇联及残联、老龄协会、计划生育协会、慈善协会等群众组织要发挥各自优势，积极参与社区居民委员会建设。

（二十六）切实加大经费保障力度。要将社区居民委员会的工作经费、人员报酬以及服务设施和社区信息化建设等项经费纳入财政预算。社区居民委员会兴办公益事业所需费用，经居民会议或居民代表会议讨论，按照自愿原则，可以向社区居民或受益单位筹集。街道办事处要将社区居民委员会工作经费纳入街道办事处银行账户管理，实行专款专用，分账核算，不得挪用、挤占、截留，并定期向社区居民委员会及居民公开使用情况，接受居民监督。加大对财政困难地区一般性转移支付力度，增强其做好社区居民委员会建设工作的保障能力。社区居民委员会成员、社区专职工作人员报酬问题由县级以上地方人民政府统筹解决，其标准原则上不低于上年度当地社会平均工资水平。社区居民委员会成员和社区专职工作人员按国家有关规定参加基本养老、失业、基本医疗、生育、工伤保险，有条件的地方逐步落实住房公积金政策。

（二十七）提高指导社区居民委员会建设的工作水平。要以改革创新精神研究新情况、解决新问题，不断改进社区居民委员会建设的工作方法，创新工作机制。针对不同地区社区居民委员会建设的实际加强分类指导，不断总结和探索社区居民委员会建设工作的经验和规律。要把加强社区居民委员会建设工作与党的建设紧密结合，与社区建设紧密结合，加大宣传力度，大力表彰先进典型，总结推广先进经验，为推进城市社区居民委员会建设、构建社会主义和谐社会创造良好氛围。

各地区各有关部门要按照本意见精神，结合实际，制定贯彻落实的具体措施。

民政部关于进一步推进和谐社区建设工作的意见

民发〔2009〕165 号

各省、自治区、直辖市民政厅（局），各计划单列市民政局，新疆生产建设兵团民政局：

近年来，各地全面贯彻落实中央关于构建社会主义和谐社会的重要部署和 2005 年民政部在吉林省长春市召开的全国社区建设工作会议精神，积极推进和谐社区建设，为加强和改进基层社会管理、提高居民生活质量、维护社会和谐稳定、密切党和政府同人民群众的关系作出了重要贡献，但与我国经济社会发展新要求、人民群众过上美好生活新期待相比仍有很大差距。为深入贯彻落实党的十七大和十七届三中、四中全会精神，充分发挥社区在构建社会主义和谐社会中的重要基础作用，加快形成城乡经济社会发展一体化新格局，根据刚刚闭幕的全国和谐社区建设工作会议精神，现就进一步推进和谐社区建设工作提出以下意见。

一、充分认识进一步推进和谐社区建设工作的重要性和紧迫性

社区是社会的基本单元，是人们社会生活的共同体和人居的基本平台，社区和谐是社会和谐的基础。加强社会管理的重心在社区，改善民生的依托在社区，维护稳定的根基在社区。实践证明，和谐社区建设事关党和国家大政方针的贯彻落实，事关人民群众的切身利益，事关城乡基层的和谐稳定。当前，随着工业化、信息化、城镇化、市场化、国际化的深入发展，我国正处在社会结构深刻变动、利益格局深刻调整、思想观念深刻变化的重要时期，社区日益成为各种利益关系的交会点、各种社会矛盾的集聚点、社会建设的着力点和党在基层执政的支撑点。做好和谐社区建设工作，对于保障城乡困难群众的基本生活权益，满足普通居民群众多层次、多样化的物质文化生活需求，对于夯实我们党的执政基础，激发广大人民群众参与社会建设的积

极性、主动性、创造性，为经济社会发展创造更加良好的社会环境，具有重要的现实意义和深远的历史意义。各地民政部门要在党委、政府统一领导下，从贯彻落实科学发展观的高度，从我国经济社会发展的新要求和人民群众过上美好生活的新期待的高度，把和谐社区建设摆在更加突出的位置，切实抓紧抓好，抓出更大成效。

二、进一步推进和谐社区建设工作的总体思路和目标要求

进一步推进和谐社区建设工作，要坚持以邓小平理论和“三个代表”重要思想为指导，深入贯彻落实科学发展观，全面把握党的十七大以来中央关于社区建设的一系列重要决策和部署，围绕中心、服务大局，把服务居民、造福群众作为出发点和落脚点，把建设管理有序、服务完善、文明祥和的社会生活共同体作为基本目标，把统筹推进城乡社区建设作为重要方针，把创新体制机制作为根本动力，把加强以党组织为核心的社区组织体系和社区工作者队伍建设作为基础保证，把和谐社区示范创建活动作为重要载体，推动和谐社区建设在范围上得到新拓展，在质量上得到新提升，在群众满意度上实现新飞跃，为实现全面建设小康社会奋斗目标和构建社会主义和谐社会奠定更加坚实的基础。力争用五年的时间，把全国 80% 以上的城乡社区建设成为管理有序、服务完善、文明祥和的社会生活共同体；到建党 100 周年时，把所有城乡社区全面建设成为管理有序、服务完善、文明祥和的社会生活共同体。

三、当前和今后一个时期进一步推进和谐社区建设工作的主要任务

（一）进一步健全以基层群众自治为基础的新型社区管理体制机制，不断提高基层治理水平。加快城乡接合部、“城中村”、工矿企业所在地、新建住宅区、流动人口聚居地的社区党组织和自治组织的组建工作，健全以基层党组织为核心的城乡社区组织体系。积极推进街道管理体制创新和农村综合改革，建立健全利益协调机制、诉求表达机制、矛盾调处机制、权益保障机制和自然灾害、事故灾难、公共卫生事件、社会安全事件应急管理体制机制。落实社会治安综合治理责任制，加强对吸毒人员、刑释解教人员以及流浪儿童、服刑人员的未成年子女、农村留守儿童的管理、监督和教育，加强和改进对流动人口的服务管理以及非公有制经济组织和新社会组织的管理，实现城乡社区的“无缝隙”管理。积极推广、运用现代信息技术，有条件的地

方可实行社区网格化管理，提升社区管理的现代化水平。深入开展以民主选举、民主决策、民主管理、民主监督为重要内容的实践活动，健全城乡基层党组织领导的充满活力的基层群众自治机制，推进基层群众自治制度化、规范化、程序化。适应城乡社会结构、利益格局的发展变化，拓展基层群众自治范围，扩大城市居民委员会直接选举的覆盖面，完善农村村民委员会直接选举制度。选齐配强农村村民小组长、城市居民小组长、楼院门栋长、村（居）民代表，形成村（居）委会及其下属的委员会、村（居）民小组、村落、楼院、门栋上下贯通、左右联动的城乡基层群众自治组织体系。广泛开展院落、楼座、门栋自治及邻居节等睦邻活动，强化村（居）民委员会和村（居）民代表对政府公共服务的监督和评议，增强民主的实效性。建立健全共青团、妇联、残联、老年协会等群团组织在社区的机构，大力培育服务性、公益性、互助性社区社会组织，发挥其提供服务、反映诉求、规范行为的作用。适当放宽社区社会组织的登记条件，降低门槛，简化登记手续，及时办理备案手续，并在活动场地等方面提供帮助。积极探索业主自治与居民自治的有效衔接，认真研究物业管理机构参与社区管理与服务的方式和途径，切实维护社区居民和业主的合法权益。建立城乡社区党组织主导的群众维权机制，引导社区居民以理性合法的形式表达利益诉求，维护自身的合法权益。

（二）进一步完善以民生需求为导向的新型社区服务体系，不断提高社区居民生活水平。充分发挥行政机制、互助机制、志愿机制、市场机制的作用，进一步完善覆盖城乡社区居民的社区服务体系，满足居民群众多样化、多层次、多方面的服务需求。依托社区服务中心和社区服务站，积极推进以就业、社会保险、社会救助、社会治安、医疗卫生、计划生育、文化、教育、体育为主要内容的政府公共服务覆盖到社区，促进实现城乡基本公共服务均等化。规范、整合社区公共服务设施的功能作用，提倡“开放式办公、一站式服务”，合理设置服务窗口，优化工作流程，规范服务标准，鼓励开展全程委托代理、全年无休假等便民服务。大力推行社区公共服务事项准入制度，凡属于城乡基层政府及其职能部门职责范围内的事项，不得转嫁给村（居）委会；凡依法应由村（居）委会协助的事项，应当为村（居）委会提供必要的经费和工作条件；凡委托给村（居）委会办理的有关服务事项，应当实行权随责走、费随事转。大力发展居家养老服务，依托社区养老机构和社区老年人日间照料中心，逐步建立以居家为基础、社区为依托、机构为补充的社会养老服务体系。大力推行社区志愿者注册登记制度，尽快建立健全以区、县为单元，以社区、街道为依托，全国统一的社区志愿者注册管理系统。研究制定社区志愿者在升学、择业、晋升等方面的激励措施，鼓励和引导社区居民广泛参与志愿服务活动。大力培育发展社区志愿者组织，依托社区服务中心（站），在街道（乡镇）、社区（村）建立志愿者服务站，健全社区志愿服务网络，力争用3～5年的时间，实现社区志愿者注册率占居民人口10%以上的目标。鼓励社区内或周边单位向社区居民开放内部食堂、浴室、文体和科教设施，支持驻社区单位和社区居民开展邻里互助等群众性自我服务活动，为低收入人群、老年人、残疾人、优抚对象、城市流浪儿童和农村“留守儿童”等提供各种服务，发展慈善事业。鼓励各类组织、企业和个人兴办与居民生活密切相关的城乡社区服务业，推进社区商业服务规模化、集约化、产业化，鼓励企业以连锁经营、品牌加盟等服务业态进社区。进一步完善社区便民服务设施，加快发展家政服务业，深入实施以“便利消费进社区、便民服务进家庭”为主题的“双进工程”。充分挖掘社区资源，鼓励开设具有一定规模的社区居民食堂或就餐点，为社区居民提供卫生方便的就餐送餐服务。引导社区居民树立节能环保观念，积极推动社区再生资源的回收利用、剩余物资的调剂互换。积极推进政府购买服务、社会化运作等方式，对社区组织开展的公益性服务和社会力量兴办的微利服务给予政策和资金扶持。鼓励通过社区网站、呼叫热线、短信平台和有线数字电视平台、电子阅览室、信息服务自助终端，为社区居民提供“一网式”、“一线式”综合服务。

（三）进一步繁荣以增强社区凝聚力为宗旨的城乡社区文化，不断提高社区居民文明素质。广泛开展社会主义核心价值体系宣传普及工作，从城乡社区存在的具体问题入手，深入开展社会公德、职业道德、家庭美德、个人品德教育，推进廉政文化教育进社区，推动形成良好的社会风尚与和谐的人际关系、邻里关系。加强社区文化基础设施建设，在社区建设方便居民读书、阅报、上网、娱乐、健身等活动场所。充分挖掘社区文化资源，广泛开展各具特色的群众性文化活动，着力丰富居民群众的精神文化生活。利用春节、清明、端午、中秋等民族传统节日，广泛开展节日民俗活动和文化娱乐活动，弘扬中华民族优秀文化传统。积极发展社区教育，倡导终身学习理念。加强未成年人思想道德建设，利用社区资源为社区内中小学开展素质教育和社会实践活动提供方便，不断优化青少年成长环境。大力开展全民健身活动，不断增强社区居民体质。重视社区物质文化遗产和非物质文化遗产保护。建立健全社区心理咨询网络，加强对居民的人文关怀和心理疏导。要从看得见、摸得着、见效快的问题入手，对社区人居环境进行整治，实施乡村清洁工程，建设资源节约型、环境友好型社区。健全社区环境保护管理制度，广泛发动社区居民积极参与环保活动，普及社区防灾减灾知识，倡导义务植树护草，文明饲养家禽和宠物，自觉养成节约能源资源、爱护环境、讲究卫生的习惯。做好人口和计划生育工作，推行计划生育居（村）民自治，搞好计划生育技术服务，提高出生人口素质。少数民族聚居的社区要利用公开栏、宣传栏等，广泛宣传民族政策，维护民族团结，促进社会和谐。

（四）进一步加强以城乡统筹为重点的社区党建工作，不断提高基层党组织的战斗力。适应市场经济发展和城乡社会结构变化的实际，在所有符合条件的城乡社区、居民区、楼宇、新经济组织和新社会组织、农村专业生产合作社、专业协会、产业链、外出务工经商人员相对集中点等建立不同形式的党组织，加快建立开发区、新建住宅区、城中村、村改居地区社区党组织，明确各种新型党组织与社区党组织的关系，建立“横向到边、纵向到底”的组织领导体系。对尚不具备成立党组织条件的地方，通过设立党员联络服务站、选派党建工作指导员等多种形式，积极开展党建工作，消除社区党建的盲点和空白点，使社区党建工作覆盖到社区的各个层面。广泛开展党员设岗定责、依岗承诺、创先争优、帮扶困难群众等活动，构筑社区党员联系和服务居民的网络。主动抓好社区党员的学习培训和实践锻炼，及时将社区退休人员、复转军人、大中专毕业生、下岗失业人员、流动人口中的党员，纳入社区党员教育管理服务范围，促进形成城乡一体、流入地党组织为主、流出地党组织配合的党员动态管理机制。进一步发展党内基层民主，继续扩大基层党组织领导班子直接选举范围。动员和组织广大党员积极参与基层事务的民主管理和志愿服务，充分发挥先锋模范作用，做推进和谐社区建设的表率。适应城乡基层工作的特点，建立健全以党组织为核心的社区党建工作协商议事机构，围绕地区性、群众性、公益性工作，协调解决社区建设中的重要问题。按照条块结合、资源共享、优势互补、共驻共建的原则，进一步完善社区民意反映机制、科学决策机制、日常沟通机制和应急机制，确保全面准确及时地了解社区居民的呼声和驻区单位的意愿，充分发挥社区党组织在城乡社区管理和服务中的领导核心作用，构建城乡统筹的基层党建新格局。

（五）进一步推进农村社区建设工作，不断扩大农村社区建设的覆盖面和受益面。按照城乡一体化发展要求，选择不同类型的农村地区开展农村社区建设实验工作。统筹土地利用和城乡规划，合理安排市县域城镇建设、农田保护、产业聚集、社区分布、生态涵养等空间布局。统筹城乡社区干部培训，引导城市人才向农村流动。统筹城乡基础设施建设和公共服务，全面提高财政保障农村公共事业水平，逐步建立城乡统一的公共服务制度。统筹城乡劳动就业，加快建立城乡统一的人力资源市场。统筹城乡社会管理，推动流动人口服务和管理体制创新。加快农村社区公共服务设施建设，每个社区应有一个统一标识的综合性社区服务中心，具备办公、管理、服务、活动等多种功能。坚持服务农民、依靠农民，创新农村社会管理体制机制，推行社区化管理，初步具备农村社区利益协调、诉求表达、矛盾化解等功能。拓展村民自治范围，探索农村社区建设与村民自治衔接配套的有效方法。大力推进政府公共服务向农村社区延伸，开展农村社区志愿服务，积极扶持和发展农村社区商业服务，构筑政府基本公共服务、农民志愿服务和互助性服务、市场商业性服务相衔接的新型农村社区服务体系。在城乡单位、城市社区与农村社区之间开展结对帮扶活动，鼓励社会各类组织和个人以资金、技术、信息、智力、技能等方式参与农村社区建设，努力形成全社会关心、支持、参与农村社区建设的良好氛围。

四、切实加强进一步推进和谐社区建设工作的组织领导

（一）把和谐社区建设摆在更加突出的位置。党中央、国务院责成民政部门牵头推进和谐社区建设工作，是对民政部门的信任和重视。各级民政部门要不负重托，采取有效措施，把推进和谐社区建设作为解决民生、维护民利、落实民权的一件大事来抓。主要领导要率先垂范，经常研究部署，提出指导意见；分管领导要抓好落实，经常进行督促检查，提出决策建议；班子成员要明确责任，密切配合做好相关工作。民政部门要切实履行好自身职责，为政府部门和社会各界参与和谐社区建设搭建平台、提供服务，带头搞好行政和社会资源的开发、利用和整合，在推进城乡和谐社区建设中发挥示范作用。

（二）推动建立健全领导体制和工作机制。各地民政部门要积极争取党委、政府的重视和支持，进一步健全党委领导、政府负责、民政牵头、有关部门配合、社会协同、居民参与的社区建设领导体制和工作机制。已建立社区建设领导协调机构的地方，应根据形势发展的需要进一步调整充实领导力量，明确各有关部门的工作职责；尚未建立的，应向当地党委、政府提出建议方案，尽快成立统一的社区建设领导协调机构，切实加强对和谐社区建设工作的组织领导。要积极推动市（地）、县（区）、乡镇（街道）党委和政府把和谐社区建设工作纳入党委的重要议事日程，纳入政府履行社会管理和公共服务职能的重要内容，纳入当地经济社会发展规划，经常研究和谐社区建设中的重点、难点、热点问题，积极引导各地把和谐社区建设纳入领导班子绩效考核和科学发展考评体系的重要内容，进一步加大政策支持力度、财政投入力度，确保有人做事、有钱办事、有地方办事。

（三）切实加强社区工作者队伍建设。根据党的政策和国家有关法律的规定，对城乡社区党组织、群众性自治组织以及其他需要选举产生的基层组织成员实行民主选举，把热爱社区工作、群众拥护的人，选进社区组织的领导班子。提倡社区党组织成员与自治组织成员通过民主程序实行交叉任职，鼓励年轻干部和大中专毕业生到城乡

社区建功立业。加大从优秀社区工作者中考录公务员力度。及时组织对新当选或新任社区工作者开展业务培训和岗位轮训，每人每年受训时间一般不少于20小时，不断提高他们管理社会事务、协调利益关系、开展群众工作、处理矛盾纠纷、维护社会稳定的本领。逐步推进社区工作者的专业化、职业化，继续推动落实社区党组织成员、群众性自治组织成员及其聘用的服务人员的生活补贴、工资、保险等福利待遇问题，建立完善城乡社区工作经费和人员待遇正常增长机制。对成绩突出、居民满意的社区工作者，要及时给予表彰和奖励，鼓励他们在社区工作中创造优秀业绩。

（四）继续深入开展和谐社区示范创建活动。各地民政部门要认真履行职责，强化对和谐社区建设工作的指导，为党委和政府当好参谋助手。要以城市和谐社区建设示范单位创建活动和“农村社区建设试验全覆盖”创建活动为载体，进一步完善和谐社区建设示范单位指导标准，改进和完善评估方法，努力实现和谐社区建设示范单位创建活动的科学化、制度化、规范化。要研究制定和谐社区建设示范单位管理办法，丰富创建内容，拓展创建途径渠道，不断深化示范单位创建活动。要积极与有关部门沟通和协调，为和谐社区建设提供政策支持。要进一步健全社区共驻共建机制和社会参与机制，形成全社会共同推进和谐社区建设的合力。继续坚持一手抓推进、一手抓研究的成功经验，加强和谐社区建设的理论研究和舆论宣传工作，广泛动员社会力量参与社区建设理论研究和决策咨询，充分发挥专家、学者的作用，推动社区建设理论创新和实践探索。利用多种形式广泛开展和谐社区宣传教育活动，扩大和谐社区建设的影响，在全社会形成有利于建设和谐社区的良好氛围。

全国社区服务示范城区标准

总则

第一条　为加强对全国社区服务工作的宏观指导，探索新时期社区服务业改革与发展的基本模式，推动社区服务向高标准、规范化方向发展，根据国务院十四部委《关于加快发展社区服务业的意见》（民福发〔1993〕11 号）精神，制定全国社区服务示范城区标准。

第二条　本标准适用于全国行政地级以上城市（含地级）的市辖区。

第三条　社区服务示范城区是指在城市社区服务工作中成绩优异，社会效益、经济效益显著，对全国社区服务发展具有典型示范作用的城区。

第四条　社区服务示范城区的总体要求：

（一）认真贯彻十四届五中全会关于“积极发展社区服务，充实社会服务设施，方便人民生活”的精神，以建立健全社会保障制度和社会化服务体系，提高人民群众生活质量为目的。

（二）坚持社会福利属性，开创老有所养、幼有所托、孤有所抚、残有所助、贫有所济、难有所帮的福利服务新局面。

（三）走社会化道路，坚持国家、集体、个人一起兴办社区服务业，积极鼓励港澳同胞、海外侨胞以及国外友好团体与个人在国内投资兴办社区服务业。

（四）在区政府的统一领导和民政部门的直接管理下，依托街道办事处（以下简称街道）、居民委员会（以下简称居委会）等组织，建立起与当地经济、社会发展相适应，社会互助广泛开展、群众参与率较高、服务设施和项目齐全、服务质量和管理水平较高、服务效益较好的城市社会福利服务网络，满足社区居民的多种服务需求。

组织管理

第五条　区、街道分别建立政府领导、民政主管、各有关部门及辖区内企事业单位的代表参与的社区服务领导或协调机构，在民政部门建立办事机构，形成各相关部门齐抓共管、各负其责的管理体制。

第六条　区、街道分别建立社区服务行业管理组织或社区服务指导中心，对不同运营性质的社区服务单位实行不同的管理方式，并有一套科学、合理的统计指标体系。

第七条　区制定社区服务发展规划，并纳入政府国民经济和社会发展规划或计划，街道制定年度工作计划；社区服务列入区政府和街道工作目标管理序列。

第八条　区制定社区服务管理办法或实施细则，对社区服务单位实行认证制度，发放统一的社区服务单位证书，并实行年度检查。

第九条　区、街道和社区服务中心分别配备一定数量的行政或事业编制的专职社区服务人员，具体负责社区服务的组织管理工作。

第十条　重视社区服务的理论研究，开展经常性的舆论宣传。区每半年、街道每季度至少开展一次集中的社区服务宣传教育活动。

政策扶持和资金筹集

第十一条　根据国务院十四部委《关于加快发展社区服务业的意见》的要求，对社区服务业的发展的计划立项、财政补贴、设施建设规划、土地划拨、房屋租购、减免税费以及用工、分配制度等方面，全面落实了国家有关的扶持保护政策，结合本地实际制定了具体的规范性措施，并认真贯彻执行。

第十二条　市政府积极资助社区服务。区、街道对社区服务业投入资金的平均年增长速度不低于区财政收入和街道收入的增长速度。

第十三条　区、街道福利基金利息收入的50%以上、居委会所办经济年产值的2%以上用于发展社区服务业。

第十四条　区、街道、居委会所属的社区服务单位年产值6%以上投入自身社区服务业的再发展。

第十五条　当地社会福利有奖募捐对社区服务业的投入不断增加，区有奖募捐自留福利资金的60%以上用于发展社区服务。

第十六条　鼓励社会企事业单位、个人以及港澳台同胞、海外侨胞和国外人士、团体等以各种形式投资兴办社区服务设施，评审周期内社会集资占全部社区服务发展资金的比例不少于20%。

第十七条　区、街道按每千人不低于400元的比例，分别建立社区服务发展基金。资金来源合法，使用合理，并实现有偿使用，滚动增值。

服务内容

第十八条　社区服务项目的设置从社区居民的需求出发，确保福利服务，首先满足老年人、残疾人、优抚对象、少年儿童等特殊困难群体的特殊需要，同时合理安排经营服务项目，服务于社区全体居民。

第十九条　区、街道的福利服务形成托老养老、助残康复、拥军优属、扶贫济困、婚姻殡葬、少儿教育治安防范等服务系列。

第二十条　区、街道的便民利民服务形成生活服务、劳务介绍、文体娱乐等服务系列。

第二十一条　区、街道、居委会开展社会互助活动广泛、经常，注重实效，并形成制度，分别做到每季度集中活动一次以上。

设施建设

第二十二条　区至少具有一所建筑面积1000平方米以上的具有指导、示范、辐射、培训等多功能的社区服务中心，其福利性、公益性服务项目达到8个以上。

第二十三条　各街道至少有一所多功能的社区服务中心或具有养老、助残、康复医疗、青少年活动和托幼等5所单项特殊群体的服务设施。各街道社区服务中心具有福利性、公益性服务项目6个以上，每千人建筑面积达到10平方米以上；养老服务设施每千名老年人拥有床位2张以上；助残服务设施容纳20个名额以上；青少年活动站容纳30个名额以上；托幼园所容纳50个名额以上。每个居委会有一个场所固定、面积30平方米以上的社区服务站。

第二十四条　街道、居委会兴办的便民利民服务网点，每千人至少拥有两个以上。

第二十五条　动员机关、团体、企事业单位内部福利设施向社区开放，对外开放的比例达到单位内部福利服务资源的20%以上。

第二十六条　社区服务设施不出租、转让或随意改变用途。

服务队伍

第二十七条　拥有一批稳定的具有实践经验的专职服务人员。其中专职管理人员不超过80%，文化程度达到高中以上；具有各种服务专业特长的技术服务人员的比例达到10%以上。

第二十八条　拥有一批社区服务兼职服务人员，兼职服务人员占全部服务人员的5%以上。

第二十九条　区、街道、居委会分别建立社区服务志愿者组织，并有章程、有计划、有活动。社区服务志愿者登记注册的人数达到本社区居民的10%以上；80%以上的志愿者每月义务服务不少于两次。

第三十条　辖区内80%以上的机关、团体、企事业单位参与社区服务。

第三十一条　搞好社区服务人员的专业技能培训和上岗培训，每年培训的人数占专职服务人员的20%以上。

效益

第三十二条　社区服务要覆盖整个城区。社区居民对社区服务的参与率达到10%以上；社区单位对社区服务的参与率达到80%以上；经常接受服务的居民达到全体居民的80%以上；经常接受福利服务的特殊对象达到特殊困难对象的95%以上；社区服务设施的使用率达到95%以上；设施完好率达到90%以上。

第三十三条　区、街道、居委会社区服务业产值的年增长率达到13.6%以上；利润的年增长率达到8%以上。

第三十四条　社区服务项目为特殊困难群体提供优先、优惠、优质服务。社区居民对社区服务的满意率达到60%以上；特殊困难对象对社区福利服务的满意率达到90%以上。

附则

第三十五条　各省、自治区、直辖市民政厅（局）可以依据本标准，制定本行政区域社区服务示范城区标准。

第三十六条　本标准自印发之日起实施。

第三十七条　本标准由民政部负责解释。

全国社区建设示范城基本标准

一、组织领导坚定有力。党委和政府高度重视，把社区建设纳入经济和社会发展总体规划，制定社区建设发展规划和年度实施计划。建立以党政领导挂帅的社区建设工作领导机构，民政部门切实发挥参谋助手、组织协调和监督检查的作用，各有关部门和单位各司其职，各负其责，形成合力。

二、社区体制改革创新。认真按照中办发〔2000〕23 号文件精神，明确定位，统一规划，科学合理划分社区；全面贯彻执行《城市居民委员会组织法》，社区内实行民主选举、民主决策、民主管理、民主监督；政府转变职能，工作重心下移，强化社区功能；政府和社区的职责明确，社区各种关系理顺。

三、社区组织机构健全。社区党组织和社区居民自治组织机构健全，职责明确，发挥作用。社区党组织在社区建设中的领导核心作用发挥得好，社区居民委员会依法自治。社区居民代表会议和居民委员会能有效实行自我管理、自我教育、自我服务和自我监督。

四、社区服务功能完备。社区服务设施完备，社区志愿者和各类民间服务组织发育良好，积极开展活动，服务形成体系和网络。城区、街道均建有综合性、多功能的社区服务中心，社区建有社区服务站。社区内老年人服务形成网络，达到小型、就近、便利；残疾人合法权益得到保障；城市居民的最低生活保障得到落实；优抚对象的生活得到妥善安排；面向社区居民的婚丧服务、便民利民服务和面向社区单位的社会化服务及时方便；下岗职工的再就业服务成效显著。社区服务功能完善，程序规范，质量优良，居民普遍满意。

五、社区卫生不断发展。社区卫生服务站点健全，形成服务网络，方便群众就医。从业人员具有法定执业资格。根据群众需求，积极开展健康教育、预防、保健、计划生育技术指导，提供一般常见病、多发病及诊断明确的慢性病的治疗、护理和伤残康复，执业行为规范，服务质量优良。社区居民家庭健康档案规范。

六、社区文化活跃繁荣。社区各类文化活动设施齐全，经常组织具有社区特色、群众喜闻乐见、健康向上的群众性文体活动。充分利用社区教育资源，广泛开展青少年校外教育，在职和下岗职工培训，老年教育，社会公德、家庭美德教育等各类教育培训活动，宣传普及科学知识，形成团结互助、平等友爱的新型人际关系和崇尚科学、破除迷信、抵制邪教的良好氛围。

七、社区治安状况良好。按照“一区（社区）一警”模式建立民警责任区，健全社区治安防范体系，形成群防群治。群众性的法制教育和法律咨询坚持经常，社区内民事纠纷调解、刑满释放和解除劳教人员的帮教转化、流动人口的管理等项工作取得明显成效。社区治安管理规范，社会秩序稳定，群众安居乐业。

八、社区环境整治优美。社区内净化、绿化、美化、生态环境保持良好。路、街、巷等公共场所管理井然有序，居民出行无障碍。社区环境综合整治工作成效明显，主要考核指标达到全国或全省（自治区、直辖市）先进水平。

国务院关于加强和改进社区服务工作的意见

国发〔2006〕14 号

各省、自治区、直辖市人民政府，国务院各部委、各直属机构：

随着社会主义市场经济的发展和城镇化进程的加快，城市社区在经济社会发展中的地位越来越重要，社区居民对社区服务的需求越来越多，要求越来越高。做好社区服务工作对于提高居民生活质量、扩大就业、化解社会矛盾、促进和谐社会建设都具有重要意义。现就加强和改进社区服务工作提出以下意见：

一、加强和改进社区服务工作的指导思想、基本原则和主要任务

（一）指导思想。以邓小平理论和“三个代表”重要思想为指导，贯彻落实科学发展观，推进社会主义和谐社会建设，以不断满足社区居民的物质、文化、生活需要为出发点，充分发挥政府、社区居委会、民间组织、驻社区单位、企业及居民个人在社区服务中的作用，整合社区资源，健全服务网络，创新服务方式，拓宽服务领域，强化服务功能。

（二）基本原则。1. 坚持以人为本。着眼于居民多层次、多样化的物质文化需求，特别是对居民最关心、最需要、通过努力又可以解决的问题及时提供服务，为社区居民排忧解难。2. 坚持社会化。发挥政府、社区居委会、民间组织、驻社区单位、企业及个人在社区服务中的作用，政府提供公共服务，鼓励、支持社区居民和社会力量参与社区服务。3. 坚持分类指导。按照政企分开、政事分开原则，区分不同类型的社区服务，实行分类指导。既要整体推进，又要解决薄弱环节、重点项目和关键问题；既要坚持广受居民欢迎的传统服务方式，又要善于运用现代科学技术手段，不断提高社区服务水平。

（三）主要任务。通过努力，逐步建立与社会主义市场经济体制相适应，覆盖社区全体成员、服务主体多元、服务功能完善、服务质量和管理水平较高的社区服务体系，努力实现社区居民困有所助、难有所帮、需有所应。

二、大力推进公共服务体系建设，使政府公共服务覆盖到社区

（四）推进社区就业服务。加强街道、社区劳动保障工作平台建设，通过提供就业再就业咨询、再就业培训、就业岗位信息服务和社区公益性岗位开发等，对就业困难人员提供针对性的服务和援助。结合居民物质文化生活需要开发就业岗位，挖掘社区就业潜力，创建充分就业社区，提高就业稳定性。探索建立信用社区、创业培训与小额担保贷款联动机制，为下岗失业人员自谋职业和自主创业创造条件。建立就业与失业保险、城市居民最低生活保障工作联动机制，促进和帮助享受失业保险、城市居民最低生活保障待遇的相关人员尽快实现就业。

（五）推进社区社会保障服务。加强企业离退休人员社会化管理服务工作，加快老年公共服务设施和服务网络建设。具备条件的地方，可开展老年护理服务，兴建退休人员公寓。充分发挥劳动保障工作平台的作用，促进和帮助城镇居民按规定参加各项社会保险。

（六）推进社区救助服务。加强对失业人员和城市居民最低生活保障对象的动态管理，及时掌握他们的就业及收入状况，切实做到“应保尽保”。积极开展基层社会救助服务，帮助群众解决生产生活中的实际困难。进一步推进社会福利社会化，加快发展社区居家养老服务业。大力发展社区慈善事业，加强对社区捐助接收站点、“慈善超市”的建设和管理。

（七）推进社区卫生和计划生育服务。坚持政府主导、社会力量参与，建立健全以社区卫生服务中心（站）为主体的社区卫生和计划生育服务网络，以妇女、儿童、老年人、慢性病人、残疾人、贫困居民等为重点，为社区居民提供预防保健、健康教育、康复、计划生育技术服务和一般常见病、多发病、慢性病的诊疗服务。大力培养社区卫生服务技术和管理人员，加强对社区卫生服务的监督管理，保证服务质量。实施国家政策规定的计划生育基本项目免费服务。建立民主监督制度，把社区居民满意程度作为考核社区卫生服务工作人员业绩的重要标准。完善社区卫生服务运行机制，发挥社区卫生服务的健康保障功能，努力实现人人享有初级卫生保健的目标。

（八）推进社区文化、教育、体育服务。发展面向基层的公益性文化事业，逐步

建设方便社区居民读书、阅报、健身、开展文艺活动的场所，加强对社区休闲广场、演艺厅、棋苑、网吧等文化场所的监督管理，促进社会主义精神文明建设。调动社区资源和力量支持和保障社区内中小学校开展素质教育和社会实践活动，为青少年健康成长创造良好的社区环境。落实《全民科学素质行动计划纲要》，不断提高居民科学素质。统筹各类教育资源，充分发挥社区学院、市民学校的作用，积极创建各种类型的学习型组织，面向社区居民开展多种形式的教育培训和科普活动，建立覆盖各类人群的多渠道、全方位的社区学习服务体系。培育群众性体育组织，落实《全民健身计划纲要》，配置相应的健身器材，不断增强居民体质。

（九）推进社区流动人口管理和服务。按照“公平对待、合理引导、完善管理、搞好服务”和“以现居住地为主，现居住地和户籍所在地互相配合”的原则，实行与户籍人口同宣传、同服务、同管理，为流动人口的生活与就业创造好的环境和条件。简化办事程序，减少相关手续，取消不合理收费，为流动人口提供优质服务。

（十）推进社区安全服务。深入开展基层安全创建活动，加强社区警务室（站）建设，大力实施社区警务战略，建立人防、物防、技防相结合的社区防范机制和防控网络。依托社区居委会等基层组织，挖掘和利用社区资源，加强群防群治队伍建设。深入开展法制宣传教育和咨询服务活动，建立完善收集、反馈社情民意的工作机制，组织开展以社区保安、联防队员为主体，专职和义务相结合的巡逻守望、看楼护院等活动。建立及时有效的矛盾纠纷排查、调处工作机制，加强对刑释解教人员、监外执行人员和有不良行为青少年的帮助、教育和转化工作。做好社区消防工作，提升社区消防安全水平。深入开展打击“黄赌毒”和禁止传销等工作。健全社区环境保护管理制度，建设资源节约型、环境友好型社区。建立传染病、食品安全、灾害事故的应急反应机制，不断提高社区应对突发事件的能力。

（十一）不断改进政府公共服务方式。整合政府各部门在城市基层的办事机构，积极推进“一站式”服务，提高为社区及其居民提供公共服务的水平。政府有关部门不得将应由自身承担的行政性工作摊派给社区组织。对有些社区组织做起来有优势的行政性工作，可依法采取“权随责走、费随事转”的原则，委托社区组织承担。积极探索通过政府“购买服务”、项目管理等多种形式，调动社会组织参与社区服务的积极性，促进公共服务社会化。梳理、整合各类服务热线、呼叫热线，形成社区公共资源共享机制。建设社区信息化平台，提高社区公共服务的自动化、现代化水平。

三、充分发挥社区居委会在社区服务中的作用

（十二）支持社区居委会协助城市基层政府提供社区公共服务。充分发挥社区居委会在了解社区居民需求、提供便民服务方面的独特优势和重要作用。城市基层政府及有关单位要妥善解决社区居委会开展有关服务所必需的房屋、设施和工作经费。要积极指导社区居委会定期听取居民对社区公共服务的意见，并积极向政府反映，促进社区公共服务质量的不断提高。

（十三）支持社区居委会组织社区成员开展自助和互助服务。鼓励并支持社区居委会组织动员驻社区单位和社区居民开展邻里互助等群众性自我服务活动，为居家的孤老、体弱多病和身边无子女老人提供各种应急服务，为优抚对象、残疾人及特困群体缓解生活困难提供服务；倡导社区居民和驻社区单位开展社会捐赠、互帮互助，对社区困难群体实行辅助性生活救助；管理、利用好社区公益性服务设施，方便社区成员生活。有条件的地方，社区居委会可以根据居民需要，建立热线电话救助网络、社区智能服务网络、社区服务站、社区公共服务社等服务载体，开展非营利服务。

（十四）指导社区居委会为发展社区服务提供便利条件。鼓励并指导社区居委会组织居民参与文化、教育、科技、体育、卫生、法律、安全等进社区活动；支持社会各方面力量利用闲置设施、房屋等资源兴办购物、餐饮、就业、医疗、废旧物资回收等与居民生活密切相关的服务网点，并维护其合法权益；引导和管理各类组织和个人依法有序开展社区服务；正确处理好社区居委会与社区物业管理企业的关系，支持和指导物业管理企业依法经营。

四、培育社区服务民间组织，组织开展社区志愿服务活动

（十五）大力培育社区生活服务类民间组织。支持和鼓励社区居民成立形式多样的慈善组织、群众性文体组织、科普组织和为老年人、残疾人、困难群众提供生活服务的组织，使社区居民在参与各种活动中，实现自我服务、自我完善和自我提高。积极支持民间组织开展社区服务活动，加强引导和管理，使其在政府和社区居委会的指导、监督下有序开展服务。

（十六）积极组织开展社区志愿服务活动。培育社区志愿服务意识，弘扬社区志

愿服务精神，推行志愿者注册制度。积极动员共产党员、共青团员、公务员、专业技术人员、教师、青少年学生以及身体健康的离退休人员等加入志愿服务队伍，优化志愿人员结构，壮大志愿人员力量。指导建立志愿服务激励机制，使志愿者本人需要帮助时，能够及时得到志愿者组织和其他志愿者的服务。指导志愿组织和志愿人员开展社会救助、优抚、助残、老年服务、再就业服务、维护社区安全、科普和精神文明建设活动，不断创新服务形式，提高服务水平。

五、鼓励和支持各类组织、企业和个人开展社区服务

（十七）鼓励和支持有关单位服务设施向社区居民开放。按照互惠互利、资源共享原则，积极引导社区内或周边单位内部食堂、浴池、文体和科教设施等向社区居民开放。充分利用社区内的学校、培训机构、幼儿园、文物古迹等开展社区教育活动。有关单位开展社区服务，既可以单独经营，也可以与社区组织联营共建。

（十八）鼓励和支持各类组织、企业和个人开展社区服务业务。鼓励相关企业通过连锁经营提供购物、餐饮、家政服务、洗衣、维修、再生资源回收、中介等社区服务。利用现代信息技术、物流配送平台帮助社区内中小企业，实现服务模式创新，推动社区商业体系建设。对开办商业性社区服务项目的，有关部门要依法简化审批手续，维护其合法权益。积极落实各项优惠政策，鼓励下岗失业人员自办或合伙兴办社区服务组织，或通过小时工、非全日制工和阶段性就业等灵活方式参与社区服务。

六、加强领导和政策指导，强化社区服务监管

（十九）加强组织领导。地方各级人民政府和有关部门要充分认识新形势下搞好社区服务的重要性，把这项工作与提高居民生活质量、实施社会救助和再就业工程、发展第三产业、促进精神文明建设等各项工作紧密结合起来。要建立健全政府统一领导、民政部门牵头、有关部门配合、社会广泛参与的社区服务管理体制和工作机制。依托社区提供公共服务的教育、科技、公安、司法行政、劳动保障、建设、文化、卫生、人口计生、环保、体育等部门，要按照社区服务发展要求加强业务指导，提高服务水平。各级发展改革、财政、商务、银行、税务、工商等部门要按照各自职能，进一步制定促进社区服务发展的政策措施。积极鼓励工会、共青团、妇联及残联、老

龄、慈善等组织参与社区服务，大力倡导团结互助、扶贫济困的良好风尚，形成推动社区服务发展的合力。

（二十）加强社区服务工作队伍建设。切实解决社区居委会成员及其聘用的服务人员的生活补贴、工资、保险等福利待遇问题，并使待遇水平随经济发展而适当增长。经常开展对社区服务人员的思想教育和业务培训，不断提高他们服务居民、管理社区的能力。加强对社区服务的理论研究，鼓励有条件的大专院校和培训机构开设社会工作专业、社区服务课程，培养专业人才。

（二十一）加强社区服务的统筹规划和政策指导。地方各级人民政府要从实际出发，因地制宜，分级制订社区服务发展规划，确定发展目标和重点，完善相关政策措施，促进社区服务各项工作的落实。要将社区服务设施建设纳入城市规划和土地利用规划，统筹安排，通过新建和改造，完善社区各类服务设施，健全服务体系，增强服务功能。有条件的地方，可以开展农村社区服务的试点，逐步实现城乡社区服务统一规划，统筹发展。

地方各级人民政府和有关部门要帮助社区落实开展公共服务的资金、场所和人员，对社区组织开展的互助性服务、志愿服务和社会力量兴办的微利性商业服务给予政策和资金扶持；对社区营利性商业服务要积极引导向产业化、市场化发展，充分发挥行政机制、互助机制、志愿机制、市场机制在社区服务中的作用。积极推进适宜产业化经营的社区服务实体的股份制改造；鼓励大型服务企业兼并、控股国有或集体所有的社区服务单位，支持个体私营经济参股或兴办社区服务企业。

（二十二）加强对社区服务活动的监督管理。综合运用行政、法律手段监督、管理社区服务。推动制定各类社区服务行业标准并监督执行。建立健全反映社区服务设施、服务管理、居民需求及满意程度等有关信息的采集及工作评估体系。严格财务和审计制度，严禁将救助、福利、公益款物等挪作他用。认真解决社区服务发展中的各种问题，及时查处违法违纪和损害群众利益的行为，保证社区服务健康发展。

各省、自治区、直辖市人民政府要按照本意见精神，结合实际，制订贯彻落实的具体措施。国务院有关部门要加强对本意见贯彻执行情况的监督检查。

国务院关于发展城市社区卫生服务的指导意见

国发〔2006〕10号

各省、自治区、直辖市人民政府，国务院各部委、各直属机构：

社区卫生服务是城市卫生工作的重要组成部分，是实现人人享有初级卫生保健目标的基础环节。大力发展社区卫生服务，构建以社区卫生服务为基础、社区卫生服务机构与医院和预防保健机构分工合理、协作密切的新型城市卫生服务体系，对于坚持预防为主、防治结合的方针，优化城市卫生服务结构，方便群众就医，减轻费用负担，建立和谐医患关系，具有重要意义。

改革开放以来，我国城市卫生事业有了很大发展，服务规模不断扩大，科技水平不断提高，医疗条件明显改善，疾病防治能力显著增强，为增进人民健康发挥了重要作用。同时，在城市卫生事业发展中还存在优质资源过分向大医院集中，社区卫生服务资源短缺、服务能力不强、不能满足群众基本卫生服务需求等问题。这是造成群众看病难、看病贵的重要原因之一。为深化城市医疗卫生体制改革，优化城市卫生资源结构，发展社区卫生服务，努力满足群众的基本卫生服务需求，制定以下指导意见：

一、发展社区卫生服务的指导思想、基本原则和工作目标

（一）指导思想。以邓小平理论和“三个代表”重要思想为指导，全面落实科学发展观，坚持为人民健康服务的方向，将发展社区卫生服务作为深化城市医疗卫生体制改革、有效解决城市居民看病难、看病贵问题的重要举措，作为构建新型城市卫生服务体系的基础，着力推进体制、机制创新，为居民提供安全、有效、便捷、经济的公共卫生服务和基本医疗服务。

（二）基本原则。

坚持社区卫生服务的公益性质，注重卫生服务的公平、效率和可及性。

坚持政府主导，鼓励社会参与，多渠道发展社区卫生服务。

坚持实行区域卫生规划，立足于调整现有卫生资源、辅以改扩建和新建，健全社区卫生服务网络。

坚持公共卫生和基本医疗并重，中西医并重，防治结合。

坚持以地方为主，因地制宜，探索创新，积极推进。

（三）工作目标。到2010年，全国地级以上城市和有条件的县级市要建立比较完善的城市社区卫生服务体系。具体目标是：社区卫生服务机构设置合理，服务功能健全，人员素质较高，运行机制科学，监督管理规范，居民可以在社区享受到疾病预防等公共卫生服务和一般常见病、多发病的基本医疗服务。东中部地区地级以上城市和西部地区省会城市及有条件的地级城市要加快发展，力争在二三年内取得明显进展。

二、推进社区卫生服务体系建设

（四）坚持公益性质，完善社区卫生服务功能。社区卫生服务机构提供公共卫生服务和基本医疗服务，具有公益性质，不以营利为目的。要以社区、家庭和居民为服务对象，以妇女、儿童、老年人、慢性病人、残疾人、贫困居民等为服务重点，以主动服务、上门服务为主，开展健康教育、预防、保健、康复、计划生育技术服务和一般常见病、多发病的诊疗服务。

（五）坚持政府主导、鼓励社会参与，建立健全社区卫生服务网络。地方政府要制订发展规划，有计划、有步骤地建立健全以社区卫生服务中心和社区卫生服务站为主体，以诊所、医务所（室）、护理院等其他基层医疗机构为补充的社区卫生服务网络。在大中型城市，政府原则上按照3万～10万居民或按照街道办事处所辖范围规划设置1所社区卫生服务中心，根据需要可设置若干社区卫生服务站。社区卫生服务中心与社区卫生服务站可实行一体化管理。社区卫生服务机构主要通过调整现有卫生资源，对政府举办的一级、部分二级医院和国有企事业单位所属医疗机构等基层医疗机构进行转型或改造改制设立。现有卫生资源不足的，应加以补充和完善。要按照平等、竞争、择优的原则，统筹社区卫生服务机构发展，鼓励社会力量参与发展社区卫生服务，充分发挥社会力量举办的社区卫生服务机构的作用。

（六）建立社区卫生服务机构与预防保健机构、医院合理的分工协作关系。调整疾病预防控制、妇幼保健等预防保健机构的职能，适宜社区开展的公共卫生服务交由社区卫生服务机构承担。疾病预防控制、妇幼保健等预防保健机构要对社区卫生服务机构提供业务指导和技术支持。实行社区卫生服务机构与大中型医院多种形式的联合与合作，建立分级医疗和双向转诊制度，探索开展社区首诊制试点，由社区卫生服务机构逐步承担大中型医院的一般门诊、康复和护理等服务。

（七）加强社区卫生服务队伍建设。加强高等医学院校的全科医学、社区护理学科教育，积极为社区培训全科医师、护士，鼓励高等医学院校毕业生到社区卫生服务机构服务。完善全科医师、护士等卫生技术人员的任职资格制度，制订聘用办法，加强岗位培训，开展规范化培训，提高人员素质和专业技术能力。要采取多种形式鼓励和组织大中型医院、预防保健机构、计划生育技术服务机构的高、中级卫生技术人员定期到社区卫生服务机构提供技术指导和服务，社区卫生服务机构要有计划地组织卫生技术人员到医院和预防保健机构进修学习、参加学术活动。鼓励退休医护人员依照有关规定参与社区卫生服务。

（八）完善社区卫生服务运行机制。政府举办的社区卫生服务机构属于事业单位，要根据事业单位改革原则，改革人事管理制度，按照服务工作需要和精干、效能的要求，实行定编定岗、公开招聘、合同聘用、岗位管理、绩效考核的办法。对工作绩效优异的人员予以奖励；对经培训仍达不到要求的人员按国家有关规定解除聘用关系。要改革收入分配管理制度，实行以岗位工资和绩效工资为主要内容的收入分配办法，加强和改善工资总额管理。社区卫生服务从业人员的收入不得与服务收入直接挂钩。各地区要积极探索建立科学合理的社区卫生服务收支运行管理机制，规范收支管理，有条件的可实行收支两条线管理试点。地方政府要按照购买服务的方式，根据社区服务人口、社区卫生服务机构提供的公共卫生服务项目数量、质量和相关成本核定财政补助；尚不具备条件的可以按人员基本工资和开展公共卫生服务所需经费核定政府举办的社区卫生服务机构财政补助，并积极探索、创造条件完善财政补助方式。各地区要采取有效办法，鼓励药品生产经营企业生产、供应质优价廉的社区卫生服务常用药品，开展政府集中采购、统一配送、零差率销售药品和医药分开试点。

（九）加强社区卫生服务的监督管理。规范社区卫生服务机构的设置条件和标准，依法严格社区卫生服务机构、从业人员和技术服务项目的准入，明确社区卫生服务范围和内容，健全社区卫生服务技术操作规程和工作制度，完善社区卫生服务考核评价制度，推进社区卫生服务信息管理系统建设。加强社区卫生服务的标准化建设，对不符合要求的社区卫生服务机构和工作人员，要及时调整、退出，保证服务质量。加强社区卫生服务执业监管，建立社会民主监督制度，将接受服务居民的满意度作为考核社区卫生服务机构和从业人员业绩的重要标准。发挥行业自律组织提供服务、反映诉求、规范行为等作用。加强药品、医疗器械管理，确保医药安全。严格财务管理，加强财政、审计监督。

（十）发挥中医药和民族医药在社区卫生服务中的优势与作用。加强社区中医药和民族医药服务能力建设，合理配备中医药或民族医药专业技术人员，积极开展对社区卫生服务从业人员的中医药基本知识和技能培训，推广和应用适宜的中医药和民族医药技术。在预防、医疗、康复、健康教育等方面，充分利用中医药和民族医药资源，充分发挥中医药和民族医药的特色和优势。

三、完善发展社区卫生服务的政策措施

（十一）制订实施社区卫生服务发展规划。地方政府要制订社区卫生服务发展中长期规划和年度发展计划，将发展社区卫生服务纳入当地国民经济和社会发展规划及区域卫生规划，落实规划实施的政策措施。在城市新建和改建居民区中，社区卫生服务设施要与居民住宅同步规划、同步建设、同步投入使用。市辖区人民政府原则上不再举办医院，着力于发展社区卫生服务。

（十二）加大对社区卫生服务的经费投入。各级政府要调整财政支出结构，建立稳定的社区卫生服务筹资和投入机制，加大对社区卫生服务的投入力度。地方政府要为社区卫生服务机构提供必要的房屋和医疗卫生设备等设施，对业务培训给予适当补助，并根据社区人口、服务项目和数量、质量及相关成本核定预防保健等社区公共卫生服务经费补助。政府举办的社区卫生服务机构的离退休人员费用，在事业单位养老保障制度改革前，由地方政府根据有关规定予以安排。地方政府要根据本地实际情况进一步加大力度安排社区公共卫生服务经费，并随着经济发展逐步增加。中央财政从2007年起对中西部地区发展社区公共卫生服务按照一定标准给予补助。中央对中西部地区社区卫生服务机构的基础设施建设、基本设备配置和人员培训等给予必要支持。

（十三）发挥社区卫生服务在医疗保障中的作用。按照“低水平、广覆盖”的原则，不断扩大医疗保险的覆盖范围，完善城镇职工基本医疗保险定点管理办法和医疗费用结算办法，将符合条件的社区卫生服务机构纳入城镇职工基本医疗保险定点医疗机构的范围，将符合规定的医疗服务项目纳入基本医疗保险支付范围，引导参保人员充分利用社区卫生服务。探索建立以社区卫生服务为基础的城市医疗救助制度。

（十四）落实有关部门职责，促进社区卫生服务发展。各有关部门要切实履行职责，共同推进社区卫生服务发展。

——卫生部门负责制订社区卫生服务发展规划、准入标准和管理规范，制订社区公共卫生服务项目，加强行业监督管理。按照国家有关规定，组织开展社区卫生服务从业人员岗位培训和继续教育。

——机构编制部门牵头研究制订政府举办的社区卫生服务机构人员编制标准的意见。

——发展改革部门负责将社区卫生服务发展纳入国民经济和社会发展规划，根据需要安排社区卫生服务机构基础设施建设投资。价格部门研究制订社区卫生服务收费标准和药品价格管理办法。

——教育部门负责全科医学和社区护理学科教育，将社区卫生服务技能作为医学教育的重要内容。

——民政部门负责将社区卫生服务纳入社区建设规划，探索建立以社区卫生服务为基础的城市医疗救助制度，做好社区卫生服务的民主监督工作。

——财政部门负责制订社区卫生服务的财政补助政策及财务收支管理办法。

——人事部门负责完善全科医师、护士等卫生技术人员的任职资格制度，制订社区全科医师、护士等卫生技术人员的聘用办法和吸引优秀卫生人才进社区的有关政策。

——劳动保障部门负责制订促进城镇职工基本医疗保险参保人员到社区卫生服务机构就诊的有关政策措施。

——建设（规划）部门负责按照国家有关标准，将社区卫生服务设施纳入城市建设规划，并依法加强监督。

——人口和计划生育部门负责社区计划生育技术服务的指导和管理。

——食品药品监管部门负责社区卫生服务所需药品和医疗器械的质量监督管理。

——中医药部门负责制订推动中医药和民族医药为社区居民服务的有关政策措施。

四、加强对社区卫生服务工作的领导

（十五）发展社区卫生服务是政府履行社会管理和公共服务职能的一项重要内容，主要责任在地方政府。地方政府要充分认识发展社区卫生服务对于维护居民健康、促进社区和谐的重要意义，认真贯彻落实国家有关方针政策，将发展社区卫生服务纳入政府年度工作目标考核。要成立以政府分管领导为组长、各有关部门负责同志参加的领导小组，加强对社区卫生服务发展工作的领导。省级人民政府要按照指导意见要求，结合本地实际，制订贯彻落实的具体政策措施，层层明确责任，加强调查研究，统筹协调，督查指导，落实工作任务。国务院成立由负责卫生工作的国务院副总理任组长的城市社区卫生工作领导小组，研究制订促进社区卫生发展的方针和政策措施，研究解决工作中的重大问题，加强对地方社区卫生服务工作的检查指导，推动社区卫生服务持续健康发展。

民政部关于开展“农村社区建设实验全覆盖”创建活动的通知

民发〔2009〕27 号（2009 年 3 月 6 日）

各省、自治区、直辖市民政厅（局），各计划单列市民政局，新疆生产建设兵团民政局：

为巩固农村社区建设实验工作的阶段性成果，扩大受益面，促进农村经济社会又好又快发展，我部决定开展“农村社区建设实验全覆盖”创建活动，现就有关事项通知如下：

一、指导思想

以邓小平理论和“三个代表”重要思想为指导，深入贯彻落实科学发展观，以农村社区建设规划为引领，以农村社区公共服务设施建设为抓手，以提高农村社区管理和服务能力为重点，以完善农村基层社会管理体制为保障，深入推进农村社区建设实验工作，推动各个层面确定的农村社区建设实验单位在较短的时期内尽快实现实验工作全覆盖，让更多的农村居民从中受益。

二、创建标准

（一）领导协调机制的全覆盖。县乡两级建立有党委政府领导、民政部门牵头、有关部门协同、社会力量参与的农村社区建设领导体制和工作机制，各有关职能部门在农村社区建设中职责明确、政策到位、工作有力，形成推进农村社区建设整体合力。社区（村）一级成立有相应的协调共建机制。农村社区建设工作纳入党委政府重要议事日程，纳入本地区经济社会发展规划，纳入政府财政预算，有稳定的经费投入机制，各项资金合理统筹。

（二）社区建设规划的全覆盖。制定有农村社区建设规划，农村社区建设的指导思想、工作原则、目标任务和保障措施明确，农村社区的设置模式、分布范围、功能定位、社区服务设施建设标准和投资方式合理，农村社区建设的步骤可行。社区建设规划既能满足农村社区化管理服务的新要求，又能与本地经济社会发展规划和新农村建设规划有机衔接。辖区内全部农村地区都按照规划要求开展了农村社区建设实验工作。

（三）社区综合服务设施的全覆盖。农村社区全部建有或规划建有综合服务中心，初步形成了以综合服务设施为主体、专项服务设施为配套、服务站点为补充的社区服务设施网络。社区服务设施辐射半径一般不超过2～3公里，社区居民步行前往一般不超过20分钟。综合服务设施布局合理、功能整合、使用方便、利用率高，能够为农村居民提供安全、方便、就近、快捷的生产生活服务，建设和维护所需的资金和人员落实到位。

（四）社区各项服务的全覆盖。初步构筑起社区基本公共服务、志愿服务和互助服务、社区服务业相衔接的农村社区服务体系。以社会救助、社会福利、社会治安、医疗卫生、计划生育、文教体育为主要内容的公共服务覆盖到农村社区，群众性的志愿服务和互助服务活动普遍开展。兴建了一批有助于改善农民生产生活条件、方便农民消费需求的农资供销、农产品经营、农村金融、农业科技类社区服务业网点。农民群众对社区服务能力和服务质量基本满意。

（五）社区各项管理的全覆盖。农村社区组织体系完善，社区党组织（村党组织）领导的充满活力的基层群众自治机制健全，社区民间组织、驻社区单位和社区居民在社区管理中的作用充分发挥。建立了一支专兼职相结合的农村社区工作队伍，其工资和福利待遇得到切实解决。推行了社区志愿者登记注册制度，初步形成一支较为稳定的志愿者队伍。外来人口能参与社区管理与服务，驻在农村社区的机关、部队、学校和企事业单位与社区建立了多种形式的资源共享、共驻共建机制。

三、工作要求

（一）以人为本。创建活动中要切实尊重农村居民的主体地位，保障农民的知情权、参与权、表达权、监督权，把满足农民群众需要作为全部工作的出发点和落脚点。在农村社区规划、建设、管理等各个环节都要听取农民意见、吸纳农民参与、支持农民当家做主，使创建活动真正成为给广大农民群众带来实惠的民生工程和民心工程。

（二）因地制宜。创建活动要从实际出发，充分考虑当地经济社会发展水平和农民承受能力，因地制宜、因势利导、因陋就简，有效整合资金、资源、资产，避免重复建设，防止为兴建社区服务设施而增加农民负担、产生新的乡村债务。注重强化优势，突出区域特色、农村特色、民族特色，对不同类型和建设模式的农村社区实行分类指导、分层推进、分批解决，不搞“一刀切”，切忌形式主义。

（三）分级创建。创建活动要以社区为基础，在不同层面开展各具特色的创建活动，形成上下联动、整体推进的局面。民政部重点抓全国农村社区建设实验单位的全覆盖创建工作，省（自治区、直辖市）、市（地、州）、县（市、区）、乡（镇）要分别抓好各自确定的农村社区建设实验单位的全覆盖创建工作。要以创建活动为抓手，凝聚各方力量，整合各方资源，发挥各自优势，形成共同参与创建的合力。

（四）择优宣传。本次创建活动不搞统一模式、不搞集中命名表彰活动，成熟一个宣传一个。民政部确定的全国农村社区建设实验单位只要达到创建标准就可以向民政部申请自荐，经评估合格后，即以“全国农村社区建设实验全覆盖示范单位”名义进行宣传推广。省级以下农村社区建设实验全覆盖示范单位的宣传推广由各地自行组织开展。

四、保障措施

（一）加强组织领导。开展农村社区建设实验全覆盖示范单位创建活动，是深化农村社区建设实验工作、推动形成城乡经济社会一体化新格局以及促进城乡基本公共服务均等化的重要措施，各地要充分认识这项活动的重要意义，采取积极有效措施，推动创建活动持续、健康开展。

（二）加强宣传培训。要采取广大农民群众喜闻乐见的形式，深入宣传开展农村社区建设实验工作的目的和意义，提升创建活动的社会影响，引导社会各界关心、支持、参与农村社区建设。要在新闻媒体上广泛宣传推广示范单位推进农村社区建设的好经验、好做法，营造良好社会氛围，促成以点带面的工作态势。要继续做好各级民政干部和社区工作者培训工作，强化其开展农村社区建设的认识和能力，提高农村社区建设整体水平。

（三）加强督促检查。各创建单位要结合自身实际进行经常性督促检查，地方各级民政部门要切实履行责任，加大督查力度，指导各地查找共性问题、研究疑难问题、解决重点问题，确保创建活动取得实效。

各地创建活动的进展情况和好经验、好做法，要及时报部基层政权和社区建设司。

民政部关于做好农村社区建设试点工作推进社会主义新农村建设的通知

民函〔2006〕288 号

各省、自治区、直辖市民政厅（局），各计划单列市民政局，新疆生产建设兵团民政局：

为贯彻党的十六大和十六届四中、五中全会精神，全面落实科学发展观，统筹城乡发展。研究探索社会主义新农村建设和深化村民自治的有效途径，根据 2006 年全国民政工作年中分析会关于“认真开展农村社区建设试点”的工作部署，经研究，决定在全国有条件的地区开展农村社区建设的研究探索和试点工作。现就有关事项通知如下：

一、充分认识开展农村社区建设的重要意义

改革开放以来，我国农村经济快速发展，农民生活水平显著提高，村民自治制度初步建立并显示出巨大的政治优势，但随着科学发展观的落实，农村经济社会发展中的一些深层次矛盾逐步显现出来，城乡差别呈继续扩大的趋势，农村基础设施落后公共服务薄弱，村民自治组织的行政化倾向严重，凝聚力不强，严重制约着全面建设小康社会的进程，影响着农民群众参与社会主义新农村业设的积极性。近年来，一些地方围绕新农村建设，积极探索开展农村社区建设，依托村党组织和村民自治组织，整合农村基层资源，完善农村基层服务设施，增强农村社区服务功能，为深化农村民主政治建设，拓展农村基层文化、教育、卫生、社会保障和社会福利事业，活跃农村经济，方便农民生活，开辟了一条有效途径。实践证明开展农村社区建设，有利于把新农村建设的各项政策措施落到实处引导政府的社会管理和公共服务向农村延伸，搭建

推进社会主义新农村建设的有效平台；有利于协调农村利益关系，化解农村社会矛盾，调动农民群众和社会力量参与新农村建设的积极性。对于加快城乡一体化进程，具有重要意义。

二、认真总结农村社区建设的工作经验

开展农村社区建设，是新形势下深化和完善村民自治的一项重要课题。已经开展社区建设的地方，要加强指导和完善。组织得力人员，认真梳理现有的做法，仔细解剖存在的问题。及时总结成功的经验，为全面开展社区建设提出有价值的意见和建议。尚未开展社区建设的地方，要加强调查研究，学习借鉴其他地方的有益经验，并结合当地农村实际和农民需要适时向党委和政府提出开展农村社区建设的意见和建议

三、因地制宜地抓好农村社区建设试点

各地要在党委、政府的统一领导下，选择一批村民自治工作基础扎实、群众积极性高、党政领导高度重视的县、乡、村进行农村社区建设试点。要在广泛征求干部群众意见和听取专家学者意见基础上，科学拟定试点方案，明确试点内容和方法，处理好与现行法规政策的衔接。要找准推进农村社区建设的切入点，制定开展农村社区建设的指导原则、目标任务、管理体制和运行机制，探索推进农村社区建设的不同模式、工作思路和政策措施。试点工作要从实际出发，既要考虑当地经济社会发展水平，又要考虑区域特点，统筹安排合理布局，区分城郊接合部农村社区、集镇中心村社区和传统农村社区等不同类型，注重发挥不同社区的优势，培养独具特色、功能各异的新型农村社区。要充分调动试点地区干部群众的积极性，大力推进农村社区建设，为全面开展农村社区建设积累经验。

四、深入开展对农村社区建设工作的调研论证

各地要深入基层、深入群众，把推进农村社区建设和深化村民自治、推动农村民政事业发展结合起来，抓住影响当地农村社区建设发展的突出问题，国绕农村社区建

设的区域范围、目标任务管理体制和运行机制，认真做好调研论证工作，以把握农村社区建设的规律和特点，明确工作思路，制定切实可行的工作规划和政策措施，促进农村社区建设健康有序地发展。为建设社会主义新农村服务。

五、切实加强对农村社区建设工作的指导

各地民政部门要争取当地党委、政府的支持，紧紧依靠村务公开民主管理领导（协调）机构的组织领导，协调有关部门共同参与农村社区建设工作，切实加强对农村社区建设工作的指导要从实际出发，尊重农民的首创精神。突出地方特色，创造性地开展工作。要善于利用社会力最主动整合民政资源，对于一些带有规律性、方向性的做法，要及时予以指导、推广和完善。要采取多种形式向社会特别是广大农民进行深入宣传，对干部进行培训，使社区建设工作得到社会各方面的理解和支持。民政部将在各地研究探索和试点的基础上，总结试点经验，研究部署，进一步推进农村社区建设工作。

全国农村社区建设实验县（市、区）工作实施方案

民函〔2007〕79 号（2007 年 3 月 29 日）

民政部印发《全国农村社区建设实验县（市、区）工作实施方案》

各省、自治区、直辖市民政厅（局），各计划单列市民政局，新疆生产建设兵团民政局：

为了探索并逐步完善农村社区建设思路，形成适合我国国情的农村社区建设管理体制和运行机制，民政部决定从全国有条件的县（市、区）中确定一批“全国农村社区建设实验县（市、区）”，用 1 ~ 2 年时间开展农村社区建设实验活动，为开展“全国和谐社区建设示范县（市、区）”创建活动提供样板。现将《全国农村社区建设实验县（市、区）工作实施方案》印发给你们，请结合本地实际情况，组织好申报工作。

一、建立“全国农村社区建设实验县（市、区）”的目的

在实践中探索农村社区建设工作，总结经验，明确思路，制定政策；根据各地实际，逐步完善农村社区建设的组织管理体制和运行模式，为其他县（市、区）提供经验；形成各实验县（市、区）的“农村社区建设发展规划”，为其他县（市、区）提供借鉴；为开展“全国和谐社区建设示范县（市、区）”创建活动提供样板；为编辑全国农村社区建设工作培训教材，提供范例。

二、“全国农村社区建设实验县（市、区）”承担的主要任务

（一）推动农村社区管理体制和工作机制创新。按照地域相近、规模适度、群众自愿的原则，科学界定农村社区的区域范围，明确农村社区的定位，理顺乡镇政府、基层党组织与村民自治组织之间的关系，构建适应社会主义新农村建设需要的农村社区组织体系，探索加强农村基层政权建设和完善村民自治的新途径。加强以村党组织为核心的村级组织配套建设，抓好村委会办公用房、村民活动场所以及各类服务设施建设，明确各级政府及其职能部门在农村社区建设中的职责和任务，引导农民在自愿的基础上建立各类社区民间组织和中介服务组织，探索完善农村社区建设的领导体制、工作机制和经费投入机制，不断增强农村社区建设的活力。

（二）制定农村社区发展规划，探索农村社区建设的主要内容。结合农村实际和村民需求，因地制宜地推进农村社区建设工作，明确农村社区建设的内涵和外延，明确农村社区建设与新农村建设、与城市社区建设、与村民自治的联系和区别，探索推进农村社区建设的不同模式、工作思路和政策措施。

（三）推进公共服务向农村延伸。积极推进为民服务代理制度，改进服务方式，探索引导社会救助、社会福利、医疗卫生、计划生育、社会治安、科技教育、文化体育、劳动保障、法律服务等公共服务进农村社区的机制，使政府公共服务覆盖到农村，探索缩小城乡差别的有效措施。

（四）开展农村社区互助服务。从解决农民关注的热点、难点问题入手，以社区服务中心或服务站为基础，以志愿服务活动为抓手，把社区服务逐步向农村延伸，探索推进农村社区服务的方式、方法和途径，组织动员村民和社会各方面力量参与农村社区服务和社区建设活动，探索引导社会力量共同参与农村社区建设的有效机制。

（五）组织农村社区建设宣传和培训。加强对农村社区建设的宣传活动，加大在报刊、广播、电视和互联网等新闻媒体的宣传力度，使村民了解农村社区建设对于自身利益的密切关系，积极参与农村社区建设的各项活动。抓好农村社区建设业务骨干培训和农村社区工作专业人员培训，开发培训教材，组织示范培训，促进农村社区建设向专业化、规范化和科学化方向发展。

（六）进行农村社区社会工作人才队伍建设政策研究，积极推进农村社会工作发展。明确农村社区社会工作在新农村建设和农村社区建设中的地位和作用；将农村社会工作和社会工作人才队伍建设纳入到农村社区建设试点内容；研究提出农村社区建

设中配备社会工作人员的有关政策措施，探索培养吸纳适应农村社区服务需要、素质优良、富有活力的农村社区社会工作人员的途径。

三、申报“全国农村社区建设实验县（市、区）”的条件

（一）县（市、区）党委、政府主要领导认识明确，高度重视，并得到上级党委、政府的有力支持。

（二）乡（镇、街道）、村委会建设走在省（区、市）或本市（地、州）前列，村委会干部队伍坚强有力。

（三）县（市、区）农村社区建设工作已经有一定的工作思路和工作基础。

（四）县（市、区）经济条件较好，具有保障农村社区建设正常开展的财力。

（五）县（市、区）民政部门坚强有力，具备素质较高的专职工作人员。

四、确定“全国农村社区建设实验县（市、区）”的方法

遵循“标准优先、兼顾区域、宁缺毋滥”的原则，不搞照顾，不分配名额，由县（市、区）人民政府提出申请，省民政部门申报，民政部确定，并颁发匾牌。凡被确定为“全国农村社区建设实验县（市、区）”的单位，半年内工作无进展、成效不明显的，将取消实验县（市、区）资格。民政部将在适当时候命名表彰一批“全国和谐社区建设示范县（市、区）”。

五、“全国农村社区建设实验县（市、区）”工作的组织领导

（一）实验工作以县（市、区）党委、政府领导为主。县（市、区）党委和政府根据党的十六届六中全会精神和全国农村社区建设工作座谈会精神，自主制定工作规划，增加投入，开展农村社区建设实验活动；成立党政领导同志牵头、各有关部门负责同志参加的领导小组，加强组织协调，密切协作，形成合力；社区层面应当建立健全协商共建机制，负责本社区农村社区建设的规划、组织、协调与监督，推动各项工作的落实。

（二）民政部门要充分发挥主管部门的职能作用，搞好综合协调和服务。

（三）建立“全国农村社区建设实验县（市、区）联席会议”制度。联席会议由实验县（市、区）组成，不定期召开，讨论交流农村社区建设工作的经验。民政部基层政权和社区建设司负责联席会议秘书处的日常工作。

（四）成立“全国农村社区建设实验县（市、区）”专家顾问组。聘请专家、学者及有关部门的领导组成“全国农村社区建设实验县（市、区）”专家顾问组。其职责是：承担农村社区建设领域的理论研究工作，为政府部门和各实验县（市、区）提供咨询服务，对实验县（市、区）进行跟踪研究。

参考文献

[1] 陶文达. 发展经济学. 成都：四川人民出版社，1992

[2] 李雪萍. 城市社区公共产品供给研究. 北京：中国社会科学出版社，2008

[3] 谢芳. 美国社区. 北京：中国社会出版社，2004

[4] 万亚伟. 浙江社区社会工作案例选. 北京：中国社会出版社，2012

[5] 张暄，谢芳，邱莉莉，白志刚. 国外城市社区求助. 北京：中国社会出版社，2005

[6] 鲁可荣. 后发型农村社区发展动力研究——对北京、安徽三村的个案分析. 芜湖：安徽师范大学出版社，2010

[7] 陈喜强. 中国城市基层社区组织身份治理模式研究. 北京：中国经济出版社，2011

[8] 黎昕. 中国社区问题研究. 北京：中国经济出版社，2007

[9] 许桂红. 农村社区型金融机构创新及可持续发展问题研究. 北京：经济科学出版社，2012

[10] 杨军，李启英，周宇宏. 首都和谐社区建设经典案例评析. 北京：经济科学出版社，2009

[11] 高春凤. 自组织理论下农村社区发展研究. 北京：中国农业大学出版社，2009

[12] 于燕燕. 中国社区发展报告. 北京：社会科学文献出版社，2013

[13] 江立华，沈洁. 中国城市社区福利. 北京：社会科学文献出版社，2008

[14] 王巍. 变迁中的国家与社会社区治理结构. 北京：中国社会科学出版社，2009

[15] 马西恒，刘中起. 都市社区治理. 上海：学林出版社，2011

[16] 江立华. 社区工作. 武汉：华中科技大学出版社，2009

[17] 朱国云. 社区管理与服务. 天津：天津大学出版社，2010

[18] 叶南客. 论我国集镇社区的文化. 社会科学，1988（04）

[19] 李雪峰，郭楠. 从政府职能视角浅析发展县域牧业经济——以东乌珠穆沁旗为例. 前沿，2008（03）

[20] 李学斌. 论我国农村社区管理体制改革. 南京理工大学学报，2011（3）

[21] 赵志强. 我国农村社区发展及存在的若干问题. 广西社会科学，2002（4）

[22] 王艳芳，冯志涛. 城市社区居家养老需求供给影响因素分析. 合作经济与科技，2009（11）

[23] 张波. 浅谈国外社区建设及其启示. 黑龙江对外经贸，2007（8）

[24] 陈宪. 发展城市社区经济的思考. 上海经济研究，2000（7）

[25] 马海燕. 发展城市社区经济的几点思考. 北京政法职业学院学报，2012（04）

[26] 张超. 社区经济及其管理体制创新. 学海，2004（02）

[27] 王晓亮，李桂文. “持续照护型”老年社区经济观探析. 特区经济，2013（03）

[28] 唐克. 农村劳动力返乡创业与农村社区经济的发展. 农村经济与科技，2011（03）

[29] 希鸿菲. 我国社区经济发展现状与分析. 商场现代化，2010（32）

[30] 辛海兰. 社区经济基本内涵及我国社区经济发展现状. 经济关注，2010（06）

[31] 张晓霞. 社区经济发展现存问题及创新思路. 商业时代，2010（7）

［32］王军，霍小丽．社区经济及发展的思考．当代经济，2008（1）
［33］管亮．残疾人特殊性及其需求分析．社会工作，2009（8）
［34］张广利．城市高龄空巢老人特殊需求分析．华东理工大学学报，2011（01）
［35］李金红．残疾人社区服务：问题与对策．汉江大学学报，2011（5）
［36］蒋爱群．城市居民社区服务需求调查．社区，2005（02）
［37］李广宝．城市社区文化建设存在的问题及对策．山东省农业管理干部学院学报，2011（05）
［38］张沁洁．广东农村特困家庭的“分类救助”需求研究．南方农村，2011（04）
［39］徐兴国，彭玲．关注残疾人需求，促进和谐社会建设——北仑区残疾人事业发展现状及构想．经济研究导刊，2012（21）
［40］秦琴，谢雨，彭皓．社会工作与残疾人社区服务思考．残疾人研究，2013（01）
［41］赵悌尊，张金明．社区服务框架中加强残疾人服务工作的思考．残疾人研究，2011（04）
［42］杜英歌，张皓．我国残疾人社区公共服务供给机制研究．浙江万里学院学报，2010（3）
［43］曹艳春，吴蓓，戴建兵．我国需求导向型老年社会福利内容确定与提供机制分析．浙江社会科学，2012（08）
［44］赵建伟，康就升．合江民族村特色民族文化社区建设经验的文化哲学解读——以罗定市加益合江民族村为例．前沿，2011（06）
［45］孙学英．中国各地区城市化水平比较的实证分析．经济研究导刊，2012（20）
［46］路丹丹．我国城镇社区养老的老年人医疗卫生需求供给研究．改革与开放，2013（2）
［47］丁仁船．宏观经济因素对中国集镇劳动供给的影响．中国人口科学，2008（03）
［48］冀红霞．浅析社区基础设施存在的问题及改造对策．经营管理者，2010（06）
［49］王路．我国城市基础设施建设的发展、现状及问题．上海城市规划，2000（04）
［50］姜奇平．社会服务的市场供给——富生态的理论探索．互联网周刊，2013（12）
［51］吕慧敏．社会公共服务的供给现状及对策研究．东方企业文化·东方智慧，2012（19）
［52］叶南客．论我国集镇社区的社会组织结构．福建论坛（社科教育版），1987（12）